1001 Cocktails

GIN
1/3 DRY

1001 Cocktails

Entwurf und Realisation:
Stonecastle Graphics Limited
Fotografie: Steve Moss, Chris Linton, Roddy Paine,
Calvey Taylor-Haw, Pinpoint
Text: Alex Barker
Layout: Sue Pressley und Paul Turner

Parragon
Queen Street House
4 Queen Street
Bath BA1 1HE, UK

Übersetzung: Jens Bommel, Kaufering
Satz: Jens Bommel, Kaufering
Redaktion: Christiane Manz für bookwise GmbH, München
Koordination: trans texas GmbH, Köln

ISBN 1-40545-174-2

Printed in China

Hinweise:
TL = Teelöffel = 5 ml
EL = Esslöffel = 15 ml
Sofern die Schale von Zitrusfrüchten benötigt wird, verwenden Sie unbedingt unbehandelte Früchte.
Pfeffer sollte stets frisch gemahlener schwarzer Pfeffer sein.
Kinder, ältere Menschen, Schwangere, Kranke und Rekonvaleszenten sollten auf Getränke mit rohen Eiern verzichten.

Inhalt

Die Welt der Cocktails

1001 Cocktails

Cocktails sind zurzeit total hip. Sie stehen für Spaß und Kreativität, verbunden mit dem Charme der flotten 1920er- und 30er-Jahre. Dabei spielt es keine Rolle, ob Sie in die angesagteste Bar der Stadt gehen – vielleicht sogar eine Kopie der berühmten Harry's Bar – und die neueste Kreation aus New York bestellen, oder ob Sie eine klassische Bar besuchen wie die im Londoner Savoy oder im Algonquin Hotel in Manhattan und den Alltime-Klassiker unter den Cocktails bestellen: einen trockenen Martini.

Setzen Sie sich und sehen Sie dem Barkeeper zu: wie flink er die Cocktails mixt und sich nebenbei freundlich mit den Gästen unterhält. Genießen Sie das perfekte Gleichgewicht der Aromen, die mit müheloser Schnelligkeit gemixt und mit prächtigen Dekorationen vollendet werden. Stellt sich die Frage, ob Sie das zu Hause nicht auch hinbekommen können?

Genau darum geht es in diesem Buch: Ihnen eine wirklich umfassende Sammlung an Cocktailrezepten an die Hand zu geben. Sie enthält 1001 klassische und moderne Cocktails aus der ganzen Welt, die einfach beschrieben und schön fotografiert sind. So wissen Sie genau, wie jeder einzelne Cocktail gemixt und serviert wird. Natürlich können Sie Garnitur und Dekoration Ihrer Cocktails auch selbst bestimmen. Sie werden sehen: Cocktails zu mixen bereitet nicht nur Ihnen viel Freude, auch Ihre Gäste werden begeistert sein.

Cocktails – leicht gemacht

1001 Cocktails ist in die fünf Kapitel „Perlende Cocktails", „Longdrinks", „Shortdrinks", „Fruchtige Cocktails" und „Besondere Cocktails" unterteilt. Innerhalb jedes Kapitels werden die Rezepte nach ihrer Grundzutat – Gin, Wodka, Whisky, Rum, Brandy, Likör, Tequila und Vermouth – zusammengefasst. Drinks ohne Alkohol sowie Cocktailklassiker sind außerdem mit einem Symbol gekennzeichnet (siehe S. 9). So können Sie Ihren Lieblings-Gin- oder -Wodka-Klassiker leicht finden.

Perlende Cocktails werden auf der Basis von Champagner, Schaumwein, Cidre, Bier und weiteren Getränken hergestellt. Hier finden Sie den edlen Champagner-Cocktail ebenso wie die ungewöhnliche, aber einfache Sommerbowle für die Gartenparty.

Longdrinks sind Cocktails auf der Basis von alkoholischen Getränken, die mit alkoholfreien Mixgetränken, Fruchtsäften oder Mineralwasser aufgefüllt werden. Dazu gehören die zeitlose Piña Colada, Varianten des Tom Collins, der Americano, aber auch moderne Kreationen wie The Champion oder Suffering Fool.

Shortdrinks enthalten meist eine Spirituose – pur, „on the rocks", mit etwas Eis und sehr wenig Frucht aufgefüllt oder mit einem anderen Schnaps oder Likör aromatisiert. Viele berühmte Klassiker sind vertreten – Dry Martini, Daiquiri, Between the Sheets, White Lady, Manhattan und Rusty Nail. Das Kapitel enthält zudem die neuesten Wodka-Kreationen und berücksichtigt den Trend hin zu aromatisierten Spirituosen.

Fruchtige Cocktails werden auf der Basis frischer Fruchtsäfte oder pürierter Früchte hergestellt. Einige der Cocktails enthalten Alkohol, viele sind jedoch alkoholfrei und damit ausgezeichnet für Familienfeiern geeignet, wenn die Jüngsten das Gleiche trinken möchten wie die Erwachsenen.

Besondere Cocktails sind, wie der Name schon sagt, die ausgefalleneren Drinks, die man zu speziellen Anlässen – etwa nach einem feinen Essen – genießt oder die man zum Auskurieren eines Katers oder als Vitaminbombe trinkt. Manche enthalten Sahne, Ei oder Eiscreme oder werden mit einer Schicht Sahne oder Sahnelikör aufgefüllt, wie z. B. der Pousse-Café, der aus mehreren Lagen verschiedenfarbiger eisgekühlter Liköre besteht. Auch Frappés, Alkohol auf fein zerstoßenem Eis, zählen dazu. Das Kapitel ungewöhnlicher Kreationen fasziniert: Es lohnt sich, die Rezepte auszuprobieren und selbst „weiterzuentwickeln"!

Geschichte des Cocktails

Die genaue Herkunft des Wortes „Cocktail" ist unbekannt. Eine Theorie besagt, dass der Name von dem Begriff „cock-tailed", („mit dem Schwanz eines Hahnes") stammt, mit dem man im 18. und 19. Jahrhundert in Amerika nicht reinrassige Rennpferde beschrieb. Weil deren Schweif häufig kupiert war, erinnerte er an den eines Gockels. Die Bezeichnung von Pferden, in deren Adern gemischtes Blut floss, schien ein angemessener Name für Drinks, deren Qualität ebenfalls aus der Verschiedenheit der Inhaltsstoffe herrührte.

Ganz gleich, woher die Bezeichnung auch tatsächlich stammt, Mischgetränke existieren schon seit der Antike. Der erste Cocktail im heutigen Sinn wurde wohl im 16. Jahrhundert gemixt, und viele Cocktail-Klassiker sind deutlich älter, als man gemeinhin annimmt. Der Bourbon-Drink Old Fashioned beispielsweise wurde Ende des 18. Jahrhunderts kreiert. Das Wort „Cocktail" verwendete man bereits 1809 in den Vereinigten Staaten. 35 Jahre später, als Charles Dickens über Major Pawkins schrieb, dieser sei in der Lage, mehr Rum Toddys, Mint Juleps, Gin Slings und Cocktails zu trinken als jeder andere ihm bekannte Gentleman, kannte man Cocktails auch in Großbritannien schon. In den wohlhabenden Kreisen Amerikas waren sie sehr beliebt und wurden in den besten Hotels vor dem Dinner serviert, bis sie in der Zeit des Ersten Weltkriegs aus der Mode kamen. Seitdem hat der Cocktail jedoch mehrfach eine Renaissance erlebt.

Nach dem Ersten Weltkrieg suchte die junge Generation verzweifelt nach neuen Erfahrungen, Vergnügen, Ablenkungen und einem neuen Stil. Sie fand Geschmack an einer Reihe innovativer Cocktails. Paradoxerweise förderte gerade die Prohibition in den USA (1920–1933) die Cocktailkultur. Damals waren Herstellung, Verkauf, Transport, Import oder Export von berauschenden Getränken jeglicher Art untersagt. Illegal hergestellte Alkoholika schmeckten aber oft wie Gift – und hatten manchmal auch die gleiche Wirkung –, weshalb sie mit Säften und anderen Geschmacksträgern gemischt werden mussten. Zweifellos machte das Verbot, alkoholische Cocktails zu trinken, einen zusätzlichen Reiz aus.

Der Trend schwappte in kurzer Zeit über den Atlantik, und bald rühmten sich die besten europäischen Hotels in London, Paris und Monte Carlo, wo Gin und Whisky von besserer Qualität waren, ihrer eigenen Cocktailbars. Die gefeierte American Bar in Londons exklusivem Savoy Hotel und Harry's New York Bar waren besonders schicke Treffpunkte für die Reichen und Schönen. So überrascht es nicht, dass einige der besten Cocktailklassiker für romantische Ikonen und berühmte Filmstars kreiert bzw. nach ihnen – oder angesagten Orten – benannt wurden.

Der Zweite Weltkrieg bereitete dem Ganzen ein Ende. Obwohl Cocktails hier und da noch getrunken wurden, erlebten sie erst in den 1970er-Jahren eine gewaltige Renaissance. Mit ihr entstand eine neue Generation von Drinks, oft auf der Basis von weißem Rum, Wodka oder Tequila, der nun auch außerhalb Mexikos bekannt wurde. Schließlich kamen Cocktails wieder aus der Mode. Doch seit einigen Jahren erfreuen sie sich erneut größter Beliebtheit, und der Cocktailshaker gehört heute zur Grundausrüstung jeder Bar.

Kreative Cocktails

Die Welt der Cocktails ändert sich ständig; mit Sicherheit werden auch Sie Ihre eigenen Varianten entwickeln. Noch nie war die Auswahl an aufregenden Getränken und ausgefallenen Zutaten so groß wie heute. Die Entfaltungsmöglichkeiten für den Amateur-Barkeeper sind schier endlos.

So gibt es starke Shortdrink-Klassiker wie den Martini mit vielen neuen Varianten – einfach über Eis gerührt und eiskalt schimmernd – oder raffiniert gemischte Longdrinks wie den Collins – mit nur einer dezenten Note von Alkohol, aufgefüllt mit Soda oder einem anderen Softdrink. Die Popularität von Shooter, Slammer und dem farbenfrohen Pousse-Café bei jungen und aufgeschlossenen Menschen ruft bei vielen anderen ein Stirnrunzeln hervor, weil jeder Drink in einem einzigen Zug geleert wird. Champagner-Cocktails sind von jeher beliebt; auch hier gibt es jedoch so viele Änderungen und neue Varianten, dass man inzwischen Champagner- und andere perlende Cocktails in allen Farben und Geschmacksrichtungen mischen kann. Es gibt Drinks für jede Gelegenheit, angefangen bei den eigenwilligen sahnigen After-Dinner-Cocktails über Anti-Kater-Specials und schäumende alkoholische Eiscreme-Sodas bis hin zu feierlichen und fruchtigen Bowlen und Glühwein. Warum also nicht gleich damit beginnen? Sie haben bestimmt Getränke im Schrank, die nur darauf warten, auf eine neue aufregende Art gemischt und genossen zu werden.

Symbole:

CLASSIC Klassische Cocktails

Alkoholfreie Cocktails

Techniken, Tricks und Ausstattung

Man braucht nicht unbedingt Erfahrung, um Cocktails zu mixen. Doch die richtige Barausstattung, etwas Gefühl für das, worauf man hinaus will, Experimentierfreude und eine gewisse Auswahl an Zutaten und Drinks sind sehr hilfreich. Lesen Sie vorab diese Seiten; so erweitern Sie Ihre Kenntnisse und können dann gleich mit dem Shaker in der Hand loslegen!

Maße und Mengen

Das Abmessen der richtigen Mengen ist einer der Schlüssel zu einem guten Cocktail. Das Standardeinzelmaß beträgt 20 ml und gilt für alle Rezepte dieses Bandes. Cocktail-Messbecher (Jigger) aus Edelstahl mit 1, 2 und 1/3 Maßeinheiten gibt es in großen Kaufhäusern und Fachgeschäften. Ebenso gut können Sie Ihr eigenes Maß verwenden, solange Sie sich an die Proportionen in den Rezepten halten. Ein entsprechend kleiner Tumbler, ein Gläschen oder sogar ein Eierbecher sind gut geeignet.

Bei den meisten Shortdrinks müssen die verschiedenen Aromen genau im Gleichgewicht sein. Bei Longdrinks, die häufig nach Geschmack mit Softdrinks aufgefüllt werden, ist dies nicht ganz so entscheidend. Allerdings sollten auch hier die Spirituosen unabhängig von der Gesamtmenge des Cocktails im richtigen Verhältnis zueinander gemischt werden. Mit der Zeit können Sie Ihre Lieblingscocktails dann abwandeln und mit unterschiedlichen Aromen und Geschmacksnuancen experimentieren.

Begriffe

Klassische Cocktails werden geschüttelt, gerührt, gebaut, gemischt oder geschichtet. Das berühmte James-Bond-Zitat „geschüttelt, nicht gerührt" spricht Bände darüber, wie eigen Cocktailtrinker sein können. Einen Cocktail zu schütteln macht Spaß und beeindruckt Ihre Gäste. Als Faustregel gilt: Einen Shaker verwendet man, wenn schwerere Zutaten wie Liköre, Fruchtsäfte, Sahne und Ähnliches gemischt werden sollen. Durch den Shaker wird der Drink so schnell wie möglich gemischt und gleichzeitig gekühlt. Das Eis bleibt dabei ständig in Bewegung, damit es so wenig wie möglich schmilzt. Für einen geschüttelten Cocktail füllt man das gestoßene Eis zuerst in den Shaker und gießt die anderen Zutaten sofort darüber. Mit verschlossenem Deckel wird der Shaker 10–20 Sekunden kurz und kräftig geschüttelt, bis die Außenseite des Shakers leicht beschlägt. Anschließend seiht man die Flüssigkeit in ein Glas ab und serviert den Cocktail sofort. Man kann geschüttelte Cocktails statt mit dem Shaker auch im Mixer herstellen.

Gerührte Cocktails sind schnell und leicht zubereitet, bleiben absolut klar und behalten die volle Stärke der Spirituosen bei. Geben Sie ungestoßenes Eis in ein großes Glas oder Rührglas. Fügen Sie die Zutaten hinzu und rühren Sie ein paar Sekunden, bis das Glas eiskalt ist. Seihen Sie den Drink anschließend in gekühlte Gläser ab. Einen Cocktail bauen klingt ungewöhnlich, bedeutet jedoch nichts anderes, als dass alle Zutaten nacheinander ins gekühlte Glas gegeben und vorm Servieren ein- bis zweimal umgerührt werden.

Viele Mischgetränke werden mit einem Mixer hergestellt, vor allem Shakes und Säfte. Die Zutaten werden meist mit Eiswürfeln oder gestoßenem Eis glatt gemixt. Bei der Herstellung von kleineren Mengen lohnt es sich, einen Rührstab oder einen Handmixer mit Gefäß zu nehmen, da Küchenmaschinen und Elektromixer meist zu groß für eine einzige Portion sind.

Schichten ist die Technik, die man für Pousse-Cafés anwendet – Drinks, bei denen mehrere verschiedenfarbige Liköre in Schichten übereinander liegen. Kühlen Sie zuvor alle Getränke und Gläser sehr gründlich und führen Sie das Rezept dann mit ruhiger Hand aus. Halten Sie einen Tee- oder Barlöffel auf die Oberfläche des bereits eingeschenkten Getränks und gießen Sie jeweils den nächsten Likör vorsichtig über den Rücken des Löffels. Wenn Sie Ihre eigenen Pousse-Cafés schichten, sollten Sie bedenken, dass die Dichte jedes Likörs dessen Fließeigenschaften beeinflusst. Deshalb muss die erste Schicht im Glas die schwerste sein. Sie sehen, hier ist Experimentieren angesagt.

Bei einigen Rezepten werden Zutaten auf dem Boden des Glases – z. B. Minze mit Zucker – zuerst zerstampft oder zerdrückt, damit sie ihr Aroma freigeben, noch bevor Eis und Spirituosen dazukommen. Ein Spritzer bedeutet 1–2 ml oder etwa eine Messerspitze von einer Zutat. Pur oder „straight up" nennt man einen Drink, der in voller Stärke und ohne Eis serviert wird. „On the rocks" heißt er dagegen, wenn er über Eis serviert wird.

Shooters und Pousse-Cafés sind sehr beliebt, obgleich sie häufig unglaublich viel Alkohol enthalten. Ursprünglich stammt der Pousse-Café aus Frankreich und war ein After-Dinner-Cocktail. Sowohl in den Pousse-Café als auch in den Shooter kommen hochprozentige Spirituosen und Liköre, die pur in kleinen so genannten Shotgläsern getrunken werden. Ein Shooter wird in einem Zug hinuntergestürzt, ein Pousse-Café hingegen wird wegen seiner vielen Schichten langsam geschlürft.

Ausstattung

Ein Schüttelbecher, auch Shaker genannt, besteht aus einem meist metallenen Behälter und einem Deckel mit perforiertem Einsatz, durch den man den gemixten Cocktail abgießen kann. Wenn Sie sehen möchten, was Sie mixen, sollten Sie sich einen Boston-Shaker anschaffen; dazu gehört neben dem Shaker auch ein Glaseinsatz. Das Glas eignet sich auch für die Zubereitung von gerührten Cocktails.

Ein Rührglas ist ein mittelgroßer Behälter aus Glas, in dem gerührte Cocktails hergestellt werden. Meist ist er groß genug, um darin mehrere Drinks zu mischen.

Einen langstieligen Barlöffel benötigt man zum Rühren von Cocktails in langen Gläsern. Ein typischer Barlöffel ähnelt einem verlängerten flachen Teelöffel mit einem Stiel, der lang genug ist, um den Boden des Rührglases zu erreichen. Einige langstielige Löffel haben am Ende eine flache Scheibe, mit der man frische Minze oder Würfelzucker zerstoßen kann.

Ein Barsieb verhindert, dass Eisstücke in den Cocktail gelangen. Ein Hawthorne-Barsieb, benannt nach dem Hersteller, ist ein Metallsieb mit einer am Rand verlaufenden Spiralfeder, das auf das Rührglas gesteckt wird. Zwar ist ein solches Sieb nicht unbedingt unverzichtbar, doch vereinfacht es das Abseihen von gerührten Cocktails.

Messbecher und unterschiedlich große Löffel sind für exaktes Messen absolut notwendig. Praktisch sind Doppel-Messbecher, deren kleinere Seite 2 cl, die größere 4 cl fasst.

Weitere nützliche, jedoch nicht unverzichtbare Utensilien sind ein Zestenreißer, ein Kanneliermesser, ein isolierter Eiseimer mit Zange, ein Bowlenglas, ein Servierbehälter aus Glas sowie eine Reibe. Eine Saftpresse

ist empfehlenswert, um Saft in größeren Mengen ganz frisch herzustellen – für Cocktails und Shakes, aber auch zur Behandlung des Katers am Morgen danach.

Ein scharfes Messer und ein Schneidebrett sind wichtig für die Herstellung dekorativer Spiralen aus Zitronenschale oder einfach zum Schneiden dünner Fruchtscheiben.

Ein guter Korkenzieher und Flaschenöffner sind unverzichtbar. Noch besser ist ein Multifunktionsgerät, das Korkenzieher, Schneidemesser und Kapselheber enthält – ein sehr nützliches Baruntensil, das man, hat man es einmal angeschafft, nicht mehr missen möchte.

Gläser

Sie können Cocktails in jedem beliebigen Glas servieren, doch das richtige gibt dem Mixgetränk erst die besondere Note. Natürlich sollte das Glas gut gekühlt sein. Stellen Sie deshalb ruhig glänzend saubere Gläser am Vorabend ins Gefrierfach.

Versuchen Sie, das Glas für den servierten Drink immer nach dem Inhalt auszuwählen. Ein eleganter Cocktail sieht in einem Designglas mit einem langen schlanken Stiel am attraktivsten aus; dagegen serviert man einen kleinen Cocktail „on the rocks" auf der Basis von Spirituosen am besten in einem stämmigen Tumbler, der gelegentlich auch als Old-Fashioned-Glas bezeichnet wird.

Martiniglas: Mit seiner konisch geformten Schale und seinem langen Stiel gilt das Martiniglas als das klassische Cocktailglas überhaupt. Meist verwendet man es für Martinis und Margaritas.

Champagnerflöte: Die schlanke Flöte dieses eleganten Glases lässt den Champagner und andere moussierende Getränke länger perlen.

Oben:
1 Saftpresse **2** Mixer **3** Cocktailshaker
4 Rührglas mit Stirrer
5 Jigger (Messbecher) **6** Reibe
7 Eishammer aus Holz **8** Barsieb
9 langstielige Barlöffel
10 Cocktailspieße **11** Multifunktionsgerät mit Korkenzieher, Schneidemesser etc.
12 Messlöffel **13** Stirrer
14 Zestenreißer/Kannelliermesser

Links: *Ein großer Cocktailshaker ist das A und O jeder Barausrüstung.*

Cognac-Schwenker: Das traditionelle Weinbrandglas hat einen kurzen Stiel und eine große, bauchige Schale, die sich zum Rand hin verjüngt. Aufgrund seiner Form lässt sich das Glas leicht mit der Handfläche erwärmen; der enge Rand verhindert ein Entweichen des Bouquets.

Pousse-Café: Ein hohes schlankes Glas, das die prächtigen farbenfrohen Schichten eines Pousse-Café voll zur Geltung bringt.

Old-Fashioned-Glas (Lowball): Ein kurzer stämmiger Tumbler, den man für Shortdrinks verwendet, die „on the rocks" serviert werden.

Highballglas (Collins): Ein großer, seitlich gerader Tumbler für Longdrinks, der oft auch als Collinsglas bezeichnet wird – obwohl dieses eigentlich etwas höher ist.

Shotglas: Ein kleines Glas, mit dem Drinks oder pure Schnäpse in einem Zug hinuntergestürzt werden. Größere Shotgläser eignen sich für doppelte Mengen und werden für Shooter genommen.

Zutaten

Obwohl man für Cocktails meist mehr als eine Spirituose verwendet, spielen die übrigen Zutaten – Zucker, Früchte, Fruchtsaft und -sirup und verschiedene Softdrinks – ebenfalls eine wichtige Rolle. Das Reizvolle am Mixen – und natürlich am Trinken – von Cocktails ist die große Vielfalt der Aromen und Farben, die man durch das Mischen der unterschiedlichen Zutaten erhält.

Getränke für die Bar: Es ist nicht nötig, alle Zutaten auf einmal zu kaufen; Sie können Ihr Sortiment mit der Zeit vervollständigen. Für eine gute Allround-Auswahl sind folgende Getränke empfehlenswert:
• verschiedene klare Spirituosen – Brandy, Obstbrände, Bourbon, Tequila, Gin, Wodka, Whisky sowie (weißer und brauner) Rum. Auch Pernod ist eine gute Wahl. Bestücken Sie Ihre Hausbar nach Ihrem Geschmack: Wenn Sie keinen Whisky trinken, müssen Sie nicht unbedingt Scotch, Irish Whiskey oder amerikanischen Bourbon anschaffen.
• Vermouth Dry und Sweet (rot und weiß)
• sehr farbintensive Liköre – Cassis, Crème de Menthe und Blue Curaçao.
• klare Liköre mit intensivem Aroma wie Amaretto, Cointreau, Sambuca, Chartreuse, Drambuie und Galliano.
• Kaffee-, Schokoladen- und Nussliköre wie Kahlúa, Tia Maria und Malibu.
• farbintensive alkoholfreie Sirupe wie rote oder grüne Grenadine.
• Bier, Rot- und Weißwein, Cidre und Schaumwein.
• Champagner-Cocktails sollten Sie nur zu besonderen Anlässen servieren.
• alkoholfreie Getränke (Softdrinks) zum Auffüllen – Sodawasser, Limonade, Ginger Ale, Cola und Fruchtsäfte.

Alkoholfreie Getränke: Überprüfen Sie rechtzeitig, ob Sie alle Getränke vorrätig haben. Meist brauchen Sie Soda- oder Mineralwasser, Limonade, Ginger Ale, Cola und Fruchtsäfte (einschließlich Tomatensaft).

Angostura: Der bekannteste aller Würzbitter wird auf der Basis eines Verschnitts aus Enzian und pflanzlichen Aromen und ein wenig Lebensmittelfarbe hergestellt. Angostura ist für die rosa Farbe im Pink Gin verantwortlich.

Früchte: Frische Zitronen, Limetten und Orangen sind unverzichtbar. Häufig benötigt man für den Cocktail auch die Schale, deshalb sollten Sie immer unbehandelte Früchte verwenden.

Fruchtsäfte: Frisch gepresster Zitronen- und Limettensaft sind wichtige Zutaten beim Mixen von Cocktails. Wann immer möglich, sollten Sie Säfte frisch pressen. Alternativ eignen sich Direktsäfte, die es im Handel gibt, als Ersatz. Fruchtsaft-

getränke mit Zuckerzusatz oder Aromastoffen sollten Sie dagegen vermeiden. Eine gute Alternative sind auch Markensäfte aus Grapefruits, Orangen, Cranberries und Tomaten.

Sahne: Einige Cocktails und Shooters verlangen Sahne als Zutat. Verwenden Sie, wenn nicht anders angegeben, stets frische, flüssige Sahne.

Worcestersauce: Worcestersauce wird aus einer würzigen, leicht scharfen Mischung aus Essig, Molasse, Tamarinde und Sardellen hergestellt. Bekannt ist sie als Würzzutat in der Bloody Mary.

Zuckersirup: Für einige Cocktails verwendet man Zuckersirup. Er ist im Handel erhältlich (Barsirup, Rohrzuckersirup, Gomme), doch kann man ihn leicht selbst herstellen. Dazu Zucker und Wasser in gleichen Teilen langsam unter ständigem Rühren in einem Topf langsam erhitzen, bis sich der Zucker aufgelöst hat. Abkühlen lassen, in eine Flasche abfüllen und kalt stellen. Er ist etwa zwei Wochen haltbar.

Eis: Eis ist die zweitwichtigste Zutat beim Mischen von guten Cocktails – man könnte sogar sagen, die wichtigste, denn ein guter Cocktail ohne Eis ist undenkbar. Bereiten Sie deshalb immer möglichst viel Eis im Voraus zu. Am besten eignet sich dafür stilles Mineralwasser.

Grob und fein gestoßenes Eis: Gestoßenes Eis verwendet man sowohl in gerührten als auch in geschüttelten Cocktails. Wird es nur zum Kühlen benötigt und vor dem Ausgießen des Drinks abgeseiht, sollte es grob gestoßen sein. Wenn dagegen ein halbgefrorener Drink entstehen soll, ist fein gestoßenes Eis besser geeignet. Geben Sie Eiswürfel in einen Plastikbeutel oder zwischen zwei saubere Tücher, und zerkleinern Sie sie mit einem Fleischklopfer oder einem Nudelholz. Wenn Sie die Eiswürfel fein zerstoßen, erhalten Sie Splittereis, das sehr schnell schmilzt und das man für im Mixer hergestellte und einige geschüttelte Cocktails verwendet. Sie können fein gestoßenes Eis auch in einem ausreichend großen Mixer herstellen. Dabei soll ein homogener Mix aus nicht zu kleinen Splittern entstehen.

***Oben:** Martiniglas erhält einen Zuckerrand.*
***Mitte:** Herstellung von Zuckersirup.*
***Unten:** Mit einem Holzhammer zerkleinertes gestoßenes Eis.*

Spezielle Eiswürfel: In diesem Buch finden Sie zahlreiche Cocktails mit ungewöhnlichen Eiswürfel-Tipps. Zum Beispiel lassen sich kleine Früchte wie Cranberries, Himbeeren oder Brombeeren in Eiswürfel-Formen einfrieren. Orangen-, Zitronen- und Limettenscheiben oder gehackte Minze und andere Kräuter eignen sich ebenfalls sehr gut. Für bunte Eiswürfel mischen Sie $^1/_3$ farbintensiven Likör mit $^2/_3$ Wasser. Am besten eignen sich dazu Grenadine, Blue Curaçao und grüner Crème de Menthe.

Dekorationen

Viel von dem Glanz und der Eleganz eines Cocktails hängt mit dessen visueller Präsentation zusammen. Dabei spielt eine frische Dekoration eine große Rolle. Folgende Beispiele für Dekorationen und Garnierungen sind als Anregung gedacht und sollten harmonisch auf die Zutaten des jeweiligen Cocktails abgestimmt werden.

Sellerie: Für Cocktails auf Tomatenbasis, wie Bloody Mary oder Virgin Mary.

Zitrusfrüchte: Stellen Sie aus Zitrusschale dünne Streifen oder Spiralen als Dekoration oder Garnierung her.

Scheiben oder Spalten: Zur Verzierung des Glasrandes.

Maraschinokirsche: Verleiht Cocktails eine elegante Farbnote.

Oliven: Mit einer einzigen grünen Olive wird der klassische Martini garniert. Eine schwarze Olive kommt in einer klaren, nicht süßen Mischung am besten zur Geltung.

Frische Minze: Bringt Farbe und ein ätherisches Aroma ins Spiel.

Exotische Früchte: Die gelegentliche Verwendung von exotischen Früchten verleiht Cocktails weiteren Glanz. Dekorieren Sie Ihre Cocktails jedoch nicht zu üppig damit, sonst gleichen sie schnell einem Fruchtsalat.

Zucker- oder Salzrand: Gläser können mit einem Rand aus Zucker, feinem oder grobem Salz verziert werden, z. B. für eine Margarita oder einen Salty Dog. Dazu Zucker oder Salz auf eine Untertasse geben, den Glasrand mit Zitrone, Limette oder einigen Tropfen des Cocktails einreiben oder, wenn mehrere Cocktails zubereitet werden, mit Eiweiß bestreichen. Den Glasrand in den Zucker oder das Salz tauchen, bis er gleichmäßig bedeckt ist. Einige Minuten trocknen lassen. Zucker kann man vorher auch mit Zitrusschale, Kakaopulver und gemahlenem Zimt aromatisieren.

Cocktail-Tipps

Cocktailshaker: Wenn Sie noch keinen Cocktailshaker haben, nehmen Sie zwei sehr große und stabile Tumbler, die übereinander passen. Achten Sie beim Kauf eines Shakers darauf, dass er groß genug ist, um alle Zutaten kräftig zu schütteln.

Eis: Je mehr Eis Sie nehmen und je stärker Sie die Flüssigkeit schütteln, umso schneller wird der Drink kalt und umso weniger Eis schmilzt und verwässert den Cocktail. Nehmen Sie niemals das gleiche Eis für verschiedene Drinks, da es immer etwas Geschmack annimmt und nicht mehr ausreichend kalt ist. Für das Ergebnis ist Eis entscheidend, versichern Sie sich also, dass genügend davon da ist, bevor es losgeht.

Gekühlte Gläser: Cocktails sollten unbedingt in gut gekühlten Gläsern serviert werden. Stellen Sie am Vorabend saubere und polierte Gläser ins Gefrierfach. Bleibt Ihnen bis zum Servieren nur wenig Zeit, füllen Sie die Gläser mit kaltem Wasser und Eiswürfeln. Fassen Sie eisgekühlte Gläser so wenig wie möglich an, und frieren Sie nie geschliffene, sehr empfindliche oder Kristallgläser ein, da sie brechen könnten.

Vorbereitung: Damit das Mixen und Trinken von Cocktails wirklich Spaß macht, lohnt es sich, rechtzeitig dafür zu sorgen, dass alle benötigten Zutaten und Utensilien, wie verschiedene Gläser, die richtigen Dekorationen und Garnierungen, Früchte, Trinkhalme, Cocktailspieße, Eis und natürlich die entsprechenden Spirituosen und Softdrinks zum Auffüllen, da sind.

Favoriten: Wer öfter Cocktails mixt, sollte sich die ausprobierten und die Lieblingscocktails von Freunden und Verwandten notieren. Wenn Sie mit den einzelnen Rezepten experimentieren und auch hier die Ergebnisse notieren, haben Sie bald Ihre ganz persönliche Cocktailrezeptesammlung.

Perlende Cocktails

①

Le Crystal

Poire William oder William's Birne ist ein Obstbrand und bereits pur ein großer Genuss. Dem Champagner-Cocktail verleiht er einen ganz besonderen Kick.

Für 1 Person
1 cl Poire William
1 Spritzer Orange Curaçao
Eis
Champagner
1 Scheibe einer festen Birne

1 Alle Zutaten bis auf den Champagner mit Eis in einem Shaker mischen und kräftig schütteln.
2 In eine Champagnerflöte abseihen und mit gekühltem Champagner auffüllen.
3 Mit der Birnenscheibe dekorieren.

②

The Acrobat

Cidre wird eher selten für Cocktails verwendet – eigentlich schade, denn er verlängert einen köstlichen Drink mit Kraft und Verve.

Für 1 Person
4 cl Whisky
2 cl Cointreau
2 cl Limettensaft
Eis
Cidre
1 Limetten- oder Zitronenscheibe

1 Alle Zutaten bis auf den Cidre mit Eis in einem Shaker kräftig schütteln.
2 In ein mit Eis gefülltes Longdrinkglas abseihen.
3 Mit einer Limetten- oder Zitronenscheibe dekorieren.

③ Buck's Fizz

Dieser Cocktail wurde im Londoner Buck's Club kreiert und ursprünglich ausschließlich mit Champagner aus dem Hause Bollinger zubereitet – denn je hochwertiger der Champagner, desto besser der Cocktail!

Für 1 Person
4 cl Champagner, gekühlt
4 cl Orangensaft, gekühlt

1 Den Champagner in eine Champagnerflöte gießen.
2 Mit Orangensaft auffüllen und servieren.

④ Amarettine

Normaler weißer Schaumwein bildet die Basis für diesen hübschen Cocktail. Verwenden Sie eine liebliche Sorte, wenn Sie süße Drinks bevorzugen. Trotzdem Vorsicht: Amarettine ist nicht „nur" ein hübscher kleiner Drink!

Für 1 Person
1 cl Amaretto
1 cl Vermouth Dry
weißer Schaumwein

1 Den Amaretto und Vermouth in einem gekühlten großen Cocktailglas mischen.
2 Nach Geschmack mit dem Schaumwein auffüllen.

⑤ Alfonso

Eine raffinierte Methode, um auch einfachen Schaumwein in einen köstlichen Cocktail zu verwandeln. Es muss ja nicht immer Champagner sein ...

Für 1 Person
2 cl Dubonnet
1 Stück Würfelzucker
2 Spritzer Angostura
Champagner, gekühlt
1 Orangenschalenspirale

1 Den Dubonnet in eine gekühlte Champagnerflöte gießen.
2 Den Würfelzucker zugeben und den Angostura darüber spritzen.
3 Vor dem Servieren mit gekühltem Champagner auffüllen. Mit der Orangenschale servieren.

(6)

Bombay Sherry Punch

Ein außergewöhnliches Getränk für Ihre Party, das Sie nach Belieben mit Sodawasser verlängern können.

Für 16 Personen
1 Flasche Brandy, gekühlt
1 Flasche Sherry, gekühlt
2 cl Maraschino
2 cl Curaçao
2 Flaschen Champagner oder weißer Schaumwein, gekühlt
Sodawasser, gekühlt
große Eiswürfel (mit eingesetzten Früchten)
einige Früchte, zum Dekorieren

1 Die ersten vier Zutaten in einem großen Bowlengefäß mischen.
2 Nach Geschmack mit Champagner oder Schaumwein auffüllen. Früchte und Eiswürfel erst kurz vor dem Servieren zugeben.

(7)

Long Tall Sally

Ein kräftiger Champagner-Cocktail, der intensiv nach Kräutern duftet.

Für 1 Person
0,5 cl Brandy
0,5 cl Vermouth Dry
0,5 cl Galliano
0,5 cl Mandarinenlikör
Eis
Champagner oder Schaumwein

1 Die ersten vier Zutaten mit Eis in einem Shaker mischen und in ein Collinsglas abseihen.
2 Mit Champagner auffüllen.

8

Serpentine

Dieser schäumende grüne Cocktail macht seinem Namen alle Ehre. Vergessen Sie nicht, den Champagner mindestens zwei Stunden vor dem Mixen kalt zu stellen.

Für 1 Person
1 cl grüner Crème de Menthe
gestoßenes Eis
1 dünne Limettenscheibe oder -spirale
Champagner, gekühlt
1 TL abgeriebene Limettenschale

1 Crème de Menthe in eine Champagnerflöte geben; das Eis und die Limettenscheibe hinzufügen.
2 Mit Champagner auffüllen und mit etwas Limettenschale bestreuen.

9

Chicago

CLASSIC

Verwenden Sie für Cocktails mit süßen Zutaten – insbesondere für solche, die Sie mit einem Zuckerrand veredeln wollen – stets trockenen Champagner oder einen hochwertigen Schaumwein.

Für 1 Person
Eiweiß oder Zitronensaft
Zucker
2 cl Brandy
1 Spritzer Cointreau
1 Spritzer Angostura
Eis
Champagner

1 Den Rand eines gekühlten Cocktailglases mit einem Zuckerrand verzieren; zuerst in das Eiweiß, dann in den Zucker tauchen.
2 Die übrigen Zutaten bis auf den Champagner mit Eis in einem Shaker kräftig schütteln.
3 In das vorbereitete Glas abseihen und mit Champagner auffüllen.

10

Mimosa

Seinen Namen erhielt dieser Cocktail, weil er farblich an die schönen gelben Blüten von Mimosen erinnert.

Für 1 Person
Saft von 1 Maracuja (Passionsfrucht)
1 cl Orange Curaçao
fein gestoßenes Eis
Champagner, gekühlt
1 Sternfruchtscheibe
1 Orangenschalenspirale

1 Fruchtfleisch der Maracuja in einen Krug oder Shaker löffeln; mit dem Curaçao und etwas gestoßenem Eis kräftig schütteln.
2 In ein Champagnerglas abseihen und mit Champagner auffüllen.
3 Mit der Sternfrucht und der Orangenschale dekorieren.

11

Disco Dancer

Bereiten Sie ihn mit viel Schaumwein zu – und Sie haben den perfekten Disco-Drink.

Für 1 Person
2 cl Crème de Banane
2 cl Rum
einige Tropfen Angostura
Eis
weißer Schaumwein

1 Die ersten drei Zutaten mit Eis in einem Shaker mischen und kräftig schütteln.
2 In eine Champagnerflöte abseihen und nach Geschmack mit Schaumwein auffüllen.
3 Geben Sie viel Eis dazu, damit Sie cool bleiben und länger davon nippen können.

12

Campari Fizz

Der bittersüße Campari harmoniert großartig mit Orangensaft, Schaumwein oder Champagner. Schon eine kleine Menge des Kräuterlikörs sorgt für eine kräftige, rubinrote Farbe und einen intensiven Geschmack.

Für 1 Person
2 cl Campari
2 cl Orangensaft
fein gestoßenes Eis
Champagner

1 Die ersten drei Zutaten mit Eis in einem Shaker mischen, kräftig schütteln und in eine Champagnerflöte abseihen.
2 Mit Champagner auffüllen.

13

Kir Royal

CLASSIC

Eine sündhaft gute Steigerung des einfachen Cassis-Weißwein-Drinks.

Für 1 Person
einige Tropfen Cassis (nach Geschmack mehr)
1 cl Brandy
Champagner, gekühlt

1 Cassis und Brandy in eine Champagnerflöte gießen.
2 Nach Geschmack mit Champagner auffüllen.

14

Daydreamer

Zum Tagträumen werden Sie nicht mehr als einen brauchen ...

Für 1 Person
1 cl Brandy
1 TL Maraschino Kirschlikör
1 TL Orange Curaçao
1 TL Angostura Würzbitter auf Rumbasis
Eis
Champagner oder weißer Schaumwein
1 frische Kirsche

1 Die ersten vier Zutaten mit Eis in einem Shaker mischen und kräftig schütteln, in ein Cocktailglas abseihen und mit Champagner auffüllen.
2 Mit der frischen Kirsche dekorieren.

15

Raspberry Mist

Nicht nur wegen seiner Farbe passt dieser „Himbeer-Nebel" ideal zur Feier Ihrer Rubinhochzeit.

Für 24 Personen
12 cl Irish Mist Honiglikör
450 g Himbeeren
250 g fein gestoßenes Eis
4 Flaschen trockener weißer Schaumwein, gut gekühlt
24 frische Himbeeren, zum Dekorieren

1 Den Likör und die Himbeeren zusammen mit dem gestoßenen Eis in einem Mixer pürieren.
2 Das leicht gefrorene Püree gleichmäßig auf gekühlte Champagnerschalen verteilen und mit dem Schaumwein auffüllen.
3 Jeden Cocktail mit einer Himbeere dekorieren.

16

Pink Sherbet Royale

Der perfekte Sommercocktail für ganz besondere Anlässe – oder wenn Sie an einem lauen Abend nach dem Essen den Sonnenuntergang genießen möchten ...

Für 2 Personen
300 ml weißer Schaumwein, gut gekühlt
4 cl Cassis
2 cl Brandy
1 Schaufel fein gestoßenes Eis
einige Brombeeren

1 Die Hälfte des Weines mit den übrigen Zutaten in einem Mixer gründlich mischen, bis der Cocktail eiskalt und schaumig ist. Darauf achten, dass er nicht überschäumt.
2 Übrigen Schaumwein hinzufügen und den Cocktail in lange, dünne und gekühlte Cocktailgläser gießen.
3 Mit den Brombeeren dekorieren.

17

Black Sparkler

Schon mit einfachem Sodawasser wird dieser Cocktail zu einem köstlichen Drink für die Sommerparty. Für festlichere Anlässe verwenden Sie weißen Schaumwein.

Für 1 Person
3,5 cl Cognac
0,5 cl Crème de Mure (Brombeerlikör)
0,5 cl Zitronensaft
1 TL Zucker
Eis
Sodawasser oder weißer Schaumwein
Brombeeren oder schwarze Johannisbeeren

1 Die ersten vier Zutaten mit Eis in einem Shaker mischen und kräftig schütteln.
2 In ein gekühltes Cocktailglas abseihen und mit Sodawasser oder Schaumwein auffüllen.
3 Mit den Brombeeren dekorieren.

18 Black Velvet

Sagen Sie nicht, dieser Cocktail ruiniere den guten Champagner. Genießen Sie einfach jeden berauschenden Schluck dieses Evergreens.

Für 1 Person
Stout oder Guinness, gekühlt
Champagner, gekühlt

1 Beide Getränke zu gleichen Teilen vorsichtig (kann ziemlich aufschäumen) in eine Bierstange oder ein Stielglas gießen.

19 Velvet Mule

Dieser samtige Mule bietet einen raffinierten Kick aus Anis und Ingwer – ein überraschend guter Mix, mit einer besonderen Note durch die Cola.

Für 1 Person
2 cl Cassis
2 cl schwarzer Sambuca
4 cl Ginger Wine
Eis
Cola
Sodawasser oder weißer Schaumwein

1 Die ersten drei Zutaten mit Eis in einem Shaker mischen und kräftig schütteln.
2 In eine gekühlte Champagnerflöte abseihen und zu gleichen Teilen mit Cola und Sodawasser auffüllen.

20 Velvet Cooler

Noch ein Cocktail aus Samt – ein außergewöhnlicher Longdrink für sommerliche Feiern, erfrischend und überraschend stark.

Für 1 Person
2–3 EL Ananassaft
helles Bier, eisgekühlt
Champagner oder Schaumwein, eisgekühlt

1 Den Ananassaft in ein Stielglas gießen.
2 Zu gleichen Teilen mit Bier und Champagner auffüllen.

21 Champagne Cocktail

Wem dieser Cocktail zu süß ist, der kann den Zucker auch weglassen – für den besonderen Pfiff sorgt schon der Brandy.

Für 1 Person
1 Zuckerwürfel
2 Spritzer Angostura
2 cl Brandy
Champagner, gekühlt

1 Den Zuckerwürfel mit dem Angostura in eine gekühlte Champagnerflöte geben.
2 Den Brandy dazugießen und mit Champagner auffüllen.

22 Caribbean Champagne

Rum und Bananen bringt man gleich mit der Karibik in Verbindung, Champagner fällt einem dagegen nicht gleich dazu ein. Denken Sie allerdings daran, dass Frankreich und karibische Inseln wie Martinique und Guadeloupe eine lange gemeinsame Geschichte vorzuweisen haben!

Für 1 Person
1 cl weißer Rum
1 cl Crème de Banane
Champagner, gekühlt
3 Bananenscheiben, zum Dekorieren

1 Rum und Crème de Banane in eine gekühlte Champagnerflöte gießen.
2 Mit Champagner auffüllen.
3 Langsam umrühren und mit den Bananenscheiben dekorieren.

23 James Bond

Überraschend und in diesem Fall ganz entschieden: weder geschüttelt noch gerührt!

Für 1 Person
1 Zuckerwürfel
2 Spritzer Angostura
2 cl Wodka, gekühlt
Champagner, gekühlt

1 Zucker mit dem Angostura befeuchten und in eine gekühlte Champagnerflöte geben.
2 Wodka darüber gießen und mit Champagner auffüllen.

(24) Dawn

Für diesen Cocktail namens „Morgendämmerung“ nehmen Sie am besten einen guten, fruchtigen Schaumwein – probieren Sie ruhig auch einen roten!

Für 1 Person
2 cl Limettensaft
2 cl Sherry, Medium Dry
Champagner oder Schaumwein, gekühlt

1 Limettensaft und Sherry in eine gekühlte Champagnerflöte gießen.
2 Mit gekühltem Champagner auffüllen und kurz umrühren.

(25) Prince of Wales

Eine verschärfte Version des Champagne Cocktails – nicht zu schnell trinken!

Für 1 Person
2 cl Brandy
2 cl Madeira oder Muskatellerwein
3 Tropfen Curaçao
2 Tropfen Angostura
Eis
Champagner, gekühlt
1 Orangenschalenspirale

1 Die ersten vier Zutaten mit dem Eis in einem Shaker mischen, kräftig schütteln und in eine gekühlte Champagnerflöte abgießen.
2 Nach Geschmack mit Champagner auffüllen und mit einer schönen Orangenschale dekorieren.

(26) Royal Julep

Wie bei allen Juleps muss die Minze zerstoßen oder fein zerdrückt werden, damit sie in Zucker und Wasser ihr Aroma voll entfalten kann; hacken allein genügt nicht.

Für 1 Person
1 Stück Würfelzucker
3 frische Minzezweige
2 cl Jack Daniel's
Champagner, gekühlt

1 Den Zucker und die Minze zusammen mit etwas Whisky in einem kleinen Glas zerstoßen.
2 Sobald sich der Zucker aufgelöst hat, die Flüssigkeit in eine gekühlte Champagnerflöte abseihen, den übrigen Whisky dazugießen und den Cocktail mit Champagner auffüllen.

27

Millennium Cocktail

Speziell erfunden, um das 21. Jahrhundert einzuläuten – und noch besser geeignet, um das neue Jahrtausend fortzuführen.

Für 1 Person
2 cl Himbeer-Wodka
2 cl frischer Himbeersaft
2 cl Orangensaft
Eis
Champagner, gekühlt
2 Himbeeren

1 Wodka, Himbeersaft und Orangensaft mit Eis im Shaker kräftig schütteln.
2 In eine gekühlte Champagnerflöte abseihen und mit gekühltem Champagner auffüllen.
3 Langsam umrühren.
4 Die Himbeeren auf ein Cocktailspießchen stecken und den Drink damit dekorieren.

28. Leap Year: 4 cl Gin, 1 cl Grand Marnier, 1 cl Vermouth Sweet und 1/2 TL Zitronensaft mit Eis in einem Shaker mischen und kräftig schütteln. In ein gekühltes Cocktailglas abseihen.

29. Thanksgiving Special: 4 cl Gin, 3 cl Apricot Brandy, 2 cl Vermouth Dry und 1 cl Zitronensaft mit Eis in einem Shaker mischen und kräftig schütteln. In ein gekühltes Cocktailglas abseihen. Mit einer Cocktailkirsche dekorieren.

30. Cool Yule Martini: 6 cl Wodka, 1 cl Vermouth Dry und 1 TL Pfefferminzschnaps mit Eis in einem Shaker kräftig schütteln. In ein gekühltes Cocktailglas abseihen. Mit einem Pfefferminz-Candystick dekorieren.

31

Champagne Cobbler

Der Cobbler war zur Zeit Dickens' beliebt, als er aus Sherry, Zucker, Zitrone und Eis bestand. Diese Version besitzt einen größeren Kick und perlt viel mehr.

Für 1 Person
1 Glas Champagner
0,5 cl Curaçao
1 TL Zuckersirup
Eis
Himbeeren und andere Obststücke

1 Champagner, Curaçao und Zuckersirup in einem gekühlten Rührglas mixen.
2 In ein mit Eis gefülltes Collinsglas abgießen und mit den Obststücken dekorieren.

32

Pearl Cocktail

Keine Perlen, keine Austern – nur eine Perle von einem Drink, den man vor oder nach dem Abendessen genießen kann.

Für 1 Person
1 cl Cognac
1 cl Kaffeelikör
fein gestoßenes Eis
Champagner, gekühlt
1 Brombeere oder rote Traube

1 Cognac und Kaffeelikör mit dem Eis in ein gekühltes Champagnerglas geben.
2 Mit Champagner auffüllen und mit Brombeere oder Traube dekorieren.

33

Lady Luck

Birnen- und Apfelaroma verleihen dem Cocktail intensive Fruchtigkeit; als Basis kann man auch weißen Schaumwein nehmen.

Für 1 Person

2 cl Calvados

2 cl Birnensaft oder 1 cl Birnenlikör

1 Scheibe einer reifen festen Birne

Champagner, gekühlt

1 Den Calvados und den Birnensaft in eine gekühlte Champagnerflöte gießen und die Birnenscheibe hinzufügen.

2 Mit gekühltem Champagner auffüllen.

34

Grape Expectations

Geben Sie die beiden Trauben im letzten Moment dazu und beobachten Sie, wie sie herumspringen und immer mehr Perlen erzeugen.

Für 1 Person

5–6 dunkle rote Trauben

Eis

1 Spritzer Mandarinenlikör

rosa Champagner oder Schaumwein, gekühlt

1 Zwei Trauben für das Glas beiseite legen.

2 Die übrigen Trauben in einer kleinen Schüssel zerdrücken, damit der Saft heraustritt.

3 Eis und Likör dazugeben und in ein gekühltes Champagnerglas abseihen.

4 Mit Champagner auffüllen. Die Trauben halbieren und entkernen. Kurz vor dem Servieren ins Glas geben.

35

Kismet

Die Epoche der Romantik brachte wunderbare Musik hervor; dieser romantische, elegante Drink lässt sie noch einmal aufleben. Der Cocktail Ihres Schicksals?

Für 1 Person
2 cl Gin
2 cl Apricot Brandy
1/2 TL Ingwersirup
Champagner, gekühlt
1 Scheibe einer frischen reifen Mango oder Nektarine

1 Den Gin und Brandy in eine gekühlte Champagnerflöte gießen.
2 Den Ingwersirup langsam am Glasrand herunterlaufen lassen und mit Champagner auffüllen.
3 Mit der Mangoscheibe dekorieren.

36

Orange Sparkler

Servieren Sie diesen exotischen Champagner-Cocktail zu jeder beliebigen Gelegenheit – oder einfach zum Anstoßen.

Für 1 Person
2 cl Brandy
1 cl Orangenlikör
1 cl Zitronensaft
Eis
trockener Asti Spumante, eisgekühlt

1 Die ersten drei Zutaten mit Eis in einem Shaker mischen und kräftig schütteln.
2 In ein gekühltes Champagnerglas abseihen und nach Geschmack mit Asti Spumante auffüllen.

37

Pear and Cinnamon Sling

Ist Zimtsirup nicht erhältlich, können Sie ihn auch selbst herstellen!

Für 1 Person
4 cl Wodka
4 cl Birnenpüree
1 cl Zimtsirup
1,5 cl Cranberry-Brombeer-Nektar
Eis
Champagner, gekühlt
1 Birnenscheibe

1 Die ersten vier Zutaten mit Eis in einem Shaker schütteln.
2 In eine gekühlte Champagnerflöte abseihen und mit Champagner auffüllen.
3 Mit der Birnenscheibe dekorieren.

Tipp: Für den Zimtsirup 250 ml Wasser mit 60 g Zucker und 2 Zimtstangen einkochen lassen. Durchs Sieb gießen, abkühlen lassen!

38

Death in the Afternoon

Angeblich war dies der Lieblingsdrink von Ernest Hemingway, als dieser in Paris lebte. Der Anis macht den Cocktail geheimnisvoll trüb und besonders köstlich.

Für 1 Person
2 Eiswürfel
2 cl Pernod
trockener Champagner, gekühlt

1 Die Eiswürfel in ein Champagnerglas geben.
2 Den Pernod darüber gießen und das Glas langsam mit Champagner auffüllen.
3 Rasch trinken, solange er noch perlt!

39

Pick-me-up

Champagner verleiht einem stets ein Hochgefühl. In diesem Cocktail wirken auch alle anderen Zutaten energiespendend – der perfekte Kick für jeden Anlass!

Für 1 Person
Eis
3 Spritzer Fernet Branca
3 Spritzer Curaçao
2 cl Brandy
Champagner, gekühlt
1 Zitronenschalenspirale

1 Ein Weinglas mit Eis füllen und kühlen.
2 Die übrigen Zutaten nacheinander dazugießen und den Cocktail mit Champagner auffüllen.
3 Mit der Zitronenschalenspirale dekorieren.

40

Josiah's Bay Float

Ein wunderbarer Cocktail, den man für zwei in einer ausgehöhlten Ananas serviert. Ein Heiratsantrag oder ein romantisches Abendessen im Freien wären das geeignete Szenario dazu. Etwas nüchterner wirkt er in großen gekühlten Whiskygläsern.

Für 2 Personen
4 cl goldener Rum
2 cl Galliano
4 cl Ananassaft
2 cl Limettensaft
4 TL Zuckersirup
gestoßene Eiswürfel
1 ausgehöhlte Ananas
Champagner, zum Auffüllen
2 Limetten- und Zitronenscheiben
2 Cocktailkirschen

1 Rum, Galliano, Ananassaft, Limettensaft und Zuckersirup mit Eis in einem Shaker mischen und kräftig schütteln.
2 In die Ananasschale abseihen, mit Champagner auffüllen und langsam umrühren.
3 Mit den Limetten- und Zitronenscheiben sowie zwei Cocktaikirschen dekorieren und mit zwei Trinkhalmen servieren.

41. Royal Matador: Die Ananas oben abschneiden und den Deckel aufbewahren. Das Fruchtfleisch aus der Frucht löffeln, dabei die Schale nicht verletzen. Das Fruchtfleisch im Mixer pürieren. Den Saft von dem Püree abseihen und wieder in den Mixer geben. 8–10 fein gestoßene Eiswürfel, 8 cl braunen Tequila, 3 cl Crème de Framboise, 4 cl Limettensaft und 1 EL Amaretto dazugießen. Grob mixen und in die Ananasschale gießen; falls nötig, mehr Eis zugeben. Statt mit dem Deckel mit zwei Trinkhalmen servieren. **Für 2 Personen**

42

Jade

Guter Jadestein fühlt sich stets kalt an – und das sollte auch auf den Cocktail zutreffen. Eine Cocktailbar oder Hausbar kann nie genug Eis enthalten!

Für 1 Person
0,5 cl Midori
0,5 cl Blue Curaçao
0,5 cl Limettensaft
1 Spritzer Angostura
gestoßene Eiswürfel
Champagner, gekühlt
1 Limettenscheibe, zum Dekorieren

1 Midori, Curaçao, Limettensaft und Angostura mit Eis in einem Shaker mischen und kräftig schütteln.
2 In eine gekühlte Champagnerflöte abseihen. Mit gekühltem Champagner auffüllen und mit einer Limettenscheibe dekorieren.

43 Mexican Fizz

Die herbe Fruchtigkeit von Tequila wird nicht häufig pur genossen, eignet sich aber großartig zum Mixen mit vielen gesüßten und geschmacksintensiven Getränken.

Für 1 Person
4 cl Tequila
1 cl Grenadine
10–12 cl Dry Ginger Ale
fein gestoßenes Eis

1 Tequila, Grenadine und die Hälfte des Ginger Ale mit dem Eis in einem Shaker schütteln, bis es halbgefroren ist.
2 In ein gekühltes Collinsglas abgießen und nach Geschmack mit Ginger Ale auffüllen.
3 Mit einem Trinkhalm servieren.

44 French 75

CLASSIC

Wurde Anfang des 20. Jahrhunderts in einem Cocktailbuch als Drink beschrieben, der „eindeutig alles andere übertrifft". Über die exakten Zutaten dieses Klassikers scheint jedoch Unklarheit zu herrschen. Alle Rezepte enthalten zwar Champagner, unterscheiden sich aber in den übrigen Spirituosen.

Für 1 Person
4 cl Brandy
2 cl Zitronensaft
1 EL Zuckersirup
gestoßene Eiswürfel
Champagner, gekühlt
1 Zitronenspirale

1 Brandy, Zitronensaft und Zuckersirup mit Eis in einem Shaker mischen und kräftig schütteln.
2 In ein gekühltes Stielglas abseihen und mit Champagner auffüllen.
3 Mit der Zitronenspirale dekorieren.

45. French 75 (zweite Version): 4 cl Plymouth Gin und 2 cl Limettensaft mit Eis im Shaker mischen und kräftig schütteln. In ein gekühltes Weinglas abseihen und mit gekühltem Champagner auffüllen. Mit einer Cocktailkirsche dekorieren. **Für 1 Person**

46. French 75 (dritte Version): 1 TL Zucker in ein gekühltes Whiskyglas geben. 2 cl Zitronensaft zugeben und rühren, bis sich der Zucker aufgelöst hat. Das Glas mit gestoßenen Eiswürfeln füllen. 4 cl Gin über das Eis gießen und mit gekühltem Champagner auffüllen. Mit einer Orangenscheibe dekorieren. **Für 1 Person**

47. London French 75: Die zweite Version eines French 75 mixen, aber den Plymouth Gin durch London Gin und den Limettensaft durch Zitronensaft ersetzen. **Für 1 Person**

48. French Kiss: 4 cl Bourbon, 2 cl Aprikosenlikör, 2 TL Grenadine und 1 TL Zitronensaft mit Eis im Shaker mischen und kräftig schütteln. In ein gekühltes Cocktailglas abseihen. **Für 1 Person**

(49)

Ruby Fizz

Dieser alkoholarme Drink ist sehr erfrischend und kann mit fast jedem süßen Fruchtsirup zubereitet werden. Besonders eignen sich selbst gemachte Sirups.

Für 1 Person
Saft von 1/2 Zitrone
2 TL Zucker
1 kleines Eiweiß
2 Spritzer Himbeersirup oder Grenadine
4 cl Sloe Gin
Eis
Sodawasser

1 Alle Zutaten bis auf das Sodawasser in einem Shaker mischen und kräftig schütteln.
2 In ein gekühltes Longdrinkglas abseihen und mit Sodawasser auffüllen.

(50)

Cranberry Whizz

Der ideale festliche Schaumcocktail für Nichttrinker – oder für Leute, die vor der nächsten Party eine Pause brauchen!

Für 1 Person
Eis
Saft von 1/2 Limette
Cranberrysaft
Zitronen- oder Holunderblütenlimonade
1 Erdbeere

1 Den Rand eines Collinsglases oder einer Champagnerflöte mit einem Zuckerrand verzieren.
2 Zu zwei Dritteln mit Eis füllen, Limettensaft und Cranberrysaft zugeben.
3 Mit Limonade auffüllen und langsam umrühren.
4 Mit der Erdbeere dekorieren.

(51)

Wild Silk

Ein wilder, seidiger Fruchtcocktail, der kräftig schäumt und am besten mit gut gekühltem Champagner aufgefüllt wird.

Für 2 Personen
1 cl Sahne
1 EL Himbeeren
2 cl Framboise oder Himbeersirup
etwas fein gestoßenes Eis
Champagner, gekühlt

1 2–3 schöne Himbeeren beiseite legen.
2 Die ersten drei Zutaten mit Eis im Mixer zu einem halbgefrorenen Drink verarbeiten.
3 In eine Champagnerflöte abgießen und mit Champagner auffüllen. Die übrigen Himbeeren darauf schwimmen lassen.

52

Cherry Kiss

Ein erfrischender Cocktail fast ohne Kalorien, der während einer Diät oder zu anderen alkoholfreien Anlässen ausgezeichnet schmeckt.

Für 2 Personen

8 Eiswürfel, fein gestoßen
2 EL Kirschsirup
2–3 Spritzer frisch gepresster Limettensaft
500 ml Mineralwasser
4–6 Maraschinokirschen, auf Cocktailspieße gesteckt

1 Das gestoßene Eis auf zwei Gläser verteilen und den Sirup darüber gießen.
2 Den Limettensaft zugeben und mit Mineralwasser auffüllen.
3 Mit den Maraschinokirschen dekorieren.

53

QM2

Ein neues Schiff verdient einen neuen Cocktail – von dem ohne Zweifel auf den majestätischen Fahrten viele zubereitet und getrunken werden.

Für 8 Personen

Saft von 1 Limette
Zucker
Eis
1 cl Zuckersirup
4 cl Drambuie
200 ml Mineralwasser
1 Flasche roter oder rosa Schaumwein
24 Maraschinokirschen

1 Den Rand der Champagnerflöten mit Limettensaft einreiben, in Zucker tauchen und den Zuckerrand fest werden lassen.
2 Den übrigen Saft mit Eis, Zuckersirup, Drambuie und Mineralwasser verrühren.
3 Gleichmäßig auf die Gläser verteilen, mit Schaumwein auffüllen und in jede Champagnerflöte drei Kirschen geben.
4 Mit einem dekorativen Trinkhalm servieren.

(54) San Joaquin Punch

Eine wunderbar perlende Bowle, angereichert mit in Brandy eingelegten Früchten.

Für 4 Personen
1 EL Rosinen oder gewürfelte Dörrpflaumen
6 TL Brandy
300 ml Schaumwein oder Champagner
300 ml weißer Traubensaft
Eis

1 Die getrockneten Früchte mit dem Brandy in einer kleinen Schüssel vermischen und 1–2 Stunden stehen lassen.
2 Schaumwein, Saft und eingeweichte Früchte in einem Rührglas vermischen.
3 In mit Eis gefüllte Gläser gießen.

(55) The Footman

Wenn Sie mehrere Gläser davon zubereiten, setzen Sie die Ginbasis schon vorher an, und stellen Sie sie bis zum Servieren in den Kühlschrank.

Für 1 Person
1 cl Gin
2 cl Orangensaft
1 Pfirsichscheibe
1 Eiswürfel
Champagner, gekühlt
1 Pfirsichscheibe, zum Dekorieren

1 Alle Zutaten bis auf den Champagner in einem Mixer etwa 10 Sekunden glatt pürieren.
2 In eine Champagnerflöte abgießen und vor dem Servieren mit Champagner auffüllen.
3 Mit der Pfirsichscheibe dekorieren.

(56) San Remo

Wenn Sie das nächste Mal eine Zitrusfrucht aufschneiden, frieren Sie übrige Scheiben ein, und geben Sie sie kurz vor dem Servieren in den Cocktail.

Für 1 Person
1 cl Grapefruitsaft
0,5 cl Triple Sec
0,5 cl Mandarinenlikör
Eis
Champagner
1 gefrorene Zitrusfruchtscheibe

1 Die ersten drei Zutaten mit dem Eis in einem Collinsglas mischen.
2 Mit Champagner auffüllen und die gefrorene Zitrusfruchtscheibe dazugeben.

57

Christmas Cocktail

Dieser leichte Cocktail ist im Nu für viele Gäste zubereitet; sicher müssen Sie nicht bis Weihnachten warten, um ihn zu genießen.

Für 1 Person
1 Zuckerwürfel
1 Spritzer Brandy
2 Spritzer Cranberrysaft
Champagner, gekühlt
einige Himbeeren, zum Dekorieren

1 Den Zuckerwürfel in ein gekühltes Champagnerglas geben.
2 Den Brandy darüber gießen, kurz warten, bis der Zuckerwürfel die Flüssigkeit aufgesogen hat, dann den Cranberrysaft hinzufügen.
3 Vor dem Servieren mit Champagner auffüllen und ein oder zwei Himbeeren auf den Schaum setzen.

58

Sparkling Gold

Für ganz besondere Anlässe wie eine goldene Hochzeit kann man auch winzig kleine Stücke essbares Blattgold auf jedes Glas streuen.

Für 1 Person
2 cl goldener Rum
1 cl Cointreau
Champagner, gekühlt

1 Rum und Likör in eine gekühlte Champagnerflöte gießen.
2 Mit gekühltem Champagner auffüllen und servieren.

59

Shangri-la

Ein exzellenter Mix zum Aufpeppen einer nicht ganz so aufregenden Flasche Sekt – kommt auch bei größeren Partygesellschaften immer gut an!

Für 1 Person
1 cl Gin
0,5 cl Apricot Brandy
1 cl Orangensaft
einige Tropfen Grenadine
Eis
trockener Asti Spumante oder Schaumwein
je 2 Orangen- und Zitronenscheiben

1 Die ersten vier Zutaten mit Eis in einem Ballonglas oder großen Weinglas mischen.
2 Mit Schaumwein auffüllen und mit den Orangen- und Zitronenscheiben dekorieren.

60

Valencia Cocktail

Valencia ist bekannt für köstliche Orangen – und wie könnte man diese besser genießen als in einem erfrischenden Cocktail?

Für 1 Person
4 Spritzer Orangenbitter
1 TL Apricot Cordial
1 TL Orangensaft
1 TL Apricot Brandy
Eis
Champagner, gekühlt

1 Die ersten vier Zutaten mit Eis in einem Shaker mischen und kräftig schütteln.
2 In eine gekühlte Champagnerflöte abseihen und nach Geschmack mit Champagner auffüllen.

(61)

Tequila Slammer

Slammers, auch als Shooters bekannt, sind derzeit groß in Mode. Dabei gibt man mehrere Zutaten ohne Umrühren direkt ins Glas. Dann deckt man das Glas oben ab, um nichts zu verschütten, schlägt es („to slam" = schlagen) auf Bar oder Tisch, damit sich die Zutaten vermischen, und trinkt den Cocktail in einem Zug aus. Wichtig ist, dass man ein dickes Glas verwendet, das beim Aufschlagen nicht zerbricht.

Für 1 Person
2 cl weißer Tequila, gekühlt
2 cl Zitronensaft
Schaumwein

1 Den Tequila und den Zitronensaft in ein gekühltes Glas gießen.
2 Mit Schaumwein auffüllen.
3 Das Glas mit einer Hand abdecken und auf die Bar oder den Tisch schlagen.

62. Alabama Slammer: Gestoßenes Eis in ein Rührglas geben. 2 cl Southern Comfort, 2 cl Amaretto und 1 cl Sloe Gin darüber gießen und umrühren. In ein Whiskyglas abgießen und 1/2 TL Zitronensaft hinzufügen. Das Glas mit der Hand abdecken und auf den Tisch schlagen. **Für 1 Person**

63. B52: 2 cl dunklen Crème de Cacao in ein Whiskyglas gießen. Mit ruhiger Hand 2 cl Baileys Irish Cream als zweite Schicht darüber gießen, dann langsam 2 cl Grand Marnier dazugießen. Das Glas abdecken und auf den Tisch schlagen. **Für 1 Person**

64. B52 (zweite Version): 2 cl gekühlten Kahlúa in ein Whiskyglas gießen. Mit ruhiger Hand 2 cl Baileys Irish Cream als zweite Schicht darüber gießen, dann langsam 2 cl Grand Marnier zufügen. Abdecken, auf den Tisch schlagen. **Für 1 Person**

65. Banana Slip: 2 cl gekühlten Crème de Banane in ein Whiskyglas gießen. Mit ruhiger Hand langsam 2 cl Baileys Irish Cream als zweite Schicht darüber gießen. Abdecken und auf den Tisch schlagen. **Für 1 Person**

(66)

Sabrina

Ideal für Fans von süßen, fruchtigen Cocktails. Der Ansatz kann gut vorbereitet werden.

Für 1 Person
1 cl Gin
1 TL Apricot Brandy
1 cl frisch gepresster Orangensaft
1 TL Grenadine
0,5 cl Cinzano
Eis
lieblicher Schaumwein
je 1 halbierte Orangen- und Zitronenscheibe

1 Die ersten fünf Zutaten mit Eis in einem Shaker mischen und kräftig schütteln.
2 In ein Collinsglas abgießen und mit Schaumwein auffüllen.
3 Orangen- und Zitronenscheiben auf ein Cocktailspießchen stecken und den Drink damit dekorieren.

67

The Trade Winds

Egal ob die Passatwinde heiß oder kalt wehen, Champagner-Cocktails sind immer eine Wohltat. Dieser hier ist ebenso erfrischend wie farbenfroh.

Für 1 Person
2 cl Gin
1 cl Cherry Brandy
1 cl Zitronensaft
1–2 Spritzer Zuckersirup
fein gestoßenes Eis
Champagner, gekühlt
2 frische Kirschen

1 Alle Zutaten bis auf den Champagner mit Eis in einem Shaker mischen und kräftig schütteln. In ein Champagnerglas gießen.
2 Mit gekühltem Champagner auffüllen und mit den Kirschen dekorieren.

68

Peardrops

Vergoren oder nicht, mit Birnen schmecken Cocktails immer ein wenig nach Alkohol. Wenn man sie erhitzt, werden die Früchte sogar noch aromatischer. Diesem Cocktail geben sie ein besonders reichhaltiges, berauschendes Aroma.

Für 1 Person
2 cl Birnenbrand
Birnenmost, gekühlt
1 Kirsche oder Birnenscheibe

1 Den Birnenbrand in ein gekühltes Champagnerglas gießen und langsam mit Birnenmost auffüllen.
2 Mit der Kirsche oder Birnenscheibe dekorieren.

69

The Bentley

CLASSIC

Champagner-Cocktails werden angeblich besser, je mehr man davon trinkt ...

Für 1 Person
1 cl Cognac oder Brandy
1 cl Pfirsichlikör, Peach Brandy oder Pfirsichbrand
Saft von 1 Maracuja (Passionsfrucht), durchs Sieb passiert
1 Eiswürfel
Champagner

1 Die ersten drei Zutaten miteinander verrühren und in ein gekühltes Glas abgießen.

2 Einen Eiswürfel dazugeben und den Cocktail mit Champagner auffüllen.

70

Sparkling Julep

Schaumwein passt zu allen Anlässen, und dieser Cocktail ist eine besonders erfrischende Art, ihn zu trinken.

Für 1 Person
1 Zuckerwürfel
2 Minzezweige
weißer Schaumwein, gekühlt
Früchte der Saison (nach Belieben)

1 Den Zuckerwürfel zusammen mit einem zerdrückten Minzezweig in eine gekühlte Champagnerflöte geben.
2 Mit Schaumwein auffüllen, den zweiten Minzezweig und nach Geschmack frische Früchte der Saison dazugeben.

71. Diamond Head: 8 cl Gin, 4 cl Zitronensaft, 2 cl Apricot Brandy, 1 TL Zucker und 1 Eiweiß im Shaker mischen und kräftig schütteln. In zwei gekühlte Cocktailgläser abgießen. **Für 2 Personen**

72. Diamond Fizz: 4 cl Gin, 1 cl Zitronensaft und 1 TL Zuckersirup mit Eis in einem Shaker mischen und kräftig schütteln. In eine gekühlte Champagnerflöte abseihen. Mit gekühltem Champagner auffüllen. **Für 1 Person**

73. Sapphire Martini: 4–6 gestoßene Eiswürfel in ein Rührglas geben. 4 cl Gin und 1 cl Blue Curaçao über das Eis gießen. Gut vermischen und in ein gekühltes Cocktailglas abseihen. Mit einer blauen Cocktailkirsche dekorieren. **Für 1 Person**

74. Topaz Martini: 4–6 gestoßene Eiswürfel in ein Rührglas geben. 4 cl Gin und 1 cl Orange Curaçao über das Eis gießen. Gut vermischen und in ein gekühltes Cocktailglas abseihen. Mit einer Zitronenscheibe dekorieren. **Für 1 Person**

75

Sparkler

Der einfachste und raffinierteste von allen alkoholfreien Drinks. Er sieht aus wie ein Gin Tonic oder eine Schorle und schmeckt großartig.

Für 1 Person
einige Tropfen Angostura
Eis
Ihr bevorzugtes Soda- oder Mineralwasser
1 Kirsche oder Zitronenscheibe
Zitronen- oder Orangensaft (nach Belieben)

1 Den Angostura in ein mit Eis gefülltes Stielglas geben.
2 Mit dem Sodawasser aufgießen und mit einer Kirsche oder Zitronenscheibe dekorieren.
3 Nach Geschmack einige Tropfen Zitronen- oder Orangensaft zugeben.

76

Monte Carlo

Die Motorsportwelt trinkt immer Champagner, besonders in Monte Carlo. Aber nicht nur dort ist dieser raffinierte Cocktail sehr beliebt.

Für 1 Person
1 cl Gin
0,5 cl Zitronensaft
Eis
Champagner oder weißer Schaumwein
0,5 cl Crème de Menthe
1 kleiner Minzezweig

1 Die ersten beiden Zutaten mit Eis in einem Shaker mischen und kräftig schütteln.
2 In eine gekühlte Champagnerflöte abseihen und mit Champagner auffüllen.
3 Zum Schluss den Crème de Menthe darüber gießen und den Cocktail mit dem Minzezweig dekorieren.

77

Jersey Lily

Dieser goldfarbene Cocktail ist nach der schönen edwardianischen Schauspielerin Lillie Langtry (1852–1929) benannt. Ob ihr berühmtester Liebhaber, der Prince of Wales (später König Edward VIII.), auch von dem Cocktail kostete, ist nicht festgehalten.

Für 1 Person
120 ml Apfelsprudel
Zucker
1 Spritzer Angostura
Eiswürfel
1 Maraschinokirsche
1 dünne Apfelscheibe

1 Apfelsprudel nach Geschmack mit etwas Zucker mischen. Mit Angostura und Eis im Shaker kräftig schütteln.
2 In ein gekühltes Glas abseihen. Kirsche und Apfelscheibe dekorativ auf ein Cocktailspießchen stecken oder die Kirsche auf den Boden des Glases sinken lassen.

78

Apple Fizz

Cidre ist eine großartige Basis und harmoniert mit vielen alkoholischen Getränken. Zwar kann man den Cocktail nicht im Voraus zubereiten, doch lässt er sich wunderbar für mehrere Leute gleichzeitig mischen.

Für 1 Person
150 ml Cidre oder Apfelsprudel
2 cl Calvados
Saft von 1/2 Zitrone
1 EL Eiweiß
1 große Messerspitze Zucker
Eis
1 Zitronen- oder Apfelscheibe

1 Die ersten fünf Zutaten mit Eis in einem Shaker mischen und kräftig schütteln. Sofort in ein Stielglas gießen (schäumt meist kräftig).
2 Mit einer Zitronen- oder Apfelscheibe oder beidem dekorieren. Für mehr Schaum vor dem Servieren noch etwas Cidre nachgießen.

79

Hedgerow Apple Tipple

Sollten Sie je Cidre oder Brombeer-Gin selbst herstellen, ist dies der ideale Drink, um die beiden zu mischen.

Für 1 Person
1 Eiswürfel
1 TL Brombeerpüree, -sirup oder -likör
2 cl Apfelsaft
Cidre
einige Brombeeren

1 Den Eiswürfel in ein hohes schmales Glas geben.
2 Zuerst das Püree, dann den Apfelsaft darüber geben. Schließlich nach Geschmack mit Cidre auffüllen.
3 Mit einigen Brombeeren dekorieren.

Cider Punch

Dieser Cocktail scheint besonders stark zu sein, ist es aber nicht. Außerdem kann man nach Belieben Sodawasser und Eis hinzufügen, sobald die Basis gemischt ist.

Für 10 Personen
500 ml trockener Cidre
150 ml Cognac oder Brandy
150 ml Cointreau
Eis
einige Apfelscheiben
300 ml Sodawasser oder Dry Ginger Ale

1 Die ersten drei Zutaten mischen und bis zur weiteren Verwendung in den Kühlschrank stellen.
2 Mit Eis, Apfelscheiben und Sodawasser oder Ginger Ale in ein großes Bowlegefäß gießen.
3 In kleinen Tassen oder Gläsern servieren.

Antoinette

Ein wunderbar leichter Cocktail für jede Gelegenheit. Fügen Sie nach Geschmack mehr Calvados hinzu, und verleihen Sie dem Drink durch extra Zitronen- oder Limettensaft zusätzliche Frische.

Für 1 Person
3 cl Calvados
1 cl frisch gepresster Zitronensaft
1 cl Zuckersirup
Eis
Cidre
1 Apfelschalenspirale oder
1 Apfelschalenstück

1 Die ersten drei Zutaten mit Eis im Shaker mischen und kräftig schütteln.
2 In ein großes Stiel- oder Cocktailglas abseihen und nach Geschmack mit Cidre auffüllen.
3 Mit der Apfelschalenspirale oder dem Apfelschalenstück dekorieren.

Long-drinks

82

Alice Springs

Diesen fruchtigen Cocktail mit einem kräftigen Schuss Gin kann man – je nach Geschmack – ruhig noch etwas verlängern.

Für 1 Person
6 cl Gin
$^1/_2$ TL Grenadine
2 cl Orangensaft
2 cl Zitronensaft
Eis
Sodawasser
3 Tropfen Angostura

1 Die ersten vier Zutaten mit dem Eis in einem Shaker mischen und kräftig schütteln.
2 In ein gekühltes Collinsglas abseihen und mit Sodawasser auffüllen.
3 Angostura zugeben und mit einem Trinkhalm servieren.

83

Gin Fizz

CLASSIC

Vielleicht der Vorläufer von Gin Tonic, auf jeden Fall ein großartiger Cocktail – lecker, ergiebig und erfrischend.

Für 1 Person
3 cl Gin
1 TL Zucker
einige dünne Streifen Zitronenschale
fein gestoßenes Eis
Sodawasser

1 Gin, Zucker und Zitronenschale mischen, bis sich der Zucker aufgelöst hat.
2 Ein Longdrinkglas mit gestoßenem Eis füllen, die ersten drei Zutaten zugeben und mit gekühltem Sodawasser auffüllen.

84

CLASSIC

Gin Sling

Angeblich trank man Gin Sling ursprünglich heiß – doch auch die zahlreichen kalten Varianten schmecken köstlich!

Für 1 Person
1 Zuckerwürfel
2 cl Dry Gin
frisch geriebene Muskatnuss
Zitronenscheibe

1 Den Zuckerwürfel in 150 ml heißem Wasser in einem Tumbler auflösen.
2 Gin dazugießen, Muskat darüber streuen und mit einer Zitronenscheibe servieren.

85. Gin Sling Cocktail: Großes Stück Eis, Saft von 3/4 Zitrone, 1/2 EL Puderzucker und 2 cl Gin in einen Tumbler geben. Mit Wasser auffüllen, 1 Zitronenscheibe hineingeben, 1 Spritzer Angostura zugeben. **Für 1 Person**

86. Orange Gin Sling: 4 cl Gin in ein Cocktailglas gießen und vorsichtig 4 Spritzer Orangenbitter dazugeben. **Für 1 Person**

87

Leap-Frog

Gin-Tonic-Fans werden diesen Drink lieben, weil er so intensiv nach Zitrone und Gin schmeckt. Ob Sie wohl danach auch Bocksprünge machen?

Für 1 Person
1 Eiswürfel
Saft von $^1/_2$ Zitrone
4 cl Gin
Ginger Ale

1 Einen großen Tumbler kühlen und den Eiswürfel, Zitronsaft und Gin hineingeben.
2 Nach Geschmack mit Ginger Ale auffüllen und mit einem Stirrer servieren.

88

Mother-in-law's Gin

Diesen Gin der Schwiegermutter am besten im Voraus zubereiten – schließlich muss niemand wissen, wie viel Gin darin enthalten ist ...

Für 6 Personen
10 cl Gin
140 ml Orangensaft
140 ml Zitronensaft
4 cl Zuckersirup
1 kleines Eiweiß
Eis
Tonic Water
1 Zitronenschalenstreifen

1 Die ersten vier Zutaten mischen und bis zur weiteren Verwendung kalt stellen.
2 Vor dem Servieren in einem Mixer mit Eiweiß und Eis zu einem schaumigen Cocktail verarbeiten.
3 In gekühlte Longdrinkgläser gießen und mit Tonic Water auffüllen.
4 Mit dem Zitronenschalenstreifen oder etwas Zitronenschale garnieren.

89

Bulldog

Eine sehr erfrischende Variante des klassischen Gin and Orange.

Für 1 Person
4 cl Gin
2 cl frisch gepresster Orangensaft
Eis
Ginger Ale
Orangenscheibe

1 Gin und Orangensaft mit Eis in einem mittelgroßen Tumbler mischen.
2 Mit Ginger Ale auffüllen und mit einer Orangenscheibe garnieren.

90

Bee's Knees

Verwenden Sie für diesen Cocktail einen besonders aromatischen Honig wie Akazien-, Orangenblüten- oder Lindenblütenhonig. Er sorgt für extrafeinen Geschmack.

Für 1 Person
2 cl Gin
1 TL frisch gepresster Zitronensaft
2 TL klarer Honig
Eis
Bitter Lemon
einige Zitronenschalenstreifen

1 Die ersten drei Zutaten mit Eis in einem Shaker mischen und kräftig schütteln.
2 Eis in ein Collinsglas geben, die Mischung aus dem Shaker dazugießen und nach Geschmack mit Bitter Lemon auffüllen.
3 Mit Zitronenschalenstreifen garnieren.

91 Tom Collins

Dieser kühlende Longdrink ist ein beliebter Klassiker. Sein Vorgänger und der vieler anderer Drinks aus der riesigen Collins-Familie war der beliebte John Collins.

Für 1 Person
6 cl Gin
4 cl Zitronensaft
1 cl Zuckersirup
5–6 gestoßene Eiswürfel
Sodawasser
1 Zitronenscheibe

1 Gin, Zitronensaft und Zuckersirup mit Eis in einem Shaker mischen und kräftig schütteln.
2 In einen großen gekühlten Tumbler abseihen und mit Sodawasser auffüllen.
3 Mit einer Zitronenscheibe dekorieren.

92. Belle Collins: 2 frische Minzezweige zerdrücken und in einen großen gekühlten Tumbler legen. 4–6 gestoßene Eiswürfel hinzufügen und 4 cl Gin, 2 cl Zitronensaft und 1 TL Zuckersirup darüber gießen. Mit Soda- oder Mineralwasser auffüllen, kurz umrühren und mit einem frischen Minzezweig dekorieren. **Für 1 Person**

93. Juan Collins: Einen gekühlten Tumbler zur Hälfte mit gestoßenem Eis füllen und 4 cl weißen Tequila, 2 cl Zitronensaft und 1 TL Zuckersirup darüber gießen. Mit Mineralwasser auffüllen und kurz umrühren. Mit einer Cocktailkirsche dekorieren. **Für 1 Person**

94. Country Cousin Collins: 4–6 gestoßene Eiswürfel in den Mixer geben. 1 Spritzer Orangenbitter dazugeben. 4 cl Apfelbrand, 2 cl Zitronensaft und 1/2 TL Zuckersirup darüber gießen. Auf mittlerer Stufe 10 Sekunden mixen. In einen gekühlten Tumbler abgießen und mit Soda- oder Mineralwasser auffüllen. Kurz umrühren und mit einer Zitronenscheibe dekorieren. **Für 1 Person**

95 Royal Grand Fizz

Ein großer Name für einen leichten Cocktail. Wer möchte, kann mehr Gin verwenden.

Für 1 Person
4 cl Gin
Saft von 1/2 Zitrone
Saft von 1/2 Orange
3 Spritzer Zuckersirup
1 cl Maraschino
1 cl Sahne
fein gestoßenes Eis
Sodawasser
1 Orangenscheibe

1 Die ersten sechs Zutaten mit Eis in einem Shaker mischen und kräftig schütteln.
2 Mit Sodawasser auffüllen und mit der Orangenscheibe garnieren.

(96)

Cat’s Eye

Cat’s eye („Katzenauge“) hat viele Bedeutungen. Es bezeichnet z. B. einen Halbedelstein oder eine gestreifte Murmel. Hier leiht es seinen Namen einem starken Cocktail, der schön ist wie ein Edelstein, aber sicher für bessere Laune sorgt als Murmelspielen.

Für 1 Person
4 cl Gin
3 cl Vermouth Dry
1 cl Kirschwasser
1 cl Triple Sec
1 cl Zitronensaft
gestoßenes Eis
1 cl Wasser

1 Gin, Vermouth, Kirschwasser, Triple Sec und Zitronensaft mit Eis in einem Shaker mischen und kräftig schütteln.
2 In ein gekühltes Glas abseihen, etwas eisgekühltes Wasser dazugießen und servieren.

97. Cheshire Cat: 2 cl Brandy, 2 cl Vermouth Sweet und 2 cl Orangensaft mit gestoßenem Eis in ein Rührglas geben. Mischen, in eine Champagnerflöte abseihen und mit gekühltem Champagner auffüllen. Mit einer Orangenschalenspirale dekorieren. **Für 1 Person**

98. Tiger by the Tail: 4 cl Pernod, 8 cl Orangensaft und 1/4 TL Triple Sec mit gestoßenem Eis kräftig schütteln. In ein gekühltes Weinglas gießen und mit einem Limettenachtel dekorieren. **Für 1 Person**

99. Tiger’s Milk: 4 cl goldenen Rum, 3 cl Brandy, 1 TL Zuckersirup und 150 ml Milch mit gestoßenem Eis mischen. In ein gekühltes Weinglas gießen. Mit Zimt bestreuen. **Für 1 Person**

100. White Lion: 4–6 gestoßene Eiswürfel mit je 1 Spritzer Angostura und Grenadine, 4 cl weißem Rum, 2 cl Zitronensaft und 1 TL Zuckersirup in einem Cocktailshaker kräftig schütteln. In ein gekühltes Cocktailglas abseihen. **Für 1 Person**

(101)

Oasis

Dank des vielen Eises und Sodawassers ist dieser bläulich schimmernde Cocktail tatsächlich so erfrischend, wie er aussieht.

Für 1 Person
Eiswürfel
2 cl Blue Curaçao
4 cl Gin
Sodawasser
2–3 Zitronenecken
1 Minzezweig

1 Ein Stielglas mit Eiswürfeln füllen, Blue Curaçao und Gin darüber gießen und einmal umrühren.
2 Mit Sodawasser auffüllen und umrühren.
3 Mit den Zitronenecken garnieren und mit dem Minzezweig dekorieren.

(102)

Paradise Fizz

Dieser wunderbare Longdrink schmeckt auch mit weißem Rum großartig. Am besten gießt man ihn über viel Eis und serviert ihn eiskalt.

Für 1 Person
2 cl Gin
Saft von $^1/_2$ Limette
1 TL Zucker
1 cl Melonenlikör
$^1/_2$ Eiweiß
Eis
Sodawasser
mehrere dünne Limettenschalenstreifen

1 Die ersten fünf Zutaten mit Eis in einem Shaker mischen und kräftig schütteln.
2 In ein mit Eis gefülltes Longdrinkglas abseihen und mit Sodawasser auffüllen.
3 Mit Limettenschalenstreifen bestreuen und mit einem Trinkhalm servieren.

(103)

Bleu Bleu Bleu

Ein ziemlich hochprozentiger Longdrink – besser man verzichtet auf einen zweiten ...

Für 1 Person
2 cl Gin
2 cl Wodka
2 cl Tequila
2 cl Blue Curaçao
2 cl frisch gepresster Zitronensaft
2 Spritzer Eiweiß
fein gestoßenes Eis
Sodawasser

1 Alle Zutaten außer dem Sodawasser mit Eis in einem Shaker mischen und kräftig schütteln.
2 In ein Collinsglas mit Eis gießen und nach Geschmack mit Sodawasser auffüllen.

Gin Rickey

Die klassische Version dieses Cocktails basiert auf Gin; man kann aber auch andere Spirituosen verwenden, die man – ebenfalls ohne zusätzliches Süßen – mit Limetten- oder Zitronensaft und Sodawasser mischt.

Für 1 Person
gestoßene Eiswürfel
4 cl Dry Gin
2 cl Limettensaft
Sodawasser
1 Zitronenscheibe

1 Diesen Cocktail direkt in einem gekühlten Stielglas oder Tumbler zubereiten.
2 Eis in das Glas geben, Gin und Limettensaft darüber gießen.
3 Mit Sodawasser auffüllen.
4 Langsam umrühren und mit der Zitronenscheibe dekorieren.

105. Whiskey Rickey:
Den Dry Gin durch American Blended Whiskey ersetzen und mit einer Limettenscheibe dekorieren. **Für 1 Person**

106. Sloe Gin Rickey:
Den Dry Gin durch Sloe Gin ersetzen und mit einer Limettenscheibe dekorieren. **Für 1 Person**

107. Apple Rum Rickey:
2 cl Apfelbrand, 1 cl weißen Rum und 1 cl Limettensaft in einem Shaker mischen und kräftig schütteln. Einen gekühlten Tumbler zur Hälfte mit gestoßenen Eiswürfeln füllen und den Cocktail darüber gießen. Mit Sodawasser auffüllen und mit einer Limettenscheibe dekorieren. **Für 1 Person**

108. Kirsch Rickey:
4 cl Kirschwasser und 1 EL Limettensaft in einen gekühlten, zur Hälfte mit fein gestoßenen Eiswürfeln gefüllten Tumbler gießen. Mit Sodawasser auffüllen und langsam umrühren. Mit frischen entsteinten Kirschen garnieren. **Für 1 Person**

109

Blue Blooded

Dieser „blaublütige“ Cocktail sieht eher finster aus, bis er sich gesetzt hat. Doch lassen Sie sich davon nicht abschrecken – er schmeckt großartig und ist fruchtig-leicht.

Für 1 Person
2 cl Gin
2 cl Maracujasaft oder -nektar
4 Mango- oder Melonenwürfel
1 Schaufel gestoßenes Eis
1–2 TL Blue Curaçao

1 Alle Zutaten bis auf den Curaçao und etwas Eis in einem Mixer glatt pürieren.
2 Das übrige Eis in ein Collinsglas geben und die Mischung darüber gießen. Schließlich mit dem Curaçao auffüllen, sodass dieser wie blaues Blut hinuntersickert.

110

Gimlet

Der frische, aromatische Duft von Limetten passt viel besser zu Gin als die traditionelle Zitrone; dieser Longdrink besitzt eine besonders raffinierte säuerliche Note.

Für 1 Person
2 cl Gin oder Wodka
1 cl frisch gepresster Limettensaft
Eis
Sodawasser oder Tonic Water
1 Limettenscheibe

1 Gin und Limettensaft mit Eis in ein gekühltes Old-Fashioned-Glas geben.
2 Mit Sodawasser oder Tonic Water auffüllen und mit der Limettenscheibe garnieren.

111

Leave It To Me

Dieser Cocktail ist nicht nur hübsch anzusehen, sondern schmeckt auch sehr lecker. Ein ausgezeichneter Partydrink, von dem man gut eine größere Menge zubereiten kann.

Für 1 Person
1 cl Gin
0,5 cl Vermouth Dry
0,5 cl Apricot Brandy
1 Spritzer Zitronensaft
fein gestoßenes Eis
1 Spritzer Grenadine
1 Zitronenschalenstreifen

1 Die ersten vier Zutaten mit Eis in einem Shaker mischen und kräftig schütteln.
2 Kurz vor dem Servieren die Grenadine mit dem Zitronenschalenstreifen unterrühren.

112

Daisy

CLASSIC

Ein Longdrink mit hohem Alkoholgehalt, der mit Fruchtsirup gesüßt wird. Seinen Namen hat er vielleicht von dem gleichlautenden Slang-Ausdruck, mit dem man früher etwas Außergewöhnliches und Besonderes bezeichnete.

Für 1 Person
6 cl Gin
2 cl Zitronensaft
1 EL Grenadine
1 TL Zuckersirup
gestoßene Eiswürfel
Sodawasser
1 Orangenscheibe

1 Gin, Zitronensaft, Grenadine und Zuckersirup mit gestoßenem Eis in einem Shaker mischen und kräftig schütteln.
2 In ein gekühltes Stielglas abseihen und mit Sodawasser auffüllen.
3 Langsam umrühren und mit der Orangenscheibe dekorieren.

113. Star Daisy: 4 cl Gin, 3 cl Apfelbrand, 3 cl Zitronensaft, 1 TL Zuckersirup und 1/2 TL Triple Sec mit Eis in einem Shaker kräftig schütteln. In einen gekühlten Tumbler abseihen und mit Sodawasser auffüllen. **Für 1 Person**

114. Rum Daisy: 4 cl goldenen Rum, 2 cl Zitronensaft, 1 TL Zuckersirup und 1/2 TL Grenadine mit Eis in einem Shaker kräftig schütteln. Einen kleinen Tumbler zur Hälfte mit gestoßenem Eis füllen und den Cocktail darüber abseihen. Mit einer Orangenscheibe dekorieren. **Für 1 Person**

(115) St. Clement's Gin

Dieser Drink kann sehr hochprozentig oder sehr erfrischend sein – ganz wie Sie möchten. Fügen Sie je nach Geschmack weniger oder mehr Sodawasser hinzu.

Für 1 Person
Saft von $^1/_2$ Orange
Saft von $^1/_2$ Zitrone
1 TL Zucker
4 cl Gin
Eis
Sodawasser
einige Orangen- und Zitronenstücke

1 Säfte und Zucker mit Gin mischen und in ein mit Eis gefülltes Stielglas geben.
2 Mit Sodawasser auffüllen, mit Orangen- und Zitronenstücken garnieren.

(116) Pimm's No. 1

Pimm's No. 1 ist ein köstlich trockener und zugleich fruchtiger Gin-Drink mit Kräutern. Er wurde Ende des 19. Jahrhunderts von James Pimm kreiert, einem Londoner Gastronomen, und war wahrscheinlich der ursprüngliche Gin Sling.

Für 1 Person
Eis
2 cl Pimm's No. 1
Zitronenlimonade
Salatgurkenecken, Minze- oder Borretschzweige
Orangen- und Zitronenstücke

1 Ein gekühltes großes Glas zu zwei Drittel mit Eis füllen; den Pimm's darüber gießen.
2 Mit Zitronenlimonade auffüllen und langsam umrühren.
3 Mit den Gurkenecken, einem Minze- oder Borretschzweig sowie den Orangen- und Zitronenstücken garnieren.

(117) Cherry Fizz

Früher war ein Fizz ein Morgendrink, wahrscheinlich als Erfrischung. Verlängern Sie ihn nach Geschmack mit Sodawasser.

Für 1 Person
1,5 cl Gin
0,5 cl Cherry Brandy
3 Spritzer Kirschwasser
Saft von $^1/_2$ Limette
1 TL Zuckersirup
Eis
Sodawasser

1 Alle Zutaten bis auf das Sodawasser in einem Shaker mischen und kräftig schütteln.
2 In ein Stielglas abseihen und nach Geschmack mit Sodawasser auffüllen.

118

Singapore Sling

Während des British Empire trafen sich die Reichen in den Abendstunden in exklusiven Clubs, um ihre ausgetrockneten Kehlen zu befeuchten. Diese Zeiten sind längst vorbei, doch der Singapore Sling eignet sich noch immer als idealer Durstlöscher an heißen Sommertagen.

Für 1 Person

4 cl Gin
2 cl Cherry Brandy
2 cl Zitronensaft
1 TL Grenadine
gestoßene Eiswürfel
Sodawasser
1 Limettenschalenspirale
2 Cocktailkirschen

1 Gin, Cherry Brandy, Zitronensaft und Grenadine im Shaker kräftig schütteln.
2 Ein gekühltes Stielglas zur Hälfte mit gestoßenen Eiswürfeln füllen und den Cocktail darüber abseihen.
3 Mit Sodawasser auffüllen, mit der Limettenschalenspirale und den Cocktailkirschen dekorieren.

119. Sweet Singapore Sling: 2 cl Gin und 4 cl Cherry Brandy mit 1 Spritzer Zitronensaft mit Eis in einem Shaker kräftig schütteln. Einen gekühlten Tumbler zur Hälfte mit gestoßenen Eiswürfeln füllen und den Cocktail darüber abgießen. Mit Sodawasser auffüllen und mit Cocktailkirschen dekorieren. **Für 1 Person**

120. Gin Slinger: 1 TL Zucker mit 2 cl Zitronensaft und 1 TL Wasser mischen, bis sich der Zucker aufgelöst hat. 4 cl Gin unterrühren. Einen gekühlten Tumbler zur Hälfte mit gestoßenem Eis füllen und den Cocktail darüber abgießen. Mit einer Orangenspirale dekorieren. **Für 1 Person**

121. Whiskey Sling: 1 TL Zucker in ein Rührglas geben. 2 cl Zitronensaft und 1 TL Wasser dazugeben und rühren, bis sich der Zucker auflöst. 4 cl American Blended Whiskey darüber gießen und umrühren. Einen kleinen gekühlten Tumbler zur Hälfte mit Eis füllen und den Cocktail darüber abgießen. Mit einer Orangenspirale dekorieren. **Für 1 Person**

122. Raffles Knockout: 2 cl Triple Sec, 2 cl Kirschwasser und 1 Spritzer Zitronensaft mit Eis in einem Shaker kräftig schütteln. In ein gekühltes Cocktailglas abseihen. **Für 1 Person**

(123)

Suffering Fool

Ob dieser Cocktail für jemanden, der bereits leidet, eine heilende Wirkung besitzt oder die Ursache für kommendes Leiden ist, müssen Sie selbst beurteilen!

Für 1 Person
1 EL Angostura
gestoßene Eiswürfel
4 cl Gin
3 cl Brandy
1 cl Limettensaft
1 TL Zuckersirup
Ginger Beer
je 1 Gurken- und Limettenscheibe
1 frischer Minzezweig

1 Den Angostura in ein gekühltes Collinsglas gießen und schwenken, bis das Glas innen gleichmäßig benetzt ist.
2 Den Überschuss weggießen. Das Glas zur Hälfte mit gestoßenen Eiswürfeln füllen.
3 Gin, Brandy, Limettensaft und Zuckersirup über das Eis gießen.
4 Gut umrühren.
5 Mit Ginger Beer auffüllen und langsam umrühren.
6 Mit der Gurken- und Limettenscheibe und dem Minzezweig dekorieren.

124. Ankle Breaker: 4 cl braunen Rum, 2 cl Cherry Brandy, 2 cl Limettensaft und 1 TL Zuckersirup mit Eis in einem Shaker kräftig schütteln. In einen gekühlten Tumbler abseihen. **Für 1 Person**

125. Third Degree: Gestoßene Eiswürfel in ein Rührglas geben. Einige Spritzer Pernod darüber geben und 4 cl Gin und 2 cl Vermouth Dry darüber gießen. Umrühren und in ein Cocktailglas abseihen. **Für 1 Person**

126. Self-destruct: 6 cl Wodka, $^{1}/_{2}$ TL Limettensaft und $^{1}/_{2}$ TL Triple Sec mit Eis in einem Shaker kräftig schütteln. In ein gekühltes Cocktailglas abseihen und mit einem Limettenachtel dekorieren. **Für 1 Person**

127. Barbed Wire: 6 cl Wodka, 1 TL Vermouth Sweet, $^{1}/_{2}$ TL Pernod und 1 cl trockenen Sherry mit Eis in einem Shaker kräftig schütteln. In ein gekühltes Cocktailglas abseihen und mit einer Zitronenspirale dekorieren. **Für 1 Person**

128

Londoner

Die angenehme Fruchtigkeit der Beeren und das Kräuteraroma des Vermouth machen diesen Gin-Mix zu einem wunderbaren Longdrink.

Für 1 Person
4 cl London Dry Gin
1 cl Erdbeer- oder anderer Früchtesirup
4 cl Zitronensaft
1 cl Vermouth Dry
Eis
Sodawasser
1 Zitronenschalenstreifen

1 Die ersten vier Zutaten mit Eis in einem Shaker mischen und kräftig schütteln.
2 Mit Sodawasser auffüllen und mit dem Zitronenschalenstreifen dekorieren.

129

New Orleans Gin Fizz

Dieser Cocktail gehört zu jedem gesellschaftlichen Ereignis von New Orleans und wird stets mit auffallender Dekoration serviert. Also, nichts wie auf nach New Orleans!

Für 1 Person
Saft von $^{1}/_{2}$ Zitrone
2 TL Zucker (oder nach Geschmack)
1 kleines Eiweiß
4 cl Gin
2 Spritzer Orangenblütenwasser
1 EL Sahne
Eis
Sodawasser
einige Orangenschalenstreifen und 1 Blüte

1 Die ersten sechs Zutaten mit Eis in einem Shaker mischen und kräftig schütteln.
2 In einen gekühlten großen Tumbler abseihen und nach Geschmack mit Sodawasser aufgießen.
3 Mit den Orangenschalenstreifen und der Blüte dekorieren.

130

Mediterranean

Ganz gleich, wie gerade das Wetter ist, dieser augenfällige Cocktail erinnert an das unbeschreiblich blaue Wasser und den Himmel am Mittelmeer. Die exotische Farbe des Drinks benötigt keine weitere Dekoration.

Für 1 Person
Eiswürfel
4 cl Gin
2 cl Blue Curaçao
Zitronenlimonade

1 Eiswürfel in ein Glas geben; Gin und Curaçao darüber gießen.
2 Mit Zitronenlimonade auffüllen.

131

Gordon Bennett

Seien Sie nicht überrascht: Dieser Drink ist mehr als ein einfacher Gin mit Kick. Er zeigt ganz schön Wirkung und überzeugt durch sein unvergleichliches Limettenaroma.

Für 1 Person
2 cl Gin, eisgekühlt
2 cl Cointreau, eisgekühlt
gestoßenes Eis
1 Limettenscheibe
1 Limettenschalenspirale
Sodawasser

1 Gin, Cointreau und Eis in ein Longdrinkglas geben und gründlich umrühren.
2 Die Limettenscheibe auspressen, Saft und Limettenschale dazugeben. Nach Geschmack mit Sodawasser auffüllen.

132

A Sloe Kiss

Sloe Gin besitzt ein fruchtiges Aroma und eignet sich großartig als Basis für Longdrinks.

Für 1 Person
1 cl Sloe Gin
1 cl Southern Comfort
2 cl Wodka
1 TL Amaretto
Eis
1 Spritzer Galliano
Orangensaft
1 Orangenschalenstreifen

1 Die ersten vier Zutaten mit Eis in einem Shaker mischen und kräftig schütteln.
2 In ein mit Eis gefülltes Longdrinkglas abseihen.
3 Galliano darüber spritzen und mit etwas Orangensaft auffüllen.
4 Mit dem Orangenschalenstreifen dekorieren und mit einem Stirrer servieren.

133 Angelic

Sieht zwar aus wie ein Engel, ist aber mit Sicherheit kein milder Cocktail – außer Sie gehen verschwenderisch mit dem Fruchtsaft um.

Für 1 Person
1 cl Galliano
1 cl Southern Comfort
2 cl Wodka
1 Spritzer Eiweiß
Eis
Orangen- oder Ananassaft
1 Ananasecke

1 Die ersten vier Zutaten mit Eis in einem Shaker mischen und kräftig schütteln.
2 In ein mit Eis gefülltes Collinsglas abseihen und nach Geschmack mit Orangen- oder Ananassaft auffüllen.
3 Mit einer Ananasecke dekorieren.

134 Long Island Iced Tea

CLASSIC

Dieser Longdrink stammt aus der Zeit der amerikanischen Prohibition, als man Drinks aus Teetassen trank, um so das FBI zu täuschen. Anfangs bestand der Cocktail aus einer einfachen Wodka-Mischung, die mit einem Spritzer Cola gefärbt war. Mit der Zeit wurde er zu einem raffinierteren Drink, der es nicht weniger in sich hat.

Für 1 Person
4 cl Wodka
2 cl Gin
2 cl weißer Tequila
2 cl weißer Rum
1 cl weißer Crème de Menthe
4 cl Zitronensaft
1 TL Zuckersirup
gestoßene Eiswürfel
Cola
1 Limetten- oder Zitronenachtel

1 Wodka, Gin, Tequila, Rum, Crème de Menthe, Zitronensaft und Zuckersirup mit Eis in einem Shaker mischen und kräftig schütteln.
2 In ein mit Eis gefülltes Collinsglas abseihen und mit Cola auffüllen.
3 Mit dem Limetten- oder Zitronenachtel dekorieren.

135. Artillery Punch: 1 Liter Bourbon Whiskey, 1 Liter Rotwein, 1 Liter starken Schwarztee, 475 ml braunen Rum, 250 ml Gin, 250 ml Apricot Brandy, 8 cl Zitronensaft, 8 cl Limettensaft und 4 EL Zuckersirup in eine große Schüssel gießen. Zwei Stunden kalt stellen. Vor dem Servieren einen großen Eisblock in ein Bowlengefäß stellen. Den Punsch über das Eis gießen und mit dünnen Zitronen- und Limettenscheiben dekorieren. **Für 30 Personen**

(136)

Bay Breeze

Der neue klare Cranberrysaft eignet sich perfekt zum Mixen erfrischender Cocktailkreationen. Er schmeckt weniger intensiv als der rote, dafür aber wunderbar fruchtig.

Für 1 Person
4 cl Cranberry-Apfel-Nektar
4 cl Ananassaft
4 cl Wodka
Eis
Tonic Water
je 1 Limetten- und Ananasscheibe

1 Die ersten drei Zutaten mit Eis in einem Shaker mischen und kräftig schütteln.
2 In ein Collinsglas abseihen und nach Geschmack mit Tonic Water auffüllen.
3 Mit der Limettenscheibe und der Ananasscheibe dekorieren.

(137)

Dry Smile

Wenn Sie sehr trockene Drinks lieben, halten Sie sich mit dem Ananassaft zurück, bis Sie den Cocktail gekostet haben.

Für 1 Person
2 cl Cinzano Extra Dry
2 cl Mandarinen-Wodka
1 cl Orange Curaçao
Saft von $^1/_2$ Zitrone
1 EL Erdbeersirup
Eis
Ananassaft
1 halbierte Erdbeere

1 Die ersten fünf Zutaten mit Eis in einem Shaker mischen und kräftig schütteln.
2 In ein Longdrinkglas gießen und nach Geschmack mit Ananassaft auffüllen.
3 Mit der Erdbeere dekorieren.

138

Kamikaze

Bei diesem Cocktail gibt es kein Zurück. Er ist so köstlich – es wird Ihnen nicht gelingen, ihn nach dem ersten Schluck abzusetzen.

Für 1 Person
2 cl Wodka
2 cl Triple Sec
1 cl frisch gepresster Limettensaft
1 cl frisch gepresster Zitronensaft
Eis
trockener Weißwein, gekühlt
2 Limettenscheiben

1 Die ersten vier Zutaten mit Eis in einem Shaker mischen und kräftig schütteln.
2 In ein gekühltes Glas abseihen und mit gekühltem Weißwein auffüllen.
3 Mit den Limettenscheiben dekorieren.

139

Twister

Durchgeschwenkter frischer Limettensaft und Limettenscheiben machen diesen Mix zu einem säuerlichen, aber sehr erfrischenden Longdrink.

Für 1 Person
4 cl Wodka
Saft von 1/2 Limette
Eis
1/2 frische Limette, in Scheiben
Zitronenlimonade

1 Wodka und Limettensaft mit Eis und Limettenscheiben in einem Tumbler schwenken.
2 Nach Geschmack mit Zitronenlimonade auffüllen.

140

CLASSIC

Salty Dog

Als er zum ersten Mal serviert wurde, waren Cocktails auf Ginbasis äußerst beliebt. Heute wird der Salty Dog meist mit Wodka hergestellt. Man kann beide Spirituosen verwenden, allerdings schmecken die Cocktails unterschiedlich.

Für 1 Person
1 EL Zucker
1 EL grobes Salz
1 Limettenachtel
6–8 gestoßene Eiswürfel
4 cl Wodka
Grapefruitsaft

1 Zucker und Salz auf einer Untertasse mischen. Den Rand eines gekühlten Glases mit dem Limettenachtel befeuchten und in die Zucker-Salz-Mischung tauchen.
2 Das Glas mit gestoßenen Eiswürfeln füllen und den Wodka darüber gießen.
3 Mit Grapefruitsaft auffüllen und umrühren. Mit einem Trinkhalm servieren.

141. Bride's Mother: 3 cl Sloe Gin, 2 cl Gin, 5 cl Grapefruitsaft und 1 cl Zuckersirup mit Eis in einem Shaker kräftig schütteln. In ein gekühltes Cocktailglas abseihen. **Für 1 Person**

142. A. J.: 3 cl Apfelbrand und 2 cl Grapefruitsaft mit Eis in einem Shaker kräftig schütteln. In ein gekühltes Cocktailglas abgießen. **Für 1 Person**

143. Blinker: 4 cl Rye Whiskey, 5 cl Grapefruitsaft und 1 TL Grenadine mit Eis in einem Shaker kräftig schütteln und in ein gekühltes Cocktailglas abgießen. **Für 1 Person**

144

Screwdriver

Für diesen erfrischenden Cocktail-Klassiker sollten Sie immer nur frisch gepressten Orangensaft verwenden. Aus dem einfachen Drink haben sich viele verschiedene und immer raffiniertere Varianten entwickelt.

Für 1 Person
gestoßene Eiswürfel
4 cl Wodka
Orangensaft
1 Orangenscheibe

1 Ein gekühltes Glas mit Eiswürfeln füllen.
2 Den Wodka darüber gießen und mit Orangensaft auffüllen.
3 Gut verrühren und mit der Orangenscheibe dekorieren.

145. Slow Screw: Den Wodka durch Sloe Gin ersetzen. **Für 1 Person**

146. Cordless Screwdriver: 4 cl Wodka in ein Whiskyglas gießen. Ein Orangenachtel in Zucker tauchen. Wodka in einem Zug trinken, Orange auslutschen. **Für 1 Person**

147. Creamy Screwdriver: 4 cl Wodka, 12 cl Orangensaft, 1 Eigelb und 1/2 TL Zuckersirup mit mehreren gestoßenen Eiswürfeln glatt mixen. Einen großen gekühlten Tumbler halb mit gestoßenen Eiswürfeln füllen und den Cocktail ohne Sieb darüber abgießen. **Für 1 Person**

148 Moscow Mule

Dieser Cocktail entstand in den 1930er-Jahren durch einen glücklichen Zufall: Als ein amerikanischer Barbesitzer zu viel Ginger Beer auf Lager hatte, half ihm ein Handelsvertreter aus der Patsche, indem er den Moscow Mule erfand.

Für 1 Person
4 cl Wodka
2 cl Limettensaft
gestoßene Eiswürfel
Ginger Beer
1 Limettenscheibe

1 Wodka und Limettensaft in einem Shaker mischen und kräftig schütteln.
2 Ein Longdrinkglas halb mit gestoßenen Eiswürfeln füllen, den Cocktail darüber abgießen.
3 Mit Ginger Beer auffüllen und mit der Limettenscheibe dekorieren.

149. Delft Donkey: Einen Moscow Mule mixen, aber den Wodka durch Gin ersetzen. **Für 1 Person**

150. Mississippi Mule: 4 cl Gin, 1 cl Crème de Cassis und 1 cl Zitronensaft mit Eis in einem Shaker kräftig schütteln. Den Cocktail in einen gekühlten Tumbler abseihen. **Für 1 Person**

151. Mule's Hind Leg: 1 cl Apricot Brandy, 1 cl Apfelbrand, 1 cl Bénédictine, 1 cl Gin und 1 cl Ahornsirup mit Eis in einem Shaker kräftig schütteln und in ein gekühltes Cocktailglas abseihen. **Für 1 Person**

152. Jamaica Mule: 4 cl weißen Rum, 2 cl braunen Rum, 2 cl goldenen Rum, 2 cl Falernum und 2 cl Limettensaft mit Eis in einem Shaker kräftig schütteln, den Cocktail in einen großen gekühlten Tumbler abgießen. Mit Ginger Beer auffüllen und mit Ananasstücken und kandiertem Ingwer dekorieren. **Für 1 Person**

153 Rainy Days

Ein guter Cocktail sollte an Regentagen für Aufheiterung sorgen – besonders, wenn er so aufregend aussieht wie dieser. Geben Sie nach Geschmack mehr Cassis dazu.

Für 1 Person
4 cl Wodka
1 cl Limettensaft
Eis
Orangensaft
Cassis

1 Wodka und Limettensaft mit Eis in einem Shaker mischen und kräftig schütteln.
2 In ein mit Eis gefülltes Whiskyglas abseihen.
3 Mit Orangensaft auffüllen und im letzten Moment einen Spritzer Cassis hinzufügen.

Blue Lagoon

154

Entspannen Sie sich, und lassen Sie Ihre Gedanken von dieser fantastischen blauen Lagune davontragen. Sie besitzt die Frische von Zitronen und perlt sogar.

Für 1 Person
2 cl Blue Curaçao
2 cl Wodka
1 Spritzer frisch gepresster Zitronensaft
Zitronenlimonade

1 Zuerst den Blue Curaçao, dann den Wodka in ein Stielglas oder Cocktailglas gießen.
2 Zitronensaft zugeben und nach Geschmack mit Limonade auffüllen.

155

Lumberjack

Nicht nur Holzfäller, die einen harten Arbeitstag hinter sich haben, dürfen sich mit diesem erfrischenden Drink etwas Gutes tun.

Für 1 Person
4 cl Wodka
4 cl Apfelbrand
2 cl Zitronensaft
1 cl Zuckersirup
6 entsteinte Kirschen
1 Schaufel fein gestoßenes Eis
Sodawasser
1 Kirsche

1 Alle Zutaten bis auf das Sodawasser in einem Mixer zu einem halbgefrorenen Drink verarbeiten.
2 In ein gekühltes großes Glas gießen.
3 Mit Sodawasser auffüllen und mit der Kirsche dekorieren.

156

Midnight Sunset

Punt e Mes ist ein ungewöhnlicher Aperitif aus Italien – bitter wie Campari, ansonsten eher wie süßer Sherry. Perfekt geeignet für einen Cocktail wie diesen.

Für 1 Person
2 cl Cinzano Rosso
1 cl Limettensaft
1 cl Punt e Mes
Eis
Ananassaft
1 Ananasscheibe

1 Die ersten drei Zutaten mit Eis in einem Shaker mischen und kräftig schütteln.
2 In ein gekühltes Stielglas abseihen und mit Ananassaft auffüllen.
3 Mit der Ananasscheibe garnieren.

157

Ice Maiden

Wenn Sie Ihren Orangensaft im Gefrierfach aufbewahren, haben Sie schon die Grundlage für viele Cocktails.

Für 1 Person
2 EL gefrorener Orangensaft
2 EL fein gestoßenes Eis
2 cl Vermouth Dry
Zitronenlimonade
4 cl Marsala
1 Limetten- oder Zitronenscheibe

1 Orangensaft, Eis und Vermouth in einem kleinen Mixer zu einem halbgefrorenen Drink verarbeiten.
2 In ein gekühltes Weinglas oder großes Cocktailglas gießen und mit Zitronenlimonade auffüllen.
3 Den Marsala darüber gießen und mit einer Limetten- oder Zitronenscheibe dekorieren.

158

Merry Widow Fizz

Dubonnet, ein französischer vermouth-ähnlicher Aperitif, für den Dessertwein mit Chinin und weiteren Aromen versetzt wird, ist eine vielseitige Zutat für Cocktails – auch für diesen Fizz namens „Lustige Witwe“.

Für 1 Person
6 cl Dubonnet
2 cl frisch gepresster Zitronensaft
2 cl frisch gepresster Orangensaft
1 Eiweiß
gestoßenes Eis
Sodawasser

1 Die ersten vier Zutaten mit Eis in einem Shaker mischen und kräftig schütteln.
2 In ein gekühltes Glas gießen und mit Sodawasser auffüllen.

159

Addington

Vermouth ist ein mit Kräutern und Gewürzen aromatisierter Wein, der als Bestandteil vieler aromatischer und erfrischender Cocktails dient.

Für 1 Person
2 cl roter Vermouth Sweet
2 cl Vermouth Dry
Eis
Sodawasser
1 Orangenscheibe

1 Beide Vermouth-Sorten mit Eis in einem Glas verrühren.
2 Nach Geschmack mit Sodawasser aufgießen und mit der Orangenscheibe garnieren.

160

Country Club

Vermouths gibt es herb, trocken, halbtrocken und süß. Damit können Sie Ihren Cocktail ganz nach Gusto variieren.

Für 1 Person
4 cl Vermouth Dry
1 TL Grenadine
Eis
Sodawasser

1 Vermouth und Grenadine mit Eis in einem gekühlten Tumbler verrühren.
2 Nach Geschmack mit Sodawasser aufgießen.

(161)

Walk Tall

Dieser Longdrink schmeckt und sieht aus wie Orangensaft – aber er hat es in sich!

Für 1 Person
1 cl weißer Vermouth Sweet
0,5 cl Gin
0,5 cl Campari
0,5 cl Orangenlikör
süßer Orangensaft
Eis
Sodawasser
1 Orangenschalenspirale

1 Die ersten fünf Zutaten verrühren und in ein mit Eis gefülltes Collinsglas oder einen großen Tumbler gießen.
2 Nach Geschmack mit etwas Sodawasser auffüllen und mit der Orangenschalenspirale garnieren.

(162)

Americano

Ein leichter, erfrischender Cocktail für Liebhaber von bittersüßem Campari, der je nach Gelegenheit stark oder schwach macht.

Für 1 Person
2 cl Campari
2 cl Vermouth Sweet
Eis
Sodawasser
1 Orangen- oder Zitronenschalenspirale

1 Campari und Vermouth in ein mit Eis gefülltes Stielglas gießen.
2 Gut verrühren und mit Sodawasser auffüllen.
3 Mit der Orangen- oder Zitronenschalenspirale dekorieren.

(163)

Mars Explosion

Man weiß nie, was auf dem Mars los ist – lassen wir der Fantasie einfach freien Lauf.

Für 1 Person
4 cl Orangensaft, gekühlt
2 cl Wodka, eisgekühlt
Eis
0,5 cl weißer Rum, eisgekühlt
1 Spritzer Grenadine, gekühlt
1 Kirsche
1 Orangenschalenspirale

1 Orangensaft und Wodka mit Eis in einem Shaker mischen und kräftig schütteln.
2 In ein gekühltes Whiskyglas oder Weinglas abseihen.
3 Rum und Grenadine verrühren und langsam in die Mitte des Cocktails gießen, sodass sich die rote Farbe langsam verteilt.
4 Mit der Kirsche und der Orangenschalenspirale dekorieren.

164

Blackcurrant Cocktail

Wenn Ihre Kinder das Gleiche trinken möchten wie Sie, lässt sich dieser Cocktail leicht nachmachen: Füllen Sie einfach schwarzen Johannisbeersaft mit Sodawasser auf!

Für 1 Person
4 cl Vermouth Dry
2 cl Cassis
Eis
Sodawasser
einige schwarze Johannisbeeren, Brombeeren oder Heidelbeeren

1 Vermouth und Cassis mit Eis in einem Shaker mischen und kräftig schütteln.
2 In ein mittelgroßes Glas abseihen und nach Geschmack mit Sodawasser auffüllen.
3 Vor dem Servieren die Beeren hinzufügen.

165

Bloody Mary

Die Bloody Mary wurde 1912 in der legendären Harry's Bar in Paris erfunden. Von diesem Cocktail-Klassiker gibt es viele mehr oder weniger scharfe und würzige Versionen. Manchmal enthält er auch Meerrettichsauce anstelle des oder zusätzlich zum Tabasco.

Für 1 Person
gestoßene Eiswürfel
1 Spritzer Worcestersauce
1 Spritzer Tabasco
4 cl Wodka
etwas trockener Sherry
12 cl Tomatensaft
Saft von 1/2 Zitrone
1 Messerspitze Selleriesalz
1 Messerspitze Cayennepfeffer
1 Stück Stangensellerie mit Blättern
1 Zitronenscheibe

1 Gestoßenes Eis in einen Shaker füllen, Worcestersauce und Tabasco darüber geben, dann Wodka, Sherry, Tomaten- und Zitronensaft dazugießen.
2 Kräftig schütteln.
3 In ein gekühltes Glas abseihen, Selleriesalz und Cayennepfeffer darüber streuen und mit dem Stangensellerie und der Zitronenscheibe dekorieren.

166

Special Clam Cocktail

Muscheln und Tomaten sind eine ungewöhnliche Kombi, passen aber gut zum Sherry.

Für 1 Person
2 cl Obstbrand
2 cl trockener Sherry
1 cl Muschelsaft
1 cl Tomatensaft
3–4 Spritzer Zitronensaft
2 Spritzer Worcestersauce
Eis
Selleriesalz
Cayennepfeffer und schwarzer Pfeffer
1 Zitronenschalenstreifen

1 Alle Zutaten mit Eis in einem Shaker mischen und kräftig schütteln. In einen mit Eis gefüllten Tumbler abseihen.
2 Etwas Cayennepfeffer, Selleriesalz und schwarzen Pfeffer darüber streuen und mit dem Zitronenschalenstreifen dekorieren.

167

Illusions

Gießen Sie den Orangensaft langsam in den blau-grünen Cocktail, und sehen Sie zu, wie sich die Farbe nochmals verändert.

Für 1 Person
2 cl Wodka
2 cl Malibu
1 cl Midori
1 cl Blue Curaçao
Eis
frisch gepresster Orangensaft
1 Melonenecke

1 Die ersten vier Zutaten mit Eis in einem Shaker mischen und kräftig schütteln.
2 In ein gekühltes Stielglas oder ein großes Cocktailglas abseihen und nach Geschmack mit mehr Eis und Orangensaft auffüllen.
3 Mit der Melonenecke dekorieren.

168

Indian Summer

Der Kaffeelikör gibt diesem köstlichen Mix die ganz besondere Note. Mit Crème de Noyaux oder Crème de Cacao schmeckt er aber auch ausgezeichnet.

Für 1 Person
2 cl Wodka
4 cl Kahlúa
2 cl Gin
4 cl Ananassaft
Eis
Tonic Water

1 Die ersten vier Zutaten mit Eis in einem Shaker mischen und kräftig schütteln.
2 In ein mittelgroßes Cocktailglas oder Weinglas abseihen und nach Geschmack mit Tonic Water auffüllen.

169

19th Green

Whiskey mit einem Kick, perfekt für nasskalte Tage auf dem Golfplatz und ideal in einem schicken Flachmann, der hilft, den Kopf beim Trinken unten zu halten!

Für 1 Person
3 cl Irish Whiskey
2 cl Green Curaçao
Eis
Dry Ginger Ale

1 Whiskey und Curaçao in einem Tumbler mit Eis verrühren.
2 Mit Ginger Ale auffüllen.

170

Mint Cooler

Whisky und Minze sind eine großartige After-Dinner-Kombination. Als Longdrink mit Sodawasser schmeckt der Mint Cooler zu fast jeder Tageszeit einfach umwerfend.

Für 1 Person
4 cl Whisky
3 Spritzer Crème de Menthe
Eis
Sodawasser

1 Den Whisky über Eis in einen gekühlten Tumbler gießen und den Crème de Menthe unterrühren.
2 Nach Geschmack mit Sodawasser auffüllen.

171

Green Dimples

Stammt aus der Zeit des Haig Dimple Whisky und wird mit einem weiteren alten Bekannten, dem mit Kräutern hergestellten grünen Chartreuse, aromatisiert.

Für 1 Person
1 cl Whisky
1 cl Apfelsaft
1 großer Spritzer grüner Chartreuse
Eis
Sodawasser
1 Minzezweig

1 Die ersten drei Zutaten über Eis verrühren und in ein mit Eis gefülltes Highballglas abseihen.

2 Mit Sodawasser auffüllen und mit einem Minzezweig dekorieren.

172

Mint Julep

Ein Julep ist ein mit Sirup gesüßter und mit Minze aromatisierter Drink. Der Mint Julep wurde wohl erstmals in den USA gemischt; man genießt ihn traditionell beim Kentucky Derby.

Für 1 Person
Blätter von 1 frischen Minzezweig
1 EL Zuckersirup
fein gestoßene Eiswürfel
6 cl Bourbon Whiskey
1 frischer Minzezweig

1 Minzeblätter und Zuckersirup in ein kleines gekühltes Glas geben und mit einem Teelöffel zerdrücken.
2 Gestoßene Eiswürfel hinzufügen, um das Glas zu füllen, dann den Bourbon dazugießen.
3 Mit dem Minzezweig dekorieren.

173. Frozen Mint Julep: 4–6 fein gestoßene Eiswürfel in einen Mixer oder eine Küchenmaschine geben. 4 cl Bourbon Whiskey, 2 cl Zitronensaft, 2 cl Zuckersirup und 6 frische Minzeblätter dazugeben. Auf niedriger Stufe zu einem halbgefrorenen Drink verarbeiten. In einen kleinen gekühlten Tumbler gießen und mit frischer Minze dekorieren.
Für 1 Person

174. Jocose Julep: 4–6 fein gestoßene Eiswürfel in einen Mixer geben. 6 cl Bourbon Whiskey, 2 cl grünen Crème de Menthe, 3 cl Limettensaft und 1 TL Zuckersirup darüber gießen. 5 frische Minzeblätter hinzufügen und glatt mixen. Gestoßenes Eis in einen gekühlten Tumbler füllen und den Cocktail hineingießen. Mit Mineralwasser auffüllen, vorsichtig umrühren. Mit einem frischen Minzezweig dekorieren.
Für 1 Person

175. Brandy Julep: Einen gekühlten Tumbler mit gestoßenem Eis füllen. 4 cl Brandy, 1 TL Zuckersirup und 4 frische Minzeblätter hinzufügen. Gut umrühren und mit einem frischen Minzezweig und einer Zitronenscheibe dekorieren. Mit Trinkhalm servieren.
Für 1 Person

176

Bruno

Whisky und Vermouth sind eine beliebte Mischung, doch erst der Bananenlikör verleiht dem Cocktail die ungewöhnliche und aufregende Note.

Für 1 Person
2 cl Whisky
1 cl roter Vermouth Sweet
1 cl Crème de Banane
Eis
Ginger Ale
Bananenscheiben

1 Die ersten drei Zutaten verrühren und in einen mit Eis gefüllten Tumbler gießen.
2 Mit Ginger Ale auffüllen und mit einigen Bananenscheiben dekorieren.

177

On the Fence

Bei diesem Cocktail sitzt der Angostura ganz obenauf, sozusagen „auf dem Zaun", und wartet darauf, genüsslich geschlürft zu werden.

Für 1 Person
2 cl Whisky
Eis
Cidre
2 Spritzer Angostura

1 Den Whisky mit Eis in einem Collinsglas verrühren.
2 Nach Geschmack mit Cidre auffüllen und den Angostura darüber spritzen.

178

Blood and Sand

Cherry Brandy ist ein ziemlich geschmacksintensiver Likör. Stattdessen können Sie auch Brandy nehmen, doch ist der Cocktail dann nicht ganz so ausdrucksstark.

Für 1 Person
2 cl Scotch Whisky
2 cl Cherry Brandy
2 cl roter Vermouth Sweet
Eis
Orangensaft

1 Die ersten drei Zutaten mit Eis in einen Shaker geben und kräftig schütteln.
2 In ein mittelgroßes Glas abseihen und mit Orangensaft aufgießen.

179

Highland Cooler

Mit Gin, Zitrone und Angostura ergibt Whisky einen großartigen Longdrink.

Für 1 Person
1 TL Zucker
Saft von $^{1}/_{2}$ Zitrone
2 Spritzer Angostura
4 cl Scotch Whisky
Eis
Ginger Ale

1 Die ersten vier Zutaten mit Eis in einem gekühlten Tumbler verrühren.
2 Nach Geschmack mit Ginger Ale auffüllen.

180

Highland Raider

Ein besonderer Mix aus drei typischen schottischen Getränken. Dekorieren Sie ihn mit einigen Himbeeren, und Sie haben einen großartigen Cocktail.

Für 1 Person
2 cl Drambuie
2 cl Whisky
2 cl Glayva Liqueur
Eis
Sodawasser
einige Himbeeren

1 Die ersten drei Zutaten gut mit Eis verrühren.
2 In ein Collinsglas oder einen Tumbler mit zusätzlichem Eis abseihen und nach Geschmack mit Sodawasser auffüllen.
3 Mit den Himbeeren dekorieren.

181

Out of the Glen

Himbeeren schmecken erfrischend und bringen Sie schnell „raus aus dem Tal"!

Für 1 Person
1,5 cl Scotch Whisky
1 cl Brandy
Saft von 1/2 Zitrone
2 Spritzer Zuckersirup
4 Spritzer Himbeersirup
1/2 Eiweiß
Eis
Sodawasser

1 Alle Zutaten bis auf das Sodawasser mit Eis in einem Shaker mischen und kräftig schütteln.
2 In ein mit Eis gefülltes Highballglas abseihen und mit Sodawasser auffüllen.

182

Oh! Henry!

Whiskyliebhaber genießen diese Variante, wenn sie etwas Süßeres und Raffinierteres wollen.

Für 1 Person
2 cl Benedictine
2 cl Whisky
2 Eiswürfel
Ginger Ale

1 Benedictine und Whisky mit Eis vorsichtig in einem mittelgroßen Tumbler verrühren.
2 Nach Geschmack mit Ginger Ale auffüllen.

183

Samba

Aus diesem Cocktail können Sie auch einen starken Kurzen machen, wenn Sie lieber mehr vom Whisky spüren möchten.

Für 1 Person
2 cl Scotch Whisky
1 cl goldener Rum
1 cl roter Vermouth Sweet
0,5 cl Apricot Brandy
Sodawasser
1 Maraschinokirsche

1 Die ersten vier Zutaten in einem großen Tumbler mischen und nach Geschmack mit Sodawasser auffüllen.
2 Mit der Kirsche dekorieren.

Isobella

Eine kräftige Mischung im Glas – Sodawasser lässt die Aromen besonders hervortreten.

Für 1 Person

2 cl Canadian Club Whiskey
1 cl Brandy
1 cl roter Vermouth Sweet
0,5 cl Galliano
0,5 cl Mandarinenlikör
Eiswürfel
Saft und einige Schalenstreifen von 1 Orange
Sodawasser, gekühlt

1 Die ersten fünf Zutaten mit Eis in einem Rührglas verrühren.
2 In einen gekühlten mittelgroßen Tumbler mit Eis und einem Stirrer abseihen.
3 Mit den Orangenschalenstreifen garnieren und nach Geschmack mit Sodawasser auffüllen.

Mammy

Die Schale einer Zitrusfrucht besitzt einen sehr intensiven aromatischen Geschmack. Verwenden Sie einen Zestenreißer oder einen feinen Schäler, damit die bittere weiße Haut an der Frucht haften bleibt und nicht ins Glas gelangt.

Für 1 Person

Schale und Saft von 1 Limette
4 cl Whisky
Eis
Ginger Ale

1 Einige lange Streifen von der Limettenschale abziehen und beiseite legen.
2 Den Limettensaft und Whisky mit Eis in einem Highballglas verrühren und mit Ginger Ale auffüllen.
3 Mit der Limettenschale dekorieren.

186

Perry Highball

Getränke mit Birnen sind viel weicher im Geschmack als solche mit Äpfeln. Auch der perlende Birnenmost schmeckt anders als Cidre – aber beide eignen sich ausgezeichnet für diesen Cocktail.

Für 1 Person
4 cl Whisky
viele Eiswürfel
Birnenmost oder Cidre

1 Den Whisky über Eis in ein Highballglas gießen.
2 Mit Birnenmost oder Cidre auffüllen.

187

Black Watch

Eine ungewöhnliche Version von Whisky Soda – und ein großartiger Drink, der zu jeder Tages- und Nachtzeit gut ankommt.

Für 1 Person
2 cl Scotch Whisky
1 cl Kahlúa oder anderer Kaffeelikör
Sodawasser

1 Whisky und Likör mit einigen Eiswürfeln in einem großen Tumbler vermischen.
2 Nach Geschmack mit Sodawasser aufgießen.

188 The Champion

Vier große Spirituosen in einem Drink – das muss einen Champion-Cocktail ergeben. Probieren Sie's aus!

Für 1 Person
1 cl Vermouth Dry
1 cl Scotch Whisky
0,5 cl Benedictine
0,5 cl White Curaçao
Eis
Sodawasser

1 Die ersten vier Zutaten mit Eis in einem Shaker mischen und kräftig schütteln.
2 In einen mit Eis gefüllten kleinen Tumbler abseihen und mit etwas Sodawasser auffüllen.

189 Thai Cocktail Sling

Die Thai-Version eines Klassikers – ein Longdrink mit einem kräftigen Schuss Whisky.

Für 1 Person
2 EL Whisky
1 EL Cherry Brandy
1 EL Orangenlikör
1 EL Limettensaft
1 TL brauner Zucker
1 Spritzer Angostura
gestoßenes Eis
2 Eiswürfel
125 ml Ananassaft
1 kleine Ananasecke

1 Die ersten sechs Zutaten mit Eis in einen Shaker geben und kräftig schütteln.
2 Die Eiswürfel in ein großes Glas füllen.
3 Den Cocktail darüber abseihen und mit Ananassaft auffüllen.
4 Die Ananasecke auf den Glasrand stecken und servieren.

190 Barbados Sunset

In diesem Cocktail steckt das Sonnenglühen warmer Abende in der Karibik. Mit etwas mehr Erdbeersirup wird der Drink noch rosafarbener.

Für 1 Person
3 cl goldener Rum
2 cl Coconut Rum
4 cl Orangensaft
4 cl Ananassaft
1 Spritzer Erdbeersirup
Eis
je 1 Kirsche, Orangen- und Limettenscheibe

1 Die ersten fünf Zutaten mit Eis in einem Shaker mischen, kräftig schütteln und in ein gekühltes Glas gießen.
2 Nach Geschmack mehr Eis hinzufügen und mit der Kirsche sowie der Orangen- und Limettenscheibe dekorieren.

191

Jamaican Cooler

Ein erfrischender und sehr einfacher Longdrink – perfekt für Rumliebhaber.

Für 1 Person
3 cl jamaikanischer Rum
fein gestoßenes Eis
Sodawasser
1–2 Zitronenscheiben

1 Den Rum in ein mit Eis gefülltes Highballglas gießen.
2 Nach Geschmack mit Sodawasser auffüllen und mit den Zitronenscheiben garnieren.

192

Jamaican Mule

Jamaikanischer Rum ist braun und stark, eignet sich perfekt als Basis für Mixgetränke und lässt sich mit diversen Softdrinks zu großartigen Longdrinks mischen.

Für 1 Person
4 cl jamaikanischer Rum
Eis
Ginger Beer
1 Limettenstück

1 Den Rum in ein mit Eis gefülltes Highballglas füllen.
2 Nach Geschmack mit Ginger Beer auffüllen und mit dem Limettenstück garnieren.

193

Fat Man Running

Aus Blue Curaçao kann man schöne Cocktails mit faszinierenden Farben herstellen. Vielleicht möchten Sie aber für diesen Cocktail auch lieber klaren White Curaçao verwenden?

Für 1 Person

4 cl brauner Rum
1 cl Blue Curaçao
1 cl Limettensaft
Eiswürfel
Ginger Ale

1 Alle Zutaten bis auf das Ginger Ale in einen Mixer geben und auf hoher Stufe etwa 10 Sekunden mixen.
2 In ein mit gestoßenem Eis gefülltes großes Glas gießen und mit Ginger Ale auffüllen.
3 Mit einem Stirrer servieren.

194

Bajan Sun

In diesem Cocktail steckt das Gefühl von warmem tropischem Sonnenschein.

Für 1 Person

2 cl weißer Rum
2 cl Mandarinenlikör
2 cl frisch gepresster Orangensaft
2 cl Ananassaft
1 Spritzer Grenadine
Eis
1 frische Ananasscheibe
1 Kirsche

1 Alle Zutaten mit Eis in einem Shaker kräftig schütteln.
2 In ein Collinsglas füllen und mit der Ananasscheibe und der Kirsche dekorieren.

195

Tamara's Tipple

Die dunklen Geheimnisse am Boden des Glases verleihen dem Cocktail bereits ziemlich viel Süße, deshalb kann man sich mit der Cola ruhig etwas zurückhalten.

Für 1 Person
4 cl brauner Rum
2 cl Crème de Cacao
Eis
Cola
1 Limetten-, Zitronen- oder Orangenscheibe

1 Die ersten zwei Zutaten in einem mit Eis gefüllten Collinsglas mischen.
2 Mit etwas Cola auffüllen und mit der Zitrusfruchtscheibe garnieren.

196

Space Odyssey

Erinnern Sie sich an die bunten Cocktailkirschen? Für Cocktails sollte man immer einige vorrätig haben. In Drinks wie dieser „Odyssee im Weltraum" machen sie sich einfach großartig.

Für 1 Person
2 cl goldener Rum
2 Spritzer Angostura
Eis
bunte Cocktailkirschen
Ginger Beer

1 Rum und Angostura in einem mit Eis und bunten Kirschen gefüllten Highballglas mischen.
2 Nach Geschmack mit Ginger Beer auffüllen.

(197)

Ocean Breeze

Seine Farbe erinnert an die aufgewühlte See zu früher Morgenstunde. Ein Drink, den man nicht zu sehr verdünnen sollte.

Für 1 Person
2 cl weißer Rum
2 cl Amaretto
1 cl Blue Curaçao
1 cl Ananassaft
fein gestoßenes Eis
Sodawasser

1 Die ersten vier Zutaten mit Eis in einem Shaker mischen und kräftig schütteln.
2 In ein Collinsglas abgießen und nach Geschmack mit Sodawasser auffüllen.

198. Miami Beach: 4 cl Scotch Whisky, 3 cl Vermouth Dry und 4 cl Grapefruitsaft mit Eis in einem Shaker kräftig schütteln und in ein gekühltes Cocktailglas abseihen. **Für 1 Person**

199. Grand Bahama: 2 cl weißen Rum, 1 cl Brandy, 1 cl Triple Sec und 2 cl Limettensaft in einem Shaker kräftig schütteln. In ein gekühltes Cocktailglas abseihen und servieren. **Für 1 Person**

200. Costa del Sol: 4 cl Gin, 2 cl Apricot Brandy und 2 cl Triple Sec kräftig in einem Shaker schütteln und in ein gekühltes Glas abseihen. **Für 1 Person**

201. Palm Beach Sour: 1 cl Gin, 1 cl Grapefruitsaft, 0,5 cl Vermouth Dry, 2–3 Tropfen Angostura, 1 TL Zucker und 1 Eiweiß mit Eis in einem Shaker schütteln. In ein gekühltes Glas abseihen. **Für 1 Person**

(202)

Palm Beach

Liegt Ihr letzter Urlaub schon einige Zeit zurück? Dann holen Sie sich die Erinnerung an den blauen Himmel, den Strand und die brechenden Wellen mit diesem sonnigen Cocktail in Ihr Wohnzimmer!

Für 1 Person
2 cl weißer Rum
2 cl Gin
2 cl Ananassaft
gestoßene Eiswürfel

1 Rum, Gin und Ananassaft mit Eis in einem Shaker mischen und kräftig schütteln.
2 In ein gekühltes Highballglas abgießen.

203

Cuba Libre

In den 1960er- und 1970er-Jahren erlangte dieser einfache Longdrink einen enormen Bekannt- und Beliebtheitsgrad.

Für 1 Person
gestoßene Eiswürfel
4 cl weißer Rum
Cola
1 Limettenachtel, zum Dekorieren

1 Ein Highballglas bis zur Hälfte mit gestoßenen Eiswürfeln füllen.
2 Den Rum über das Eis gießen und mit Cola auffüllen.
3 Langsam umrühren und mit dem Limettenachtel dekorieren.

204. Brandy Cuban: : Einen gekühlten Tumbler halb mit gestoßenen Eiswürfeln füllen. 3 cl Brandy und 1 cl Limettensaft darüber gießen. Mit Cola auffüllen und umrühren. Mit einer Limettenscheibe dekorieren. **Für 1 Person**

205. Cuban: 4–6 gestoßene Eiswürfel in einen Shaker geben. 4 cl Brandy, 2 cl Apricot Brandy, 2 cl Limettensaft und 1 TL weißen Rum darüber gießen und kräftig schütteln. In ein gekühltes Cocktailglas abgießen. **Für 1 Person**

206. Cuban Special: 4–6 gestoßene Eiswürfel in einen Cocktailshaker geben. 4 cl Rum, 2 cl Limettensaft, 1 EL Ananassaft und 1 TL Triple Sec darüber gießen und kräftig schütteln. In ein gekühltes Cocktailglas abgießen und mit einem Ananasstück garnieren. **Für 1 Person**

207

Old Soak

Lehnen Sie sich zurück, und genießen Sie die Aromen der amerikanischen Südstaaten.

Für 1 Person
4 cl goldener Rum
2 cl Southern Comfort
2 cl Ingwersirup
gestoßenes Eis
Sodawasser

1 Die ersten drei Zutaten mit Eis in einem gekühlten Tumbler oder großen Weinglas verrühren.
2 Nach Geschmack mit Sodawasser auffüllen.

208

Railroadster

Der Zuckerrand verleiht diesem köstlichen Drink das gewisse Etwas.

Für 1 Person
1 TL abgeriebene Limettenschale
1 TL Zucker
3 cl weißer Rum
1 cl Galliano
2 cl Limettensaft
fein gestoßenes Eis
Dry Ginger Ale

1 Limettenschale und Zucker vermischen.
2 Den Glasrand mit etwas Rum einreiben und gleichmäßig in den Zucker tauchen.
3 Beiseite stellen und trocknen lassen.
4 Alle übrigen Zutaten bis auf das Ginger Ale mit dem zerstoßenen Eis in einem Shaker kräftig schütteln.
5 In das Glas gießen und nach Geschmack mit etwas Ginger Ale auffüllen.

209

Club Mojito

Brauner Rum ist reich im Geschmack und ruft viele Urlaubserinnerungen hervor.

Für 1 Person
1 TL Zuckersirup
einige Minzeblätter
Saft von 1/2 Limette
Eis
4 cl Jamaica Rum
Sodawasser
1 Spritzer Angostura
frische Minze

1 Sirup, Minzeblätter und Limettensaft in ein Highballglas geben und die Minzeblätter zerdrücken.
2 Eis und Rum dazugießen und nach Geschmack mit Sodawasser auffüllen.
3 Einen Spritzer Angostura darüber geben und mit einem Minzeblatt dekorieren.

210

Santa Cruz Daisy

Daisys werden traditionell mit Himbeersirup hergestellt, man kann aber auch Zucker- oder einen anderen Früchtesirup zum Süßen verwenden.

Für 1 Person
3 Spritzer Zuckersirup
1 TL Curaçao
Saft von 1/2 kleinen Zitrone
4 cl Rum
fein gestoßenes Eis
Sodawasser

1 Die ersten vier Zutaten mit Eis in einen Shaker geben, kräftig schütteln und in einen Tumbler oder ein Highballglas abseihen.
2 Mit Sodawasser auffüllen.

711

Dark and Stormy

Goldener Rum besitzt einen weichen, etwas milderen Geschmack; für diesen stürmischen Mix können Sie aber auch braunen Rum nehmen.

Für 1 Person
4 cl Mount Gay Rum
2 cl Limettensaft
1 cl Zuckersirup
Eis
Ginger Beer
einige Limettenschalenstreifen und Limettenscheiben

1 Die ersten drei Zutaten mit Eis in einem Shaker mischen und kräftig schütteln.
2 In ein gekühltes Highballglas abseihen und nach Geschmack mit Ginger Beer auffüllen.
3 Mit Limettenschalenstreifen und Limettenscheiben garnieren.

212

Dragon Lady

Die üppigen Aromen von Orange, Granatapfel und Zitrone ergeben mit dem weißen Rum einen wunderbaren Longdrink für heiße Tage.

Für 1 Person
2 cl goldener Rum
2 cl Orangensaft
1 Spritzer White Curaçao
1 Spritzer Grenadine
Eis
Bitter Lemon, gekühlt
1 Orangenscheibe
1 Orangenschalenstreifen

1 Die ersten vier Zutaten mit Eis in den Shaker geben und schütteln. In ein mit Eis gefülltes Highballglas abseihen und mit Bitter Lemon aufgießen.
2 Mit Orangenscheibe und -schale garnieren.

213

Nirvana

Mag sein, dass man durch einen Cocktail nicht in den Zustand ewiger Harmonie und Glückseligkeit gelangen kann. Nach dem Genuss dieses Drinks stellen sich aber bestimmt Hochgefühle ein ...

Für 1 Person
4 cl brauner Rum
1 cl Grenadine
1 cl Tamarindensirup
1 TL Zuckersirup
gestoßene Eiswürfel
Grapefruitsaft

1 Rum, Grenadine, Tamarindensirup und Zuckersirup mit Eis in einem Shaker mischen und kräftig schütteln.
2 Ein Collinsglas zur Hälfte mit gestoßenen Eiswürfeln füllen und den Cocktail darüber abseihen.
3 Mit Grapefruitsaft auffüllen.

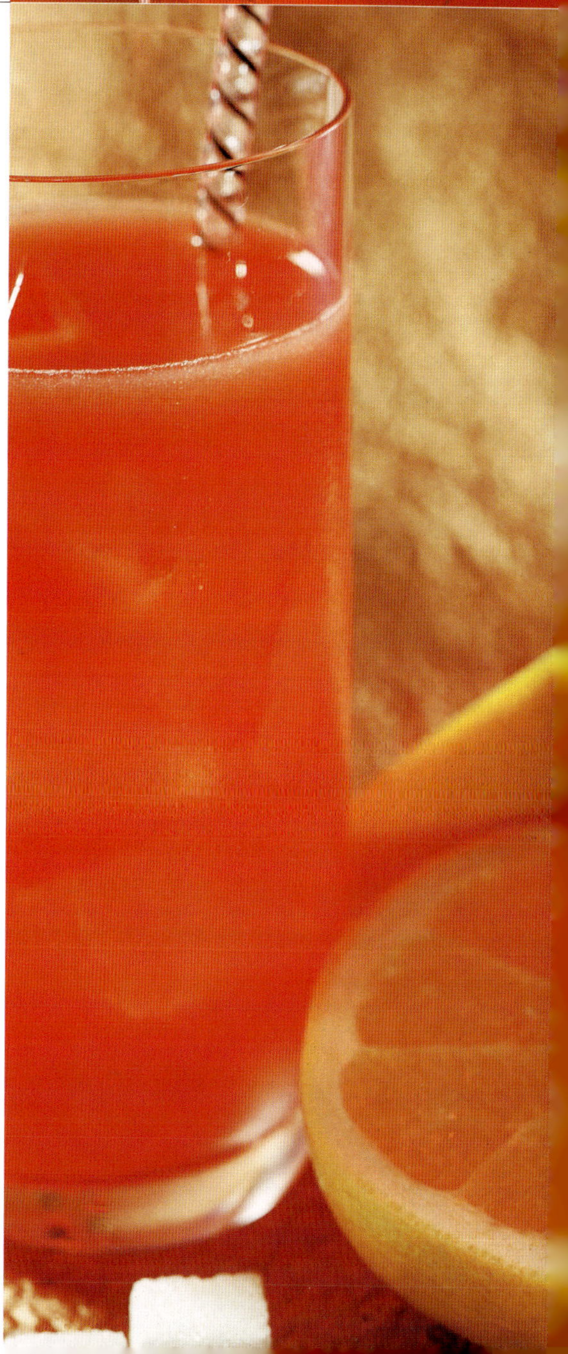

214. Paradise: 4 cl Apricot Brandy, 2 cl Gin, 3 cl Orangensaft und 1/2 TL Grenadine mit Eis im Shaker kräftig schütteln. In ein gekühltes Cocktailglas abseihen. **Für 1 Person**

215. Seventh Heaven: 4 cl Gin, 1 cl Maraschino und 1 cl Grapefruitsaft mit Eis in einem Shaker schütteln. In ein gekühltes Cocktailglas abseihen. Mit frischer Minze dekorieren. **Für 1 Person**

216. Heavenly: Gestoßene Eiswürfel in ein Rührglas geben. 3 cl Brandy, 1 cl Cherry Brandy und 1 cl Pflaumenbrand mit Eis gut verrühren. In ein gekühltes Cocktailglas abseihen. **Für 1 Person**

217. Ambrosia: 3 cl Brandy, 3 cl Apfelbrand und 1/2 TL Himbeersirup mit Eis in einem Shaker kräftig schütteln. In ein gekühltes Weinglas abseihen. Mit gekühltem Champagner auffüllen und mit einer Himbeere dekorieren. **Für 1 Person**

218

Mai Tai

CLASSIC

1944 wurde dieser Drink von dem Gastronomen „Trader Vic“ erfunden, der ihn als „Mai Tai – Roe Ae“ beschrieb, was so viel bedeutet wie „nicht von dieser Welt“.

Für 1 Person
4 cl weißer Rum
4 cl brauner Rum
2 cl Orange Curaçao
2 cl Limettensaft
1 EL Mandelsirup
1 EL Grenadine
gestoßene Eiswürfel
2 Ananasecken mit Schale
1 Cocktailkirsche

1 Weißen und braunen Rum, Curaçao, Limettensaft, Mandelsirup und Grenadine mit Eis in einem Shaker kräftig schütteln.
2 In ein Collinsglas abseihen. Mit Früchten dekorieren, mit einem Trinkhalm servieren.

219

Piña Colada

CLASSIC

Piña Colada gehört zu den Cocktail-Klassikern der jüngeren Generation und erfreut sich, ebenso wie der Swimming Pool, seit den 1980ern großer Beliebtheit.

Für 1 Person
4–6 fein gestoßene Eiswürfel
4 cl weißer Rum
2 cl brauner Rum
6 cl Ananassaft
4 cl Kokoscreme
1 Ananaseck

1 Die Eiswürfel in einen Mixer geben. Die beiden Rumsorten, Ananassaft und Kokoscreme darüber gießen. Zu einem glatten Drink verarbeiten.
2 Den Cocktail in ein großes gekühltes Glas gießen und mit dem Ananaseck dekorieren.

220. Strawberry Colada: 4–6 fein gestoßene Eiswürfel in einen Mixer geben und 6 cl goldenen Rum, 8 cl Ananassaft, 2 cl Kokoscreme und 6 entstielte Erdbeeren hinzufügen. Glatt mixen und in einen großen gekühlten Tumbler gießen. Mit Ananasstücken und Erdbeeren auf Cocktailspießen dekorieren. **Für 1 Person**

221. Banana Colada: 4–6 fein gestoßene Eiswürfel, 4 cl weißen Rum, 8 cl Ananassaft, 2 cl Malibu und 1 geschälte, in Stücke geschnittene Banane im Mixer zu einem glatten Drink verarbeiten und in einen großen gekühlten Tumbler gießen. Mit einem Trinkhalm servieren. **Für 1 Person**

222. Swimming Pool: 4–6 fein gestoßene Eiswürfel mit 2 cl Wodka, 2 cl weißem Rum, 2 cl Kokoscreme, 2 cl Sahne und 6 cl Ananassaft im Mixer zu einem glatten Drink verarbeiten und in ein gekühltes Longdrinkglas abseihen. Blue Curaçao über den Drink spritzen. Mit einer Cocktailkirsche und einer Ananasecke dekorieren. **Für 1 Person**

223

Rum'n'Currant

Dieser Drink hat eine lange Geschichte und erlebt zurzeit ein Comeback. Er wird als Short- oder Longdrink genossen.

Für 1 Person
2 cl brauner Rum
1 cl Johannisbeersirup
Eis
Zitronenlimonade

1 Rum und Johannisbeersirup mit Eis in einem Tumbler verrühren.
2 Nach Geschmack mit Zitronenlimonade auffüllen.

224

Black Widow

Nicht so gefährlich, wie der Name vermuten lässt – Risikobereite können diesen Drink auch unverdünnt „on the rocks" ausprobieren!

Für 1 Person
2 cl brauner Rum
1 cl Southern Comfort
Saft von 1/2 Limette
1 Spritzer Curaçao
Eis
Sodawasser
1 Limettenschalenstreifen

1 Die ersten vier Zutaten mit Eis in einem Shaker mischen und in einen gekühlten Tumbler abseihen.
2 Nach Geschmack mit Sodawasser auffüllen und mit dem Limettenschalenstreifen dekorieren.

225

Caribbean Blues

Der kühle kristallblaue Cocktail erinnert an Karibik, Sandstrand und Palmen. Genießen Sie diesen tropischen Drink in entspannter Atmosphäre mit Freunden!

Für 1 Person
2 cl weißer Rum
1 cl Blue Curaçao
1 großer Spritzer Limettensaft
0,5 cl Zuckersirup
Eis
Sodawasser
3 gefrorene Limettenscheiben

1 Die ersten vier Zutaten in einem Cocktailglas mit ein paar Eiswürfeln verrühren.
2 Nach Geschmack mit Sodawasser auffüllen und mit den gefrorenen Limettenscheiben garnieren.

226

Island Blues

Die Sehnsucht nach den fernen Inseln kommt von der Farbe des weiten Ozeans ...

Für 1 Person
Zitronensaft
Zucker
1,5 cl Pfirsichbrand
1 cl Blue Curaçao
1 kleines Eiweiß
1 Spritzer frisch gepresster Zitronensaft
Eis
Zitronenlimonade

1 Den Rand eines Glases mit einem Zuckerrand aus Zitronensaft und Zucker verzieren. Beiseite stellen und trocknen lassen.
2 Die ersten vier Zutaten in einem Shaker mit Eis mischen und kräftig schütteln.
3 In ein Highballglas abseihen.
4 Mit Zitronenlimonade auffüllen.

227

Planter's Punch

CLASSIC

Das Wort „Punsch" stammt aus der Sprache der Hindi und bedeutet „fünf", denn ein Punsch besteht traditionell aus fünf Zutaten. Darin sollten die vier grundsätzlichen Geschmacksrichtungen enthalten sein: stark, schwach, sauer und süß.

Für 1 Person
4 cl weißer Rum
4 cl brauner Rum
2 cl Zitronensaft
2 cl Limettensaft
1 TL Zuckersirup
1/4 TL Triple Sec
1 Spritzer Grenadine
Eis
Soda- oder Mineralwasser
je 1 Zitronen-, Limetten- und Ananasscheibe
1 Cocktailkirsche

1 Weißen und braunen Rum, Zitronensaft, Limettensaft, Zuckersirup, Triple Sec und Grenadine mit Eis in einem Shaker mischen und kräftig schütteln.

2 Einen großen Tumbler oder ein Collinsglas bis zur Hälfte mit gestoßenen Eiswürfeln füllen und den Cocktail darüber abseihen.

3 Mit Sodawasser auffüllen und langsam umrühren.

4 Mit den Früchten dekorieren.

228. Orange Planter's Punch: 2 cl Rum und 2 cl Orange Curaçao, 2 Spritzer Angostura, 1 TL Grenadine und den Saft von 1 1/2 Limetten mischen. **Für 1 Person**

229. Plantation Punch: 4 cl braunen Rum, 2 cl Southern Comfort und 2 cl Zitronensaft mit Eis und 1 TL braunen Zucker in einem Shaker kräftig schütteln. In ein großes gekühltes Glas abseihen und fast bis zum Rand mit Mineralwasser auffüllen. 1 TL roten Portwein vorsichtig über den Rücken eines Teelöffels hineinlaufen lassen und mit Zitronen- und Orangenscheiben garnieren. **Für 1 Person**

230. Planter's Cocktail: 2 cl Rum mit dem Saft von 1/2 Limette, 1 TL Zuckersirup und 1 Spritzer Angostura mischen. **Für 1 Person**

231. Pineapple Planter's Punch: 2 cl weißen Rum und 2 cl Ananassaft mit dem Saft von 1/2 Limette, 1 cl Curaçao und 1 Spritzer Maraschino mischen. In einem mit Eis gefüllten Highballglas und mit in Rum eingeweichten Kirschen servieren. **Für 1 Person**

232. Planter's Punch Refresher: Die gleiche Menge Rum und Limettensaft, 1–2 TL Grenadine, 1 Spritzer Angostura mischen und mit Sodawasser auffüllen.

233. Planter's Tea: 4 cl starken schwarzen Tee mit 4 cl braunem Rum, 300 ml Orangensaft und 150 ml frisch gepresstem Zitronensaft mischen. Nach Geschmack erhitzen, süßen und mit Orangenscheiben servieren. **Für 1 Person**

234

Calypso Sting

Dieser Cocktail ist nicht ganz ungefährlich – genießen Sie ihn mit Bedacht!

Für 1 Person
2 cl brauner Rum
2 cl Malibu
1 cl Orange Curaçao
1 cl Orangensaft
1 Spritzer frisch gepresster Limettensaft
Eis
Tonic Water
Angostura
je 1 Kirsche und Limettenscheibe

1 Die ersten fünf Zutaten mit Eis in einem Shaker mischen und kräftig schütteln.
2 In ein Highballglas gießen und mit Tonic Water auffüllen.
3 Ein oder zwei Tropfen Angostura darüber spritzen und den Cocktail mit der Kirsche und der Limettenscheibe dekorieren.

235

São Paulo

Der goldene Rum hebt die Süße der Tomaten hervor und verleiht diesem Cocktail eine milde Fruchtigkeit, ganz anders als bei der ähnlich aussehenden Bloody Mary (S. 78).

Für 1 Person
2 cl goldener Rum
1 großer Spritzer Limettensaft
4 cl Tomatensaft
1 Spritzer Tabasco
Selleriesalz und Pfeffer
Eis

1 Alle Zutaten gründlich mit Eis verrühren.
2 In ein mit Eis gefülltes Highballglas abseihen und servieren.

236

Sailor's Rum Punch

Gehen Sie in der Karibik auf Segeltörn – Sie werden mit diesem Rezept wiederkommen.

Für 1 Person

1 Teil sauer – Zitronen- oder Limettensaft
2 Teile süß – Honig- oder Zuckersirup
3 Teile stark – Rum (möglichst 45 Vol.-%)
einige Spritzer Angostura
4 Teile schwach – gekühlte Fruchtsäfte: Orange, Ananas, Grapefruit
viel Eis
frisch geriebene Muskatnuss und Früchte

1 Die ersten vier Zutaten mit Eis im Voraus mischen, kalt stellen und stehen lassen, damit sich die Aromen entfalten können.
2 Vor dem Servieren den Fruchtsaft unterrühren und den Cocktail in ein mit etwas zusätzlichem Eis gefülltes Highballglas gießen. Mit Muskatnuss bestreuen.
3 Mit Fruchtstücken und einem Trinkhalm servieren.

237

Zander

Sambuca, ein Anislikör, wird traditionell pur getrunken. Aufgrund seines intensiven Geschmacks eignet er sich aber auch zum Mischen mit Fruchtsäften – das Ergebnis ist ein ungewöhnlicher, leckerer Longdrink.

Für 1 Person

2 cl Sambuca
2 cl Orangensaft
1 Spritzer Zitronensaft
Eis
Bitter Lemon

1 Die ersten drei Zutaten mit Eis in einem Shaker mischen, kräftig schütteln und in ein mit Eis gefülltes Highballglas abseihen.
2 Mit Bitter Lemon auffüllen.

238

Cactus Café

Eine aufregende Variante von Eiskaffee, die an heißen Tagen immer gut ankommt. Für Gäste lässt sie sich auch gut im Voraus zubereiten.

Für 1 Person
2 cl Bols Kaffeelikör
1 cl Tequila
Eis
Zitronenlimonade

1 Kaffeelikör und Tequila über Eis in ein großes Glas gießen.
2 Nach Geschmack mit Zitronenlimonade auffüllen und servieren.

239

Muddy Waters

Kaffee auf eine etwas andere Art. Der Drink ist nicht gerade alkoholfrei, kann aber auch ohne Alkohol zubereitet werden. Wenn Sie andererseits zu viel Cola verwendet haben, können Sie am Ende noch etwas Likör nachgießen.

Für 1 Person
2 cl Kaffeelikör
fein gestoßenes Eis
Cola

1 Den Likör über Eis in ein Collinsglas gießen und nach Geschmack mit Cola auffüllen.
2 Mit einem Trinkhalm servieren.

(240)

Like Lightning

Dieser Cocktail schlägt ein wie der Blitz. Der ungewöhnliche Likör aus Kümmelsamen lässt sich ausgezeichnet mit den meisten Softdrinks und vielen Säften mischen.

Für 1 Person
2 cl Wodka
2 cl Kümmellikör
Eis
Tonic Water
1 Rispe rote Johannisbeeren

1 Wodka und Kümmellikör mit Eis in einem großen Glas verrühren.
2 Nach Geschmack mit Tonic Water auffüllen und mit den Johannisbeeren garnieren.

(241)

Lime Swizzle

Saft und Schale der Limetten sind sauer und sehr aromatisch. Lassen Sie aber nicht zu, dass sie den dezent süßen Geschmack des Drambuie überdecken.

Für 1 Person
3 cl Drambuie
1/4 TL abgeriebene Limettenschale
1 TL Zucker
einige Tropfen Limettensaft
Eis
Sodawasser

1 Den Rand eines großen Cocktail- oder Weinglases mit Drambuie bestreichen.
2 Limettenschale und Zucker vermischen und den Rand des Glases hineintauchen.
3 Alle Zutaten samt dem übrigen Zucker und der Limettenschale in das mit Eis gefüllte Glas gießen.
4 Nach Geschmack mit Sodawasser auffüllen.

242

Tequila Sunrise

Diesen Cocktail sollten Sie in aller Ruhe zubereiten, sonst gelingt Ihnen der schöne „Sunrise"-Effekt nicht, wenn sich die Grenadine langsam mit dem Orangensaft mischt.

Für 1 Person
1 cl weißer Tequila
gestoßene Eiswürfel
Orangensaft
2 cl Grenadine

1 Tequila über gestoßenes Eis in ein gekühltes Highballglas gießen und mit Orangensaft auffüllen. Gut umrühren.
2 Die Grenadine langsam dazugießen und mit einem Trinkhalm servieren.

243. Blinding Sunrise: 2 cl weißen Tequila, 2 cl Wodka, 6 cl Orangensaft und 1 TL Triple Sec mit Eis im Shaker kräftig schütteln. Einen Tumbler zur Hälfte mit gestoßenen Eiswürfeln füllen und den Cocktail darüber abseihen. Langsam 2 cl Grenadine dazugießen. **Für 1 Person**

244. Pacific Sunrise: 2 cl weißen Tequila, 2 cl Blue Curaçao, 2 cl Limettensaft und 1 Spritzer Angostura in einem Shaker kräftig schütteln. In ein gekühltes Cocktailglas abseihen. **Für 1 Person**

245. Mint Sunrise: 3 cl Scotch Whisky, 1 cl Brandy und 1 cl White Curaçao über Eis in einen gekühlten Tumbler gießen und umrühren. Mit einem frischen Minzezweig dekorieren. **Für 1 Person**

246 Tequila Mockingbird

Dieser Cocktail entwickelt sich gerade in Windeseile zu einem modernen Klassiker.

Für 1 Person
4 cl weißer Tequila
2 cl weißer Crème de Menthe
2 cl frisch gepresster Limettensaft
gestoßene Eiswürfel

1 Tequila, Crème de Menthe und Limettensaft mit Eis in einem Shaker mischen und kräftig schütteln.
2 In ein gekühltes Cocktailglas abseihen.

247. Bird of Paradiso: 3 cl weißen Tequila, 1 cl weißen Crème de Cacao, 1 cl Galliano, 2 cl Orangensaft und 1 cl Sahne mit gestoßenem Eis in einem Shaker kräftig schütteln. In ein gekühltes Weinglas abseihen. **Für 1 Person**

248. Bird of Paradise Cooler: 4 cl Gin, 2 cl Zitronensaft, 1 TL Grenadine, 1 TL Zuckersirup und 1 Eiweiß mit gestoßenem Eis kräftig in einem Shaker schütteln. Einen gekühlten Tumbler zur Hälfte mit gestoßenen Eiswürfeln füllen und den Cocktail darüber gießen. Mit Soda- oder Mineralwasser auffüllen. **Für 1 Person**

249. Blue Bird: 6 cl Gin, 2 cl Blue Curaçao und 1 Spritzer Angostura mit gestoßenem Eis in einem Shaker kräftig schütteln. In ein gekühltes Cocktailglas abseihen. **Für 1 Person**

250 The Blues

Dieser bläulich schimmernde Longdrink wäre ohne den Zitronensaft ziemlich süß; beim ersten Mal sollten Sie genau auf das richtige Verhältnis der Zutaten achten.

Für 1 Person
3 cl Tequila
1 cl Maraschino
1 cl Blue Curaçao
1 cl Zitronensaft
Eiswürfel
Bitter Lemon

1 Die ersten vier Zutaten mit Eis in einem Shaker mischen und kräftig schütteln.
2 In ein Highballglas abseihen und mit Bitter Lemon auffüllen.

251

Wild Night Out

Von Tequila sagt man, er sei ungewöhnlich stark. Die meisten exportierten Marken aus Mexiko enthalten aber nicht mehr Alkohol als andere hochprozentige Spirituosen wie Gin oder Whisky. In ihrem Heimatland können Tequila und sein Verwandter, der Mezcal, dagegen schon mal ein paar Prozent mehr haben.

Für 1 Person
6 cl weißer Tequila
4 cl Cranberrysaft
2 cl Limettensaft
gestoßene Eiswürfel
Sodawasser

1 Tequila, Cranberrysaft und Limettensaft mit Eis in einem Shaker mischen und kräftig schütteln.
2 Ein gekühltes Highballglas zur Hälfte mit gestoßenen Eiswürfeln füllen und den Cocktail darüber abseihen.
3 Nach Geschmack Sodawasser dazugießen.

252. Buttafuoco: 4 cl weißen Tequila, 1 cl Galliano, 1 cl Cherry Brandy und 1 cl Zitronensaft in einem Shaker kräftig schütteln. In einen zur Hälfte mit gestoßenem Eis gefüllten Tumbler abseihen. Mit Sodawasser auffüllen und mit einer Kirsche dekorieren. **Für 1 Person**

253. Magna Carta: : Ein gekühltes Cocktailglas mit einem Zuckerrand verzieren. Dazu den Rand des Glases zuerst in Limettensaft, dann in Zucker tauchen. 4 cl weißen Tequila und 2 cl Triple Sec mit Eis in einem Rührglas verrühren. In das vorbereitete Glas abseihen und mit gekühltem Schaumwein auffüllen. **Für 1 Person**

254. Tequila Fizz: 6 cl weißen Tequila, 2 cl Grenadine und 2 cl Limettensaft mit 1 Eiweiß in einem Shaker kräftig schütteln. Einen gekühlten Tumbler zur Hälfte mit gestoßenen Eiswürfeln füllen und den Cocktail darüber abseihen. Mit Ginger Ale auffüllen. **Für 1 Person**

255. Changuirongo: Einen gekühlten Tumbler halb mit gestoßenen Eiswürfeln füllen. 4 cl weißen Tequila darüber gießen und mit Ginger Ale auffüllen. Umrühren und mit einer Limettenscheibe dekorieren. **Für 1 Person**

256

Huatusco Whammer

Einen echten Huatusco Whammer füllt man mit Coca Cola auf; Sie können aber natürlich auch eine andere Sorte verwenden. In jedem Fall muss die Cola gut gekühlt sein.

Für 1 Person
2 cl weißer Tequila
1 cl weißer Rum
1 cl Wodka
1 cl Gin
1 cl Triple Sec
2 cl Zitronensaft
1/2 TL Zuckersirup
gestoßene Eiswürfel
Cola

1 Tequila, Rum, Wodka, Gin, Triple Sec, Zitronensaft und Zuckersirup in einem Shaker mit Eis kräftig schütteln.
2 Ein gekühltes Collinsglas mit gestoßenen Eiswürfeln füllen und den Cocktail darüber abgießen.
3 Mit Cola auffüllen, langsam umrühren und mit Trinkhalmen servieren.

257. Mexicola: Einen großen gekühlten Tumbler zur Hälfte mit gestoßenen Eiswürfeln füllen. 4 cl Tequila und 2 cl Limettensaft darüber gießen und mit Cola auffüllen. Langsam umrühren und mit einer Limettenscheibe dekorieren. **Für 1 Person**

258. Cherrycola: Einen großen gekühlten Tumbler zur Hälfte mit gestoßenen Eiswürfeln füllen. 4 cl Cherry Brandy und 2 cl Zitronensaft über das Eis gießen. Mit Cola auffüllen, langsam umrühren und mit einer Zitronenscheibe dekorieren. **Für 1 Person**

259. Lounge Lizard: Einen großen gekühlten Tumbler zur Hälfte mit gestoßenen Eiswürfeln füllen. 4 cl braunen Rum und 2 cl Amaretto darüber gießen. Mit Cola auffüllen, langsam umrühren. **Für 1 Person**

260

CLASSIC

Kiss-Me-Quick

Dieser trüb aussehende Drink ist genau das Richtige für Anisliebhaber. Ein paar Tropfen Angostura am Schluss sorgen für einen angenehm bitteren Abgang.

Für 1 Person
4 cl Pernod
1 TL Cointreau
2 Spritzer Angostura
Eis
Sodawasser

1 Die ersten drei Zutaten über Eis in einem Tumbler oder einem großen Glas verrühren.
2 Nach Geschmack mit Sodawasser auffüllen und ein paar Tropfen Angostura extra darüber spritzen.

261

Suissesse

CLASSIC

Dieser Cocktail sieht fast wie ein Glas frische Milch aus – doch Ihre Gäste werden schnell eines Besseren belehrt werden!

Für 1 Person
3 cl Pernod
2 cl Zitronensaft
0,5 cl Orangenblütenwasser
1 Eiweiß
Eis
Sodawasser

1 Alle Zutaten bis auf das Sodawasser in einen Shaker geben und kräftig schütteln.
2 In einen Tumbler abseihen und nach Geschmack mit Sodawasser aufgießen.

262

Iceberg

Wenn Ihnen Anisées schmecken, dann werden Sie diesen „Eisberg“ sicherlich nur mit ganz wenig Limonade auffüllen wollen.

Für 1 Person
4 cl Pernod oder Pastis
1 großer Spritzer Limettensaft
gestoßenes Eis
Zitronenlimonade oder Ginger Beer
1 Limettenschalenspirale

1 Pernod und Limettensaft mit Eis verrühren.
2 In ein gekühltes, mit etwas Eis gefülltes Highballglas abseihen und nach Geschmack mit Limonade oder Ginger Beer auffüllen.
3 Mit der Limettenschale dekorieren.

263

Misty Morning

Wenn das Wetter morgens wirklich so neblig aussähe wie dieser Drink, bräuchten Sie schnell noch einen!

Für 1 Person
3 cl Pernod oder Ricard
2 cl Crème de Menthe
Eis
1 Gurkenscheibe
Sodawasser

1 Die ersten beiden Zutaten mit viel Eis in einem Highballglas verrühren.
2 Die Gurkenscheibe hinzufügen und mit Sodawasser auffüllen.

264

Knuckleduster

Dieser Cocktail schlägt ganz schön ein. Wenn Sie einfach nur ruhig dran nippen, verschwinden alle negativen Gefühle wie von selbst ...

Für 1 Person
2 cl Kokoslikör
2 cl Blue Curaçao
1 cl weißer Rum
0,5 cl Ananassaft
fein gestoßenes Eis
geröstete Kokosflocken

1 Die ersten fünf Zutaten im Mixer zu einem schaumigen, halbgefrorenen Drink verarbeiten.
2 In ein großes geeistes Glas gießen, mit zusätzlichem Eis auffüllen und mit leicht gerösteten Kokosflocken garnieren.

265

Paddlesteamer

Auf einer Party wirkt dieser „Raddampfer“ besonders edel, wenn Sie ihn mit Eiswürfeln servieren, die Fruchtstücke enthalten. Außerdem können Sie die Gläser mit einem Zuckerrand versehen.

Für 10 Personen
12 cl Southern Comfort
12 cl Gin
12 cl Curaçao
12 cl Orangensaft (oder nach Geschmack)
Eiswürfel
Ginger Ale

1 Die ersten vier Zutaten gut miteinander verrühren und bis zur Verwendung kalt stellen.
2 Vor dem Servieren den Cocktail auf mit Eis gefüllte, gekühlte Tumbler oder Gläser verteilen und mit Ginger Ale auffüllen.
3 Mit Trinkhalmen oder Stirrern servieren.

266 Orange Demons

Verzweifeln Sie nicht, wenn dieser Cocktail beim ersten Versuch düster aussieht. Gießen Sie ihn über reichlich Eis, füllen Sie ihn mit Tonic Water auf – und Sie werden erstaunt sein, wie er sich verändert!

Für 1 Person
1,5 cl grüner Crème de Menthe
3 cl Dubonnet
1 cl Orangensaft
Eis
Tonic Water
1 Orangenscheibe

1 Die ersten drei Zutaten mit Eis in einem Tumbler oder Old-Fashioned-Glas verrühren.
2 Mit Tonic Water auffüllen und mit der Orangenscheibe dekorieren.

267 Luisita

Wenn Ihnen nicht so sehr nach Blau und Blues zumute ist, verwenden Sie ganz einfach Orange Curaçao – das kommt Ihrer Stimmung entgegen, ohne den Geschmack Ihres Cocktails zu beeinträchtigen.

Für 1 Person
2 cl Blue Curaçao
Zitronenwasser (Lemon Barley Water)
einige Spritzer Zitronensaft
Eis
Tonic Water
1 halbierte Zitronen- oder Limettenscheibe

1 Curaçao, Zitronenwasser und Zitrone mit Eis in einem gekühlten Longdrinkglas verrühren.
2 Nach Geschmack mit Tonic Water auffüllen und mit der Zitronen- oder Limettenscheibe garnieren.

268

Le Triomphe

Ein fruchtiger und sehr erfrischender Cocktail, den Sie nach Belieben mit Sodawasser oder gestoßenem Eis verlängern können.

Für 1 Person
2 cl Cognac
1,5 cl Grand Marnier
1,5 cl Ananassaft
1 cl Grapefruitsaft
1 Spritzer Grenadine
Eis
1 frische Kirsche

1 Die ersten fünf Zutaten mit Eis in einem Shaker mischen und kräftig schütteln.
2 Den gut gekühlten und gemischten Cocktail in ein hohes Glas abseihen, mit Eis auffüllen und mit der Kirsche garnieren.

269

Napoleon

Die beiden kräftigen Fruchtliköre lassen sich ausgezeichnet mischen und ergeben einen großartigen Longdrink.

Für 1 Person
2 cl Mandarine Napoléon
2 cl Cherry Brandy
Eis
Zitronenlimonade

1 Beide Liköre mit in ein mit Eis gefülltes Highballglas gießen.
2 Langsam umrühren und nach und nach mit Limonade auffüllen.

270

Wake-up Call

Ein sehr erfrischender und belebender „Weckruf“ – schmeckt zu jeder Tageszeit und ist nicht nur gegen Kater geeignet!

Für 1 Person

1 cl frisch gepresster Orangensaft

1 cl Fernet Branca

Eis

Sodawasser

1 Die ersten beiden Zutaten mit Eis in einem mittelgroßen Glas verrühren.

2 Nach Geschmack mit Sodawasser auffüllen und servieren.

271

Lime 'n' Lemon Hour

Dieser Eierlikör-Cocktail sieht vielleicht aus wie ein Milchshake – aber mit so viel Zitrusfrucht und Wodka schmeckt er ganz anders!

Für 1 Person

2 cl Eierlikör

1 cl Wodka

1 cl Limettensirup

Eis

Zitronenlimonade

1 Limettenschalenspirale

1 Die ersten drei Zutaten mit Eis in einem Shaker mischen und kräftig schütteln.

2 In ein gekühltes Highballglas gießen und mit Limonade auffüllen.

3 Mit der Limettenspirale dekorieren und mit einem Trinkhalm servieren.

(272) Star-Bangled Spanner

Obwohl von jeder Spirituose nur 1 cl genommen wird, handelt es sich bei diesem verdrehten „Sternenbanner" um einen hochprozentigen Cocktail. Nachdem Sie beim ersten Drink auf den Geschmack gekommen sind, kann es gut sein, dass Ihnen zum Einschenken eines zweiten bereits die ruhige Hand fehlt.

Für 1 Person
1 cl grüner Chartreuse, gekühlt
1 cl Triple Sec, gekühlt
1 cl Cherry Brandy, gekühlt
1 cl Crème Violette, gekühlt
1 cl gelber Chartreuse, gekühlt
1 cl Blue Curaçao, gekühlt
1 cl Brandy, gekühlt

1 Den grünen Chartreuse in eine gekühlte Champagnerflöte gießen, dann mit ruhiger Hand den Triple Sec für die nächste Schicht langsam darüber gießen.
2 Dann den Cherry Brandy für eine dritte, den Crème Violette für die vierte, den gelben Chartreuse für eine fünfte und den Curaçao für die letzte und sechste Schicht langsam darüber gießen.
3 Den Brandy zum Schluss darüber gießen.

273. Stars und Stripes: 1,5 cl gekühlten Cherry Brandy in ein gekühltes Shotglas, Pousse-Café-Glas oder eine Champagnerflöte gießen. Dann mit ruhiger Hand langsam 3 cl Sahne für eine zweite Schicht und schließlich 1,5 cl gekühlten Blue Curaçao behutsam darüber gießen. **Für 1 Person**

274. Union Jack: 2 cl gekühlten Maraschino in ein gekühltes Shotglas gießen. Mit ruhiger Hand 2 cl gekühlten Blue Curaçao für eine zweite Schicht und schließlich 2 cl gekühlte Grenadine behutsam darüber gießen. **Für 1 Person**

275. Tricolor: 2 cl gekühlten Crème de Menthe in ein gekühltes Shotglas gießen. Mit ruhiger Hand 2 cl gekühlten Blue Curaçao für eine zweite Schicht und schließlich 2 cl gekühlten roten Maraschino behutsam darüber gießen. **Für 1 Person**

(276) Belladora

Wenn Sie den Kick von Minze in Ihren Cocktails lieben, dann fügen Sie diesem Drink ganz nach Gusto einfach mehr Crème de Menthe hinzu.

Für 1 Person
1,5 cl Cognac
1,5 cl Cointreau
1,5 cl Grapefruitsaft
Eis
Tonic Water
2 TL Crème de Menthe

1 Die ersten drei Zutaten mit Eis in einem Shaker mischen und kräftig schütteln.
2 In ein gekühltes Collinsglas abseihen und mit Tonic Water auffüllen.
3 Den Crème de Menthe zum Schluss dazugießen und den Cocktail mit einem Stirrer servieren.

277

Frivolous Dubonnet

Ein süßer und fruchtiger Cocktail für die schönen Momente im Leben – und sehr beliebt beim weiblichen Geschlecht!

Für 1 Person
2 cl Dubonnet
2 cl Cherry Brandy
1 cl Zitronensaft
$^1/_2$ Eiweiß
Eis
Sodawasser
1 Zitronenscheibe

1 Dubonnet, Brandy und Zitronensaft mit Eis und dem Eiweiß in einem Shaker kräftig schütteln.
2 In ein langstieliges Glas abseihen und mit Sodawasser aufgießen.
3 Mit der Zitronenscheibe dekorieren.

278

Azure

Der Blue Curaçao sorgt nicht nur für einen Überraschungseffekt, er verleiht dem Cocktail auch sein köstliches Orangen-Zitronen-Aroma.

Für 1 Person
3 cl Cognac
1,5 cl Cointreau
1,5 cl Zitronensaft
Eis
6 cl Bitter Lemon (oder nach Geschmack)
1 EL Blue Curaçao
1 Limettenscheibe

1 Die ersten drei Zutaten mit Eis in den Shaker geben und kräftig schütteln.
2 In ein gekühltes Weinglas oder großes Cocktailglas abseihen und das Bitter Lemon untermischen.
3 Den Blue Curaçao am Innenrand des Glases herunterlaufen lassen; den Cocktail 1–2 Minuten stehen lassen, bis sich der Blue Curaçao unten abgesetzt hat.
4 Mit der Limettenscheibe dekorieren und mit Trinkhalm servieren.

279

The Apple Teaser

Der Geschmack des Apfelsaftes ist ganz dezent wahrnehmbar und verleiht den Spirituosen eine weiche Fruchtigkeit.

Für 1 Person
1 cl Whisky
1 cl Amaretto
1 cl Calvados
1 Spritzer Grenadine
3 cl Apfelsaft
Eis
Sodawasser
1 Apfelscheibe

1 Die ersten fünf Zutaten mit Eis in einem Shaker mischen und kräftig schütteln.
2 In ein mit Eis gefülltes Highballglas abseihen und mit etwas Sodawasser auffüllen.
3 Mit der Apfelscheibe garnieren.

280

Massimo

Marsala ist ein Dessertwein aus Sizilien. Sein voller, intensiver Geschmack kommt bei Cocktails besonders gut zur Geltung.

Für 1 Person
4 cl Marsala
2 cl Gin
Eis
1 Minzezweig
1 Orangen-, Zitronen- oder Limettenscheibe
Zitronenlimonade
1 Spritzer Angostura

1 Marsala und Gin über Eis in ein Old-Fashioned-Glas gießen.
2 Nach Geschmack mit dem Minzezweig und einer Zitrusfruchtscheibe dekorieren, mit Limonade auffüllen und zum Schluss den Angostura darüber spritzen.

281

Snowball Classic

Eierlikör schmeckt einfach großartig, wenn man ihn mit Sodawasser oder Tonic Water und einem Spritzer Zitronensaft verlängert.

Für 1 Person

2 cl Eierlikör

1 guter Spritzer frisch gepresster Zitronensaft

Eis

Zitronenlimonade

je 1 dünne Orangen- und Zitronenscheibe

1 Eierlikör und Zitronensaft mit Eis in einem Rührglas verrühren.

2 In ein mit Eis gefülltes Highballglas abseihen und nach Geschmack mit Limonade auffüllen.

3 Mit der Orangen- und der Zitronenscheibe dekorieren.

282

Widow's Kiss

Ein Cocktail mit diesem Namen muss ja gefährlich sein – allerdings nur, bis man ihn mit Sodawasser auffüllt!

Für 1 Person

1 cl Benedictine

1 cl Chartreuse

2 cl Calvados

Eis

Sodawasser

1 Spritzer Angostura

1 Die Liköre in ein mit Eis gefülltes Highballglas gießen.

2 Einmal umrühren und nach Geschmack mit Sodawasser und Angostura auffüllen.

283

Trixie Dixie

So viel Frucht und Saft möchte man am liebsten gar nicht verdünnen. Reichen Sie deshalb das Sodawasser am besten separat zu den gut gekühlten Cocktails.

Für 4 Personen
6 cl Gin
12 cl Southern Comfort
6 cl Limettensaft
4 Scheiben frische Ananas
Eis
Sodawasser
4 frische Ananasecken

1 Die ersten vier Zutaten im Mixer auf niedriger Stufe zu einem cremig-schaumigen Drink verarbeiten.
2 In mit Eis gefüllte Gläser gießen und im letzten Moment nach Geschmack mit Sodawasser auffüllen.
3 Mit den Ananasecken dekorieren.

284

Ruffled

Bei diesem ungewöhnlichen Mix kann es passieren, dass sich Ihnen die Nackenhaare aufstellen.

Für 1 Person
2 cl Dubonnet
1 cl Kaffeelikör
1 cl Calvados
Eis
Stout-Bier
Apfelschale

1 Die ersten drei Zutaten verrühren und über Eis in ein Longdrinkglas gießen.
2 Mit dem Stout auffüllen und mit einem Stück Apfelschale dekorieren.

285

Ace of Spades

Dieses kühle, erfrischende „Pik-Ass“ schmeckt großartig an einem warmen Sommerabend. So mild wie er aussieht, ist dieser Longdrink jedoch nicht ...

Für 1 Person
1 cl Kaffeelikör
1 cl Cointreau
2 cl Dubonnet
Eiswürfel
1/2 Flasche Stout oder Guinness

1 Die ersten drei Zutaten mit Eis in einem großen Glas mischen.
2 Das Stout langsam dazugießen, damit es nicht überschäumt.
3 Mit einem Stirrer servieren.

286

Sparkling Rose

Der beliebte Dubonnet lässt sich mit sehr vielen Getränken mischen. Wenn Sie diesen Cocktail noch nicht kennen, probieren Sie ihn aus – Sie werden nicht enttäuscht sein.

Für 1 Person
4 cl Dubonnet
6 cl Cidre
10 cl Zitronenlimonade
Eis
2–3 dünne Apfelscheiben

1 Die Zutaten über Eis in einem gekühlten Highballglas rühren.
2 Mit den Apfelscheiben garnieren.

287

American Rose

Dieser Cocktail erinnert an eine wunderschöne Rose und ist ein unvergesslicher Genuss.

Für 1 Person
3 cl Brandy
1 TL Grenadine
1/2 TL Pernod
1/2 frischer Pfirsich, geschält und zerdrückt
gestoßene Eiswürfel
Schaumwein
1 frische Pfirsichscheibe

1 Brandy, Grenadine, Pernod und Pfirsich mit Eis in einem Shaker mischen und kräftig schütteln.
2 In ein gekühltes Weinglas abseihen und mit Schaumwein auffüllen.
3 Langsam umrühren und mit der Pfirsichscheibe dekorieren.

(288) Sherwood

Genießen Sie diesen sehr fruchtigen und cremigen Cocktail nach dem Essen – vielleicht sogar anstelle eines Desserts, denn er ist ziemlich süß.

Für 1 Person
1 cl Cointreau, gekühlt
1 cl Glayva Liqueur, gekühlt
1,5 cl Fraise de Bois
Eis
1,5 cl Sahne

1 Cointreau, Glayva und Fraise de Bois mit etwas Eis in einem Rührglas verrühren.
2 In ein gekühltes Cocktailglas gießen und die Sahne als oberste Schicht behutsam darüber geben.

(289) Cherry Kitch

Ein samtig weicher Cocktail – fruchtig mit einem brandyartigen Unterton. Gießen Sie am Schluss nach Geschmack ein klein wenig Maraschino darüber.

Für 1 Person
2 cl Cherry Brandy
4 cl Ananassaft
1 cl Kirschwasser
1 Eiweiß
1 Schaufel fein gestoßenes Eis
gefrorene Maraschinokirsche

1 Alle Zutaten mit Eis in einem Shaker mischen und kräftig schütteln.
2 In ein gekühltes dünnes Glas gießen und mit der gefrorenen Maraschinokirsche garnieren.

(290) Scotchman in Philadelphia

„Applejack" ist der amerikanische Begriff für einen Apfelbrand; verschwenden Sie für diesen Longdrink jedoch nicht Ihren besten Calvados.

Für 1 Person
4 cl Applejack oder Apfelbrand
4 cl Portwein
Saft von 1 Orange
Ginger Ale
Eis

1 Die ersten drei Zutaten in einem gekühlten Highballglas mit Eis gut verrühren.
2 Mit Ginger Ale und Eis auffüllen und mit einem Stirrer servieren.

291

Bermudan Beauty

Seine Farbe erhält dieser Cocktail zum Teil von der Grenadine. Dieser Granatapfelsirup besitzt einen intensiven Duft und schmeckt erfrischend fruchtig.

Für 1 Person
2 getrocknete Aprikosen
2 cl Apricot Brandy
2 cl Gin
0,5 cl Grenadine
Eis
neutrales oder mit Aprikose aromatisiertes Sodawasser

1 Die Aprikosen in der Hälfte des Apricot Brandy 15 Minuten einweichen.
2 Gin, übrigen Brandy und Grenadine mit Eis in einem Shaker kräftig schütteln.
3 In ein großes Cocktailglas abseihen und mit etwas Sodawasser auffüllen.
4 Aprikosen würfeln oder halbieren; mit dem übrigen Apricot Brandy hinzufügen.

(292)

Sleepy Afternoon

Für faule Sonntagnachmittage in der Sonne ist dieser sehr fruchtige Longdrink genau das Richtige.

Für 1 Person
2 cl Cognac
1 cl Benedictine
1 cl Ananassaft
0,5 cl Zitronensaft
Eis
Ginger Ale
1 Zitronenschalenstück

1 Die ersten vier Zutaten mit Eis in einem Shaker mischen und kräftig schütteln.
2 In ein Collinsglas abseihen und mit Ginger Ale auffüllen.
3 Mit der Zitronenschale dekorieren.

(293)

Piñadora

Probieren Sie diesen Mix aus Ananas und Melone, wenn Sie wieder dieses prickelnde Urlaubsgefühl spüren wollen.

Für 1 Person
3 cl Brandy
1 cl Midori
1 cl weißer Rum
0,5 cl Crème de Menthe
Eis
Ananassaft, gekühlt
Sodawasser, gekühlt
1 Melonenstück

1 Die ersten vier Zutaten mit Eis in einem Cocktailshaker mischen und kräftig schütteln.
2 In ein Highballglas abseihen und nach Geschmack mit Ananassaft und Sodawasser auffüllen.
3 Mit dem Melonenstück dekorieren.

(294)

Apple Classic

Apfelliebhaber und Cidre-Hersteller werden diesen Cocktail ganz oben auf die Liste ihrer Lieblingsdrinks setzen; mit süßem Cidre schmeckt er übrigens wirklich besser als mit trockenem!

Für 1 Person
1 cl Gin
1 cl Brandy
1 cl Calvados
Eis
süßer Cidre
1 Apfelscheibe

1 Die ersten drei Zutaten mit Eis in einem Shaker mischen und kräftig schütteln.
2 In ein mittelgroßes oder Collinsglas abseihen und nach Geschmack mit Cidre auffüllen.
3 Mit der Apfelscheibe dekorieren.

Horse's Neck

Diesen Drink kann man auch mit Gin oder Bourbon unter Zugabe von zwei Spritzern Angostura herstellen. Der gleiche Name wird auch für einen Cocktail aus Brandy und Champagner benutzt.

Für 1 Person
1 lange Zitronenschalenspirale
Eiswürfel
2 cl Brandy
Dry Ginger Ale

1 Die Zitronenspirale in ein Collinsglas geben und mit Eiswürfeln hinunterdrücken.
2 Brandy dazugießen und mit trockenem Ginger Ale auffüllen.

296

Sleepy Head

Wie der Name schon sagt, ist dies ein wunderbarer Drink vor dem Schlafengehen. Deshalb muss er auch nicht unbedingt mit Eiswürfeln gekühlt werden.

Für 1 Person
4 cl Brandy
1 Stück Orangenschale
3–4 frische Minzeblätter
Ginger Ale

1 Brandy, Schale und Minze in einem mittelgroßen Tumbler verrühren.
2 Nach Geschmack mit Ginger Ale auffullen.

297 Italian Summer Punch

Der Kick des italienischen Vanille-Zitronen-Likörs und einige Zweige Basilikum versetzen Sie schnell in die toskanischen Hügel.

Für 2 Personen
300 ml trockener Weißwein
6 cl Tuaca Liqueur oder anderer italienischer Likör
je 1 Spritzer Zitronen-, Limetten- und Orangensaft
Eis
einige Zitronen- und Orangenscheiben
einige Zweige Basilikum
Sodawasser

1 Die ersten drei Zutaten mit Eis in einem Shaker mischen und kräftig schütteln.
2 Mit den Zitrusscheiben und den Basilikumzweigen in einen Krug gießen.
3 Jedes Glas mit Sodawasser auffüllen.

298 Kir

Ebenso wie der beste französische Senf kommt auch der beste Crème de Cassis aus Dijon. Dieser Cocktail ist nach dem ehemaligen Bürgermeister, Félix Kir, benannt.

Für 1 Person
gestoßene Eiswürfel
4 cl Crème de Cassis
Weißwein
1 Zitronenschalenspirale

1 Die gestoßenen Eiswürfel in ein gekühltes Weinglas füllen.
2 Den Crème de Cassis über das Eis gießen.
3 Mit gekühltem Weißwein auffüllen und gut umrühren.
4 Mit der Zitronenschalenspirale dekorieren.

299. Osborne (benannt nach der Residenz von Queen Victoria auf der Isle of Wight und offensichtlich eines der Lieblingsgetränke Ihrer Majestät): 6 cl roten Bordeaux und 2 cl Scotch Whisky in ein Kelchglas gießen und umrühren. **Für 1 Person**

300. Bellinitini: : 4 cl Wodka, 2 cl Pfirsichbrand und 2 cl Pfirsichsaft in einem Shaker kräftig schütteln und in ein gekühltes Kelchglas abseihen. Mit gekühltem Champagner auffüllen. **Für 1 Person**

301. Rikki-Tikki-Tavi: Einen Zuckerwürfel in eine gekühlte Champagnerflöte geben. Angostura darüber spritzen, bis der Zucker rot ist, aber noch die Form behält. 1 TL Brandy und 1 TL White Curaçao darüber gießen und mit gekühltem Champagner auffüllen. **Für 1 Person**

302. Champagne Pick-me-up: 4 cl Brandy, 2 cl Orangensaft, 2 cl Zitronensaft und 1 Spritzer Grenadine in einem Shaker kräftig schütteln. In ein Weinglas abseihen und mit gekühltem Champagner auffüllen. **Für 1 Person**

303

Sangría

Der perfekte kühle Longdrink für eine Grillparty mit guten Freunden!

Für 6 Personen
Saft von 1 Orange
Saft von 1 Zitrone
2 EL Zucker
Eis
1 Orange, in dünnen Scheiben
1 Zitrone, in dünnen Scheiben
1 Flasche Rotwein, gekühlt
Zitronenlimonade

1 Orangen- und Zitronensaft mit dem Zucker in einer großen Schüssel oder einem Krug verrühren.
2 Sobald sich der Zucker aufgelöst hat, einige Eiswürfel, die Orangen- und Zitronenscheiben sowie den Wein hinzufügen.
3 Möglichst 1 Stunde stehen lassen, dann nach Geschmack Limonade und zusätzliches Eis dazugeben.

304

Blonde Sangría

Diese Sangría eignet sich genau wie rote Sangría ausgezeichnet als Partydrink und lässt sich für viele Gäste gut im Voraus vorbereiten.

Für 10 Personen
8 cl klarer Akazien- oder Mandelblütenhonig
2 Zitronen
2 Orangen
2–2,5 Liter Weißwein
Eis
Sodawasser

1 Honig leicht erwärmen und in einen großen Krug oder ein Rührglas gießen.
2 2–3 dicke Scheiben der Früchte herausschneiden, den Rest auspressen. Saft und Honig gut verrühren.
3 Den Wein langsam dazugießen und unterrühren.
4 Die Sangría über Eis in Collinsgläser gießen und mit Sodawasser auffüllen.
5 Mit einer Fruchtscheibe dekorieren und mit einem Trinkhalm servieren.

305 The Gunner

Eine gute Alternative zum Bier in der Kneipe – niemand weiß, was es ist, aber jeder wird davon probieren wollen.

Für 1 Person
einige Eiswürfel
2 cl Limettensaft
2–3 Spritzer Angostura
200 ml Ginger Beer
200 ml Zitronenlimonade

1 Alle Zutaten in einem großen Glas mischen, dabei Ginger Beer und Limonade in gleichen Teilen dazugießen.
2 Probieren und nach Geschmack mehr Angostura hinzufügen.

306 Weißwein-Bowle mit Tee

Eine leichte und fruchtige Bowle, die, mit viel Eis zubereitet, ideal für eine Gartenparty ist. Servieren Sie sie am besten in einem mit Blüten gefüllten Bowlengefäß.

Für 20 Personen
gestoßenes Eis
225 g Zucker
5 Flaschen lieblicher Weißwein
1,2 Liter Sodawasser
4 cl Brandy
4 cl Maraschino
2 EL Tee, in einem Teestrumpf oder einem Stück Musselintuch eingeschlagen
verschiedene frische Früchte in Scheiben

1 Reichlich gestoßenes Eis in ein großes Bowlengefäß geben.
2 Alle Zutaten bis auf die Früchte hinzufügen. Die Bowle 10 Minuten stehen lassen.
3 Den Tee herausnehmen und reichlich Fruchtscheiben dazugeben.

307 Long Jump

Eine ungewöhnliche Mischung aus Schaumwein und Likör. Der Schaumwein muss gut gekühlt sein, der Likör dagegen nicht ganz so kalt, da er sich sonst absetzen könnte.

Für 1 Person
2 cl Amarula
Champagner oder weißer Schaumwein, gut gekühlt

1 Den Amarula in ein gekühltes Longdrinkglas geben und langsam mit Champagner auffüllen.
2 Sofort genießen.

308

Bellini

Dieser köstliche Cocktail wurde um 1943 von Giuseppe Cipriani in Harry's Bar in Venedig kreiert.

Für 1 Person
2 cl frischer Pfirsichsaft aus süßen, saftigen Pfirsichen
Zucker
6 cl Champagner, gekühlt

1 Für den Zuckerrand die Champagnerflöte umgedreht zuerst in etwas Pfirsichsaft, dann in Zucker tauchen. Trocknen lassen.
2 Den Pfirsichsaft in die gekühlte Champagnerflöte gießen.
3 Vorsichtig mit Champagner auffüllen und langsam umrühren.

309

Ginger Fizz

Ein kühler erfrischender Cocktail für heiße Tage, der sich am einfachsten im Mixer zubereiten lässt.

Für 1 Person
Ginger Ale
frische Minzezweige
gestoßenes Eis
einige Himbeeren
1 Minzezweig

1 Ginger Ale und mehrere Minzeblätter in einen Mixer geben und durchmischen.
2 In ein zu zwei Dritteln mit Eis gefülltes gekühltes Highballglas abseihen.
3 Den Fizz mit den Himbeeren und dem Minzezweig dekorieren.

310

Prost

Dieser Cocktail wird am besten mit einem lieblichen und fruchtigen deutschen Rheinwein zubereitet. Na, dann Prost!

Für 1 Person
1 cl Cherry Brandy
8 cl lieblicher Weißwein
1 Schaufel fein gestoßenes Eis
Sodawasser
2 Maraschinokirschen

1 Brandy und Wein mit Eis in einem Shaker mischen und kräftig schütteln.
2 In ein Collinsglas oder Weinglas gießen, mit Sodawasser auffüllen und mit den beiden Maraschinokirschen dekorieren.

311

Long Boat

Ein leichter, angenehm säuerlicher Longdrink für den Sommer.

Für 1 Person
Eis
2 cl Limettensirup
Ginger Beer
1 frisches Limettenachtel
1 Minzezweig

1 Ein gekühltes Highball- oder Collinsglas zu zwei Dritteln mit Eis füllen und den Limettensirup darüber gießen.
2 Mit Ginger Beer auffüllen und langsam umrühren.
3 Mit dem Limettenachtel und dem Minzezweig dekorieren.

312 Shirley Temple

Dieser Drink zählt zu den bekanntesten alkoholfreien Cocktailklassikern. Shirley Temple Black wurde eine angesehene Diplomatin; der Cocktail aber stammt aus den 1930ern, als sie ein großer Hollywood-Kinderstar war.

Für 1 Person
4 cl Zitronensaft
1 cl Grenadine
1 cl Zuckersirup
gestoßene Eiswürfel
Ginger Ale
1 Orangenscheibe
1 Cocktailkirsche

1 Zitronensaft, Grenadine und Zuckersirup mit Eis in einem Shaker mischen und kräftig schütteln.
2 In ein gekühltes kleines, mit gestoßenen Eiswürfeln gefülltes Glas abseihen.
3 Mit Ginger Ale auffüllen.
4 Mit der Orangenscheibe und der Cocktailkirsche dekorieren.

313. St. Clement's: Gestoßenes Eis in einen gekühlten Tumbler geben. 4 cl Orangensaft und 4 cl Bitter Lemon darüber gießen. Kurz umrühren und mit einer Orangen- und Zitronenscheibe dekorieren. **Für 1 Person**

314. Black and Tan: 150 ml gekühltes Ginger Ale in einen gekühlten Tumbler gießen. 150 ml gekühltes Ginger Beer dazugießen und nicht umrühren. Mit einem Limettenachtel dekorieren. **Für 1 Person**

315. Heavenly Days: 4 cl Haselnusssirup, 4 cl Zitronensaft und 1 TL Grenadine in einem Shaker kräftig schütteln. Einen Tumbler zur Hälfte mit gestoßenen Eiswürfeln füllen und den Cocktail darüber abseihen. Mit Mineralwasser auffüllen. Langsam umrühren und mit einer Orangenscheibe dekorieren. **Für 1 Person**

316 Italian Soda

Italienische und französische Sirupe sind in zahlreichen Geschmacksvarianten in Feinkostgeschäften und vielen Supermärkten erhältlich. Natürlich können Sie den Haselnusssirup auch einfach durch Ihren Lieblingssirup ersetzen.

Für 1 Person
gestoßene Eiswürfel
3 cl Haselnusssirup
Soda- oder Mineralwasser
1 Limettenscheibe

1 Ein Collinsglas mit gestoßenen Eiswürfeln füllen.
2 Den Haselnusssirup darüber gießen und mit Soda- oder Mineralwasser auffüllen.
3 Langsam umrühren und mit der Limettenscheibe dekorieren.

317 Island in the Sun

Anis eignet sich gut zum Mischen mit Früchten und verleiht diesem Cocktail eine zarte Anisnote im Hintergrund.

Für 1 Person

1 Orange mit dicker Schale
einige Eiswürfel
2 cl Ouzo oder anderer Anisbranntwein
3 Spritzer Grenadine
Sodawasser
1 Orangenscheibe
1 Maraschinokirsche

1 Eine Scheibe von der Orange abschneiden und 1/2 TL Schale abreiben.

2 2 cl Orangensaft mit Eis, der Orangenschale, Ouzo und Grenadine verrühren.

3 Gut vermischen und den Cocktail in ein großes Glas oder Weinglas mit Eis gießen.

4 Mit Sodawasser auffüllen und mit der Orangenscheibe und der Kirsche garnieren.

318

Pimm's alkoholfrei

Wenn Sie Ihren Kindern oder Freunden einen köstlichen alkoholfreien Cocktail anbieten möchten, oder wenn Sie selbst noch Auto fahren müssen, ist dieser genau richtig.

Für 6 Personen
600 ml Limonade, gekühlt
450 ml Cola, gekühlt
450 ml Dry Ginger Ale, gekühlt
Saft von 1 Orange
Saft von 1 Zitrone
einige Tropfen Angostura (nach Belieben)
Zitronen- und Orangenscheiben
frische Minzezweige
Eis

1 Die ersten sechs Zutaten in einem großen Krug oder einem Bowlengefäß mischen.
2 Die Zitronen- und Orangenscheiben und die Minze zugeben und kalt stellen. Die Eiswürfel erst kurz vor dem Servieren hinzufügen.

319

Pom Pom

Hier verwandelt sich klare Zitronenlimonade in einen extravaganten, rosafarbenen und prickelnden Drink, der seinen frivolen Namen verdient.

Für 1 Person
Saft von 1/2 Zitrone
1 Eiweiß
1 Spritzer Grenadine
fein gestoßenes Eis
Zitronenlimonade
1 Zitronenscheibe

1 Zitronensaft, Eiweiß und Grenadine in einem Shaker schütteln und über gestoßenes Eis in ein Collinsglas gießen.
2 Mit Limonade auffüllen und mit der Zitronenscheibe dekorieren.

320 Slush Puppy

Dieser erfrischende Cocktail sieht zwar verführerisch aus, wird Ihnen aber sicher keine zittrigen Knie bescheren. Danach können Sie sogar noch selbst Auto fahren.

Für 1 Person
Saft von 1 Zitrone oder 1/2 rosa Grapefruit
1 cl Grenadine
Eis
einige Streifen Zitronenschale
2–3 TL Himbeersirup
Sodawasser
1 Maraschinokirsche

1 Zitronensaft und Grenadine in ein gekühltes Collinsglas mit Eis gießen.
2 Nach Geschmack die Zitronenschalenstreifen, den Himbeersirup und das Sodawasser hinzufügen. Mit der Maraschinokirsche garnieren.

321 Thai Fruit Cocktail

Verwenden Sie bei der Zusammenstellung ihrer Lieblingssäfte unbedingt auch einige exotische Sorten.

Für 1 Person
2 cl Ananassaft
2 cl Orangensaft
1 cl Limettensaft
2 cl Maracujasaft
4 cl Guavensaft
fein gestoßenes Eis
1 Blüte

1 Alle Säfte mit gestoßenem Eis in einem Shaker mischen und kräftig schütteln.
2 In ein mit Eis gefülltes Collinsglas gießen und mit der Blüte dekorieren.

322 Sober Sunday

Eine reizvolle Kombination, nicht nur für den Sonntag. Damit bleiben alle nüchtern, die keinen Alkohol mögen oder noch Auto fahren müssen.

Für 1 Person
2 cl Grenadine
2 cl frisch gepresster Zitronen- oder Limettensaft
Eis
Zitronenlimonade
einige Zitronen- und Limettenscheiben

1 Grenadine und Fruchtsaft in ein mit Eis gefülltes Highballglas füllen.
2 Mit Limonade auffüllen und mit den Zitronen- und Limettenscheiben garnieren.

323

Clam Digger

Ein guter Cocktail für den Sonntagsbrunch – er wirkt anregend auf Ihre Geschmacksnerven, aber nicht so einschläfernd wie die meisten alkoholischen Drinks, mit denen der restliche Tag schnell verloren wäre!

Für 1 Person
gestoßenes Eis
Tabasco
Worcestersauce
8 cl Tomatensaft
8 cl Muschelsaft
1/4 TL Meerrettichsauce
Eis
Selleriesalz
frisch gemahlener schwarzer Pfeffer
1 Stück Stangensellerie
1 Limettenachtel

1 Eis, je 1 Spritzer Tabasco und Worcestersauce sowie Tomatensaft, Muschelsaft und die Meerrettichsauce in einen Shaker geben.

2 Kräftig schütteln, bis alles gut vermischt und gekühlt ist.

3 Ein gekühltes Collinsglas mit gestoßenem Eis füllen und den Cocktail darüber abseihen.

4 Nach Geschmack mit Selleriesalz und Pfeffer würzen; mit dem Stangensellerie und dem Limettenachtel garnieren.

324. New England Party: Etwas gestoßenes Eis, je 1 Spritzer Tabasco, Worcestersauce und Zitronensaft in einen Mixer geben, 1 mittelgroße geschälte und gehackte Karotte, 2 gehackte Selleriestangen, 300 ml Tomatensaft und 150 ml Muschelsaft hinzufügen. Glatt mixen, in einen Krug umfüllen und zugedeckt etwa 1 Stunde kalt stellen. Den Cocktail auf zwei gekühlte Tumbler verteilen, mit Salz und frisch gemahlenem schwarzen Pfeffer würzen und mit Oliven auf einem Cocktailspieß dekorieren. **Für 2 Personen**

325

Cocobelle

Wenn Sie eine ruhige Hand haben, können Sie diesen Cocktail an den Seiten mit schönen Farbwirbeln verzieren. Ihre Kinder werden Ihnen sicher dabei helfen wollen.

Für 1 Person
6 cl kalte Milch
2 cl Kokoscreme
2 Kugeln Vanilleeis
3–4 fein gestoßene Eiswürfel
1 Spritzer Grenadine
geröstete Kokosraspel

1 Die ersten vier Zutaten in einem Mixer zu einem halbgefrorenen Drink verarbeiten.

2 Einige Spritzer Grenadine an den Seiten eines gekühlten Collinsglases herunterlaufen lassen.

3 Den gemixten Cocktail ganz langsam in das Glas gießen; die gerösteten Kokosraspel darüber streuen.

326

Coconut Islander

Ein reichhaltiger Cocktail – in kleiner Menge genießen oder mit Sodawasser verlängern!

Für 4 Personen
1 Ananas
8 cl Ananassaft
4 EL Kokoscreme
8 cl Milch
2 EL pürierte Ananas
3 EL Kokosflocken
fein gestoßenes Eis
4 Kirschen oder Ananasblätter

1 Ananas oben abschneiden. Das Fruchtfleisch herauslöffeln, etwas beiseite legen; den Rest für Dessert oder Salat verwenden.
2 Alle Zutaten bis auf die Kirschen mit etwas fein gestoßenem Eis 30–40 Sekunden im Mixer glatt und schaumig pürieren.
3 Den eiskalten Cocktail in die Ananas gießen, mit Kirschen oder Ananasblättern dekorieren und mit Trinkhalmen servieren.

327

Virgin Mary

Dieser Cocktail ist eine Bloody Mary ohne Wodka – ein großartiger Muntermacher mit einem guten Schuss Worcestersauce und Tabasco.

Für 1 Person
6 cl Tomatensaft
2 cl Zitronensaft
2 Spritzer Worcestersauce
1 Spritzer Tabasco
gestoßenes Eis
1 Messerspitze Selleriesalz
schwarzer Pfeffer
1 Zitronenachtel
1 Stück Stangensellerie

1 Die ersten vier Zutaten mit Eis in einem Shaker kräftig schütteln und mit Selleriesalz und schwarzem Pfeffer würzen.
2 In ein eisgekühltes Old-Fashioned-Glas abseihen.
3 Mit dem Zitronenachtel und dem Stangensellerie dekorieren.

328. Ferdinand the Bull: 8 cl Tomatensaft, 8 cl gekühlte Rinderbrühe und 2 cl Limettensaft sowie je 1 Spritzer Worcestersauce und Tabasco mit Eis in einem Shaker kräftig schütteln. Einen Tumbler zur Hälfte mit gestoßenen Eiswürfeln füllen und den Cocktail darüber abseihen. Mit Salz und frisch gemahlenem schwarzen Pfeffer würzen und mit einer Limettenscheibe dekorieren. **Für 1 Person**

329. Texas Virgin: 2 cl Limettensaft und 2 cl Barbecuesauce mit je 1 Spritzer Worcestersauce und Tabasco mit Eis in einem Shaker kräftig schütteln. In einen gekühlten Tumbler abseihen, mit Tomatensauce auffüllen und umrühren. Mit einer Limettenscheibe und einer eingelegten Jalapeño-Chili dekorieren. **Für 1 Person**

330

Soft Sangría

Die alkoholfreie Variante der spanischen Sangría mit Rotwein, auf die schon so mancher nichts ahnende Tourist hereingefallen ist. Hier besteht die Gefahr einer überraschenden Trunkenheit dagegen sicher nicht, denn dieser Drink ist einfach nur äußerst erfrischend und schmackhaft. Kühlen Sie zuvor alle Zutaten gründlich durch.

Für 4 Personen

1,5 Liter roter Traubensaft
300 ml Orangensaft
6 cl Cranberrysaft
4 cl Zitronensaft
4 cl Limettensaft
8 cl Zuckersirup
Eis
einige Zitronen-, Orangen- und Limettenscheiben

1 Alle Säfte und den Zuckersirup in ein gekühltes Bowlengefäß gießen.
2 Eis und Zitrusfruchtscheiben dazugeben.
3 In gekühlten Gläsern servieren.

331. Sangría Seca: 475 ml Tomatensaft, 250 ml Orangensaft, 6 cl Limettensaft, 1 cl Tabasco und 2 TL Worcestersauce in einen Krug gießen. Eine entkernte und fein gehackte Jalapeño-Chili dazugeben. Nach Geschmack mit Selleriesalz und frisch gemahlenem weißen Pfeffer würzen. Mit Frischhaltefolie zugedeckt mindestens 1 Stunde kalt stellen. Vor dem Servieren gekühlte Tumbler zur Hälfte mit gestoßenen Eiswürfeln füllen und den Cocktail darüber abseihen.
Für 6 Personen

Citrus Fizz

Eine pfiffige und erfrischende Variante des Klassikers Buck's Fizz (S. 19), die Jung und Alt bedenkenfrei genießen können.

Für 1 Person

4 cl frisch gepresster Orangensaft, gekühlt
etwas Limettensaft
Zucker
einige Tropfen Angostura
4–6 cl Soda- oder Mineralwasser, gekühlt

1 Für einen Zuckerrand den Glasrand einer Champagnerflöte mit Orangen- oder Limettensaft einreiben und in Zucker tauchen. Trocknen lassen.

2 Die übrigen Säfte mit dem Angostura verrühren und in ein Glas gießen.

3 Nach Geschmack mit Soda- oder Mineralwasser auffüllen.

Lassi

Eigentlich ist Lassi ein aromatisiertes, leicht säuerliches und oft sehr würziges Joghurtgetränk aus Indien. Man kann es für viele köstliche Drinks verwenden.

Für 2 Personen

150 g Naturjoghurt
450 ml Milch
1 EL Rosenwasser
3 EL Honig
1 reife Mango, geschält und gewürfelt
6 Eiswürfel
4–6 essbare Rosenblütenblätter (nach Belieben)

1 Joghurt und Milch in eine Küchenmaschine geben und auf niedriger Stufe vermischen.

2 Rosenwasser und Honig zugeben und untermixen, dann die Mango und Eiswürfel zugeben und glatt mixen.

3 Den Cocktail in gekühlte Gläser gießen und mit den essbaren Rosenblütenblättern dekorieren.

334

Mocca Slush

Ein Traum von einem Schokoladendrink – für junge und alte „Schokoholics“ gleichermaßen!

Für 1 Person
fein gestoßene Eiswürfel
4 cl Kaffeesirup
2 cl Schokoladensirup
8 cl Milch
feine Schokoraspel

1 Das gestoßene Eis mit dem Kaffee- und Schokoladensirup und der Milch in einem kleinen Mixer zu einem halbgefrorenen Drink verarbeiten.
2 In ein gekühltes Stielglas gießen und mit den Schokoraspeln bestreuen.

335

California-Shake

Das Geheimnis eines gelungenen Fruchtshakes, ob mit oder ohne Alkohol, besteht darin, die Zutaten auf mittlerer Stufe nur so lange zu mixen, bis er gerade glatt ist.

Für 1 Person
1 Banane, geschält, in dünnen Scheiben
60 g Erdbeeren
90 g entsteinte Datteln
4 1/2 TL klarer Honig
250 ml Orangensaft
4–6 fein gestoßene Eiswürfel

1 Bananenscheiben, Erdbeeren, Datteln und Honig in einem Mixer zu einem glatten Drink verarbeiten.
2 Orangensaft und gestoßene Eiswürfel zugeben und glatt mixen.
3 In ein gekühltes Collinsglas gießen.

336

Mocca Cream

Zwar lässt der Name üppige Cremigkeit vermuten, doch ist der Drink leicht und delikat.

Für 2 Personen
200 ml Milch
50 g Sahne
1 EL brauner Zucker
2 EL Kakao
1 EL Kaffeesirup
6 Eiswürfel
etwas geschlagene Sahne
Schokoraspel

1 Milch, Sahne und Zucker in einer Küchenmaschine mixen.
2 Kakaopulver und Kaffeesirup hinzufügen und untermixen.
3 Anschließend die Eiswürfel dazugeben und glatt mixen.
4 Den Cocktail in gekühlte Gläser gießen, etwas Schlagsahne darüber geben und mit Schokoraspeln bestreuen.

(337)

Eggmania

Es gibt keinen Grund, mit diesem köstlichen Schokolade-Minze-Cocktail bis Ostern zu warten. Natürlich können Sie ihn auch mit kleinen Schokoeiern garnieren.

Für 1 Person
2 cl Schokolade-Minze-Likör
2 cl Eierlikör
1 cl Whisky
1/2 Kugel Vanilleeis

1 Alle Zutaten in einem kleinen Mixer auf niedriger Stufe etwa 10 Sekunden vermengen.
2 In gekühlte Cocktailgläser gießen und mit einem Trinkhalm servieren.

Short-drinks

338

Gin Fix

Ein „Fix" enthält Alkohol, Zucker und Fruchtiges. Mit Gin schmeckt er ausgezeichnet, aber auch andere Spirituosen sind geeignet; probieren Sie verschiedene Varianten aus!

Für 1 Person
fein gestoßenes Eis
5 cl Gin
2 cl Zitronensaft
1 TL Zuckersirup
1 Zitronenscheibe

1 Gestoßenes Eis in einen Tumbler geben. Gin, Zitronensaft und Zuckersirup darüber gießen und einmal umrühren.
2 Mit der Zitronenscheibe garniert servieren.

339

CLASSIC

Pink Gin

Diesen Drink empfahl man ursprünglich als Mittel gegen Bauchschmerzen. Später wurde er sogar in die „Hausapotheke" der British Navy aufgenommen.

Für 1 Person
2 cl Plymouth Gin
einige Tropfen Angostura
2 cl Eiswasser
1 Maraschinokirsche

1 Die ersten drei Zutaten in ein Rührglas gießen und umrühren.
2 In ein Cocktailglas abseihen und mit der Maraschinokirsche garnieren.

340

Breakfast

Man möchte kaum glauben, dass es Leute gibt, die morgens als Erstes einen Cocktail zu sich nehmen. Aber für diejenigen, die jede Nacht die Puppen tanzen lassen und tagsüber schlafen, fällt die Cocktailzeit nicht selten mit dem Frühstück zusammen.

Für 1 Person
4 cl Gin
2 cl Grenadine
gestoßene Eiswürfel
1 Eigelb

1 Gin und Grenadine mit Eis und dem Eigelb in einem Shaker mischen.
2 Kräftig schütteln und in ein gekühltes Glas abseihen.

341

Road Runner

Ob der Drink nun nach dem Vogel, dem Rennkuckuck, oder nach dem Erzfeind von Willi Koyote benannt ist, sei dahingestellt. In jedem Fall ist es ein Cocktail zum Relaxen nach einem hektischen Tag und nicht zum Losrennen.

Für 1 Person
4 cl Gin
1 cl Vermouth Dry
1 cl Pernod
1 TL Grenadine
gestoßene Eiswürfel

1 Gin, Vermouth, Pernod und Grenadine mit Eis in einem Shaker kräftig schütteln.
2 In ein gekühltes Weinglas abseihen.

342. Road Runner (zweite Version): 2 cl Wodka, 1 cl Malibu, 1 cl Amaretto mit Eis in einem Shaker kräftig schütteln. In ein gekühltes Cocktailglas abseihen. **Für 1 Person**

343. End of the Road: 6 cl Gin, 2 cl Crème de Menthe und 2 cl Pastis mit Eis in einem Shaker kräftig schütteln. In ein mit Eis gefülltes Collinsglas abseihen und mit einem Minzezweig dekorieren. Für einen Longdrink mit Sodawasser auffüllen. **Für 1 Person**

344. Elk's Own: 4 cl Rye Whiskey, 2 cl roten Portwein, 1 cl Zitronensaft, 1 TL Zuckersirup und 1 Eiweiß mit Eis in einem Shaker kräftig schütteln. In ein gekühltes Cocktailglas abseihen und mit einer Ananasecke dekorieren. **Für 1 Person**

345. Rattlesnake: 2 cl gekühlten Baileys Irish Cream in ein Shotglas gießen. Mit ruhiger Hand 2 cl gekühlten dunklen Crème de Cacao für eine zweite Schicht und dann 2 cl gekühlten Kahlúa für eine dritte Schicht langsam darüber gießen. Nicht umrühren. **Für 1 Person**

346

Gloom Chaser

CLASSIC

Dieser schillernde und fröhliche Drink vertreibt in Windeseile Kummer und Sorgen ...

Für 1 Person
2 cl Vermouth Dry
3 cl Gin
1/2 TL Grenadine
2 Spritzer Pernod
Eis

1 Die Zutaten mit Eis in einen Shaker geben und kräftig schütteln.
2 In ein Cocktailglas abseihen und servieren.

347

Red Cobbler

Obwohl ein Cobbler traditionell ein Shortdrink ist, kann man ihn auch über Eis als erfrischenden Longdrink genießen – besonders wenn er sehr stark ist.

Für 1 Person
je 1 Orangen- und Zitronenscheibe
2 cl Portwein
2 cl Gin
einige Tropfen Fraise
Eis

1 Die Orangen- und Zitronenscheiben in einen Shaker geben und mit einem Holzlöffel oder einem kleinen Stößel zerstoßen oder zerdrücken.
2 Die übrigen Zutaten mit Eis hinzufügen und den Shaker kräftig schütteln.
3 In ein eisgekühltes Martiniglas abseihen, die zerdrückten Fruchtscheiben zugeben.

348

Moonlight

Dieser Cocktail auf Weinbasis lässt sich prima für eine größere Gruppe zubereiten.

Für 4 Personen
6 cl Grapefruitsaft
8 cl Gin
2 cl Kirschwasser
8 cl Weißwein
1/2 TL abgeriebene Zitronenschale
Eis

1 Alle Zutaten mit Eis in einen Shaker geben und kräftig schütteln.
2 Die Drinks in gekühlte Cocktailgläser abseihen und servieren.

349

Fallen Angel

Minze und Zitrone harmonieren ausgezeichnet mit Gin. Die faszinierende gelbgrüne Farbkombination erreichen Sie allerdings nur mit grünem Minzlikör.

Für 1 Person

1 Spritzer Angostura
Saft von 1 Zitrone oder Limette
4 cl Gin
Eis
2 Spritzer grüner Crème de Menthe

1 Die ersten drei Zutaten mit Eis in einem Shaker kräftig schütteln und in ein Cocktailglas abseihen.
2 Kurz vor dem Servieren zwei Spritzer Crème de Menthe darüber geben.

350

Alaska

Gelber Chartreuse ist etwas süßer als grüner Chartreuse, deshalb serviert man ihn am besten eiskalt.

Für 1 Person

1 cl Gin
1 cl gelber Chartreuse
Eis

1 Die Zutaten mit Eis in einem Shaker kräftig schütteln.
2 In ein gekühltes Cocktailglas abseihen.

351

Charleston

Dieser Shortdrink vereint Spirituosen und Aromen zu einem lebhaften Cocktail. Trinken Sie ihn nicht, wenn Sie Durst haben – Sie könnten zu viel davon erwischen!

Für 1 Person
0,5 cl Gin
0,5 cl Vermouth Dry
0,5 cl Vermouth Sweet
0,5 cl Cointreau
0,5 cl Kirschwasser
0,5 cl Maraschino
Eis und 1 Zitronenschalenspirale

1 Alle Zutaten bis auf die Zitronenspirale mit Eis in einem Shaker kräftig schütteln und in ein kleines gekühltes Cocktailglas abseihen.

2 Mit der Zitronenschalenspirale dekorieren.

(352) Maiden's Blush

Der Name bedeutet „mädchenhaftes Erröten“ und trifft den schönen Farbton dieses Cocktails sehr gut. Doch vielleicht ist er auch als Warnung gemeint, denn zu viel von dem Drink kann ebenfalls eine rosige Gesichtsfarbe verursachen.

Für 1 Person
gestoßene Eiswürfel
4 cl Gin
1/2 TL Triple Sec
1/2 TL Grenadine
1/2 TL Zitronensaft

1 Die gestoßenen Eiswürfel in einen Shaker geben.
2 Gin, Triple Sec, Grenadine und Zitronensaft dazugeben und den Shaker kräftig schütteln.
3 In ein gekühltes Cocktailglas oder kleines Highballglas abseihen.

353. Maidenly Blush: 4 cl Gin und 2 cl Pernod über Eis verrühren und in ein gekühltes Cocktailglas gießen. **Für 1 Person**

354. Maiden's Prayer: 2 cl Gin, 2 cl Triple Sec, 1 TL Orangensaft, 1 TL Zitronensaft in einem Shaker kräftig schütteln. In ein gekühltes Cocktailglas abseihen. **Für 1 Person**

355. Virgin's Prayer: 2 cl weißen Rum, 2 cl braunen Rum, 2 cl Kahlúa, 1 TL Zitronensaft und 2 TL Orangensaft in einem Shaker kräftig schütteln. In einen kleinen gekühlten Tumbler abseihen. Mit Limettenscheiben dekorieren. **Für 1 Person**

356. Wedding Belle: 4 cl Gin, 4 cl Dubonnet, 2 cl Cherry Brandy und 2 cl Orangensaft mit Eis in einem Shaker kräftig schütteln. In ein Cocktailglas abseihen. **Für 1 Person**

357. Widow's Wish: 4 cl Benedictine mit 1 Eiweiß in einem Shaker kräftig schütteln. In einen gekühlten Tumbler abseihen und mit Sahne auffüllen. **Für 1 Person**

(358) Absinthe Friend

Der echte Absinth ist ein Destillat verschiedener Kräuter und war für Cocktails und als Digestif sehr beliebt. Anfang des 20. Jahrhunderts wurde er gesetzlich verboten, weil das darin enthaltene Thujon, ein Extrakt der Wermutpflanze, eine gehirnschädigende Wirkung haben sollte. Statt Absinth kann man auch Pastis verwenden.

Für 1 Person
2 cl Gin
2 cl Absinth oder Pernod
1 Spritzer Angostura
1 Spritzer Zuckersirup
4–6 gestoßene Eiswürfel

1 Die Zutaten mit Eis in einem Shaker mischen und kräftig schütteln.
2 In ein gekühltes mittelgroßes Glas oder einen Tumbler abseihen.

359 Orange Bloom

Orangensäfte, für die auch die Schale der Frucht verwendet wird, haben einen sehr bitteren Nachgeschmack. Vermeiden Sie solche Säfte, da sie den Geschmack der Spirituosen zu sehr überdecken.

Für 1 Person
2 cl Gin
1 cl frisch gepresster Orangensaft
1 cl Cointreau
0,5 cl Vermouth Dry
gestoßenes Eis

1 Alle Zutaten mit Eis in einem Shaker mischen und kräftig schütteln.
2 In ein gekühltes Cocktailglas abseihen.

360 Blue Star Shaker

Ein umwerfend schöner Cocktail für Blues-Fans, die das Aroma von Lillet lieben; dieser französische Aperitif besteht aus Rot- oder Weißwein, der mit Armagnac, Kräutern und Früchten verschnitten ist.

Für 2 Personen
2 cl Blue Curaçao
2 cl Gin
3 cl Lillet
fein gestoßenes Eis
2 Limettenscheiben

1 Die ersten drei Zutaten mit gestoßenem Eis in einem Shaker mischen.
2 Kräftig schütteln und in flache Cocktailgläser gießen. Mit den Limettenscheiben dekorieren.

361 Bronx

CLASSIC

Ebenso wie Manhattan wurde auch dem New Yorker Stadtviertel Bronx in den Cocktailbars der ganzen Welt zu Unsterblichkeit verholfen.

Für 1 Person
4 cl Gin
2 cl Orangensaft
1 cl Vermouth Dry
1 cl Vermouth Sweet
gestoßene Eiswürfel

1 Gin, Orangensaft, Vermouth Dry und Vermouth Sweet mit Eis in einem Rührglas gut verrühren.
2 In ein gekühltes Cocktailglas abseihen.

(362)

Orange Blossom

Während der Prohibition in den USA wurde Gin häufig buchstäblich in der Badewanne hergestellt und mit Orangensaft aromatisiert, um den eigenartigen Geschmack des Destillats zu überdecken. Mit einem Gin von guter Qualität ist dieser Drink jedoch eine köstliche Erfrischung.

Für 1 Person
4 cl Gin
4 cl Orangensaft
gestoßene Eiswürfel
1 Orangenscheibe

1 Gin und Orangensaft mit Eis in einem Shaker mischen und kräftig schütteln.
2 In ein gekühltes Cocktailglas abseihen und mit der Orangenscheibe dekorieren.

363. Hawaiian Orange Blossom: 4 cl Gin, 2 cl Triple Sec, 4 cl Orangensaft und 2 cl Ananassaft in einem Shaker kräftig schütteln. In ein gekühltes Weinglas abseihen. **Für 1 Person**

364. Kentucky Orange Blossom: 4 cl Bourbon, 2 cl Orangensaft und 1 cl Triple Sec mit Eis in einem Shaker kräftig schütteln. In ein gekühltes Cocktailglas abseihen und mit einer Orangenscheibe dekorieren. **Für 1 Person**

365. Magnolia Blossom: 4 cl Gin, 2 cl Zitronensaft und 2 cl Sahne in einem Shaker kräftig schütteln. In ein gekühltes Cocktailglas abseihen. **Für 1 Person**

366. Apple Blossom: 4 cl Brandy, 3 cl Apfelsaft und $^1/_2$ TL Zitronensaft mit Eis in einem Rührglas verrühren. Einen kleinen gekühlten Tumbler zur Hälfte mit Eis füllen und den Cocktail darüber abgießen. Mit einer Zitronenscheibe dekorieren. **Für 1 Person**

367

Depth Charge

CLASSIC

Pastis ist ein ungewöhnliches Getränk, das beim Mischen mit Wasser milchig trüb wird, nicht jedoch beim Mischen mit anderen alkoholischen Getränken – bis das Eis schmilzt. Trinken Sie den Cocktail langsam und beobachten Sie, wie er sich verändert.

Für 1 Person
2 cl Gin
2 cl Lillet
2 Spritzer Pastis
Eis

1 Alle Zutaten in einem Shaker mischen und kräftig schütteln.
2 In ein gekühltes kleines Cocktailglas abseihen.

368

Good Night Ladies

Dieser süßlich nach Aprikose und Granatapfel duftende Drink ist ein großartiger Schlummertrunk für alle Cocktailfans.

Für 1 Person
1,5 cl Gin
0,5 cl Apricot Brandy
0,5 cl Grenadine
0,5 cl Zitronensaft
Eis
1 Aprikosen- oder Pfirsichscheibe

1 Alle Zutaten bis auf die Fruchtscheibe in einen Shaker geben und kräftig schütteln. In ein Cocktailglas abseihen.
2 Die Aprikosen- oder Pfirsichscheibe auf einen Cocktailspieß stecken und den Drink damit dekorieren.

369

Golden Dawn

Wie bei einem goldenen Sonnenaufgang durchdringt das Rot der Grenadine das Orange des Cocktails.

Für 1 Person
1 cl Gin
1 cl Calvados
1 cl Apricot Brandy
1 cl Mangosaft
Eis
1 Spritzer Grenadine

1 Die ersten vier Zutaten mit Eis in einem Shaker mischen und kräftig schütteln.
2 In ein Cocktailglas abseihen, die Grenadine mit ruhiger Hand in einem Strahl dazugießen und den Cocktail nicht umrühren.

370

High Flyer

Diese beiden ungewöhnlichen Liköre ergeben einen sehr aromatischen und fruchtigen Cocktail.

Für 1 Person
2 cl Gin
1,5 cl Strega
1,5 cl Van der Hum oder Triple Sec
Eis
1 Orangen- oder Zitronenschalenstück

1 Die Zutaten über Eis in einem Rührglas verrühren und in ein Cocktailglas abseihen.
2 Mit der Orangen- oder Zitronenschale garnieren.

371

Pink Lady

Pretty in Pink, sagt man. Dieser zartrosa leuchtende Cocktail schmeckt so köstlich und leicht, wie er aussieht.

Für 1 Person

2 cl Gin
2 cl Cointreau
1 cl Zitronensaft
1 Spritzer Grenadine
Eis
1 Mandarinenschalenstück

1 Alle Zutaten bis auf die Schale mit Eis in einem Shaker kräftig schütteln und in ein gekühltes großes Cocktailglas abseihen.
2 Mit der Mandarinenschale garnieren.

372

Jupiter One

Der lilafarbene Likör Parfait Amour, der aus Montpellier stammt, sorgt bei diesem Shortdrink für einen betörenden Duft; allerdings fehlt die typische Farbe.

Für 1 Person

2 TL Parfait Amour
2 TL Orangensaft
2 cl Vermouth Dry
2 cl Gin
Eis
1–2 Zitronenschalenstücke

1 Alle Zutaten bis auf die Schale mit Eis in einem Shaker kräftig schütteln und in ein Cocktailglas abseihen.
2 Mit der Zitronenschale garnieren.

373

Club

Groucho Marx sagte einmal, er wolle keinem Club angehören, der bereit wäre, ihn als Mitglied aufzunehmen. Diesem Club wird es dagegen sicher nie an bereitwilligen Mitgliedern fehlen.

Für 1 Person
1 Spritzer gelber Chartreuse
gestoßene Eiswürfel
4 cl Gin
2 cl Vermouth Sweet

1 Den Chartreuse über gestoßenes Eis in ein Rührglas geben; Gin und Vermouth darüber gießen.
2 Gut umrühren und in ein gekühltes Cocktailglas abseihen.

374. Clover Club: 4 cl Gin, 2 cl Limettensaft und 2 cl Grenadine mit 1 Eiweiß und Eis in einem Shaker kräftig schütteln. In ein gekühltes Cocktailglas abseihen. **Für 1 Person**

375. Grand Royal Clover Club: Einen Clover Club herstellen und den Limettensaft durch Zitronensaft ersetzen. **Für 1 Person**

376. Racquet Club: Orangenbitter über Eis in ein Rührglas spritzen und 2 cl Gin und 2 cl Vermouth Dry darüber gießen. Gut umrühren und in ein gekühltes Cocktailglas abseihen. **Für 1 Person**

(377)

Martini

Für viele ist der Martini der König unter den Cocktails. Benannt ist er nach seinem Erfinder, Martini di Arma di Taggia, und nicht nach der berühmten Vermouth-Marke. Das Originalrezept schreibt Gin und Vermouth in gleichen Teilen vor, die Proportionen variieren aber – bis hin zum Ultra Dry Martini, bei dem man das Cocktailglas gerade mal mit Vermouth ausspült, bevor es mit Gin gefüllt wird.

Für 1 Person
gestoßene Eiswürfel
6 cl Gin
1 TL Vermouth Dry (oder nach Geschmack)
1 entsteinte grüne Olive

1 Die gestoßenen Eiswürfel in ein Rührglas geben. Gin und Vermouth darüber gießen und gut verrühren.
2 In ein gekühltes Cocktailglas abseihen und mit der Olive garnieren.

378. Fifty Fifty: Die ursprüngliche Version des Martini mit Gin und Vermouth zu gleichen Teilen.
Für 1 Person

379. Gibson: Statt mit der Olive mit 2–3 Cocktailzwiebeln dekorieren.
Für 1 Person

380. Tequini: 6 cl weißen Tequila und 1 cl Vermouth Dry über Eis in ein Rührglas gießen. 1 Spritzer Angostura hinzufügen und gut umrühren. In ein gekühltes Cocktailglas abgießen und mit einer Zitronenspirale dekorieren.
Für 1 Person

381. Dirty Martini: 6 cl Gin, 2 cl Vermouth Dry und 1 cl Lake von Cocktailoliven mit Eis in einem Shaker mischen und kräftig schütteln. In ein gekühltes Cocktailglas abgießen und mit einer Cocktailolive dekorieren. **Für 1 Person**

382. Saketini: 6 cl Gin und 1 cl Sake mit Eis in einem Shaker kräftig schütteln. In ein gekühltes Cocktailglas abseihen und mit einer Zitronenschalenspirale dekorieren. **Für 1 Person**

383. Bellini Martini: 2 cl Gin, 1 cl Brandy, 1 cl Pfirsichpüree und 1 Schuss Vermouth Sweet mit Eis in einem Shaker kräftig schütteln. In ein eisgekühltes Martiniglas abseihen und mit einer Pfirsichscheibe dekorieren. **Für 1 Person**

384. Chocolate Martini: 4 cl Wodka mit 0,5 cl Crème de Cacao und 2 Spritzern Orangenblütenwasser mit Eis in einem Shaker kräftig schütteln. In ein mit einem Kakaorand versehenen Martiniglas abseihen. **Für 1 Person**

385. Montgomery: 6 cl Gin oder Wodka mit 1 TL Vermouth über Eis in einem Rührglas verrühren. In ein Martiniglas abseihen und mit einer Olive oder einem Stück Zitronenschale dekorieren. **Für 1 Person**

386

Dry Martini

Anders als der Martini enthält dieser Drink fast keinen Vermouth. Traditionalisten werden empfehlen, die Flasche einfach über dem Glas zu schwenken!

Für 1 Person
2 cl London Dry Gin
1 Spritzer Vermouth Dry
1 grüne Olive oder Zitronenschalenspirale

1 Gin und Vermouth über einer Hand voll Eis in ein Rührglas gießen.
2 Gut umrühren und in ein Cocktailglas abseihen.
3 Mit Olive oder Zitronenschale garnieren.

387. The Ultimate Classic Martini: Enthält fast gar keinen Vermouth. Einfach 1 Spritzer eisgekühlten Vermouth in ein eisgekühltes Martiniglas gießen, das Glas damit ausschwenken und wegkippen. Dann den Wodka oder Gin hineingeben. **Für 1 Person**

388. The Legend Martini: 4 cl eisgekühlten Wodka, 2 cl Crème de Mure, 2 cl Limettensaft und 1 Spritzer Zuckersirup mit Eis in einem Shaker kräftig schütteln. In ein eisgekühltes Martiniglas abseihen. **Für 1 Person**

389. The Modern Martini: Wird heute meist auf Wodkabasis mit Früchten hergestellt. Für einen Granatapfel-Martini das Fruchtfleisch eines reifen Granatapfels in einen Shaker löffeln und zerdrücken. Mit 4 cl Wodka oder Gin, 1 Spritzer Zuckersirup und Eis in einem Shaker kräftig schütteln. In ein eisgekühltes Martiniglas abseihen. Auch Kiwis, Cranberries, Birnen und Wassermelonen sind geeignet. **Für 1 Person**

390

Martinez

CLASSIC

Das Originalrezept geht auf das Jahr 1849 zurück; der Cocktail wurde damals mit einem amerikanischen Gin namens „Old Tom" hergestellt, der leicht gesüßt war.

Für 1 Person
4 cl eiskalter Gin
2 cl italienischer Vermouth
1 Spritzer Angostura
1 Spritzer Maraschino
Eiswürfel
1 Zitronenschalenspirale oder
1 Zitronenscheibe

1 Alle Zutaten bis auf die Zitrone in einem Shaker mischen und kräftig schütteln.
2 In ein geeistes Martiniglas abseihen und mit der Zitronenscheibe oder Zitronenschalenspirale garnieren.

391

The Journalist

Diesen Shortdrink zeichnet das Gleichgewicht zwischen süßem und trockenem Aroma aus.

Für 1 Person
3 cl Gin
1 Spritzer Vermouth Sweet
1 Spritzer Vermouth Dry
1–2 Spritzer frisch gepresster Zitronensaft
2 Spritzer Triple Sec
2 Spritzer Angostura
Eis
1 Cocktailkirsche

1 Die Zutaten mit Eis in einem Shaker mischen und kräftig schütteln.
2 In ein geeistes Martiniglas abseihen und mit der Cocktailkirsche dekorieren.

392

Karina

Der Geschmack des Mandarinenlikörs tritt angenehm hervor und verleiht dem Cocktail eine raffinierte zitrusartige Note.

Für 1 Person
2 cl Gin
1 cl Dubonnet
1 cl Mandarinenlikör
Saft von $^1/_2$ Zitrone
Eis

1 Einen großen Tumbler mit Eis füllen.
2 Alle Zutaten hineingeben und verrühren, bis das Glas beschlägt.

393

Dubarry

CLASSIC

Die Comtesse du Barry, die Mätresse von König Ludwig XV. von Frankreich, war berühmt für ihre außergewöhnliche Schönheit. Die Guillotine setzte ihrem Leben jedoch ein abruptes Ende. Achten Sie darauf, dass Sie beim Genuss dieses köstlichen Drinks nicht den Kopf verlieren!

Für 1 Person
1 Spritzer Pernod
1 Spritzer Angostura
4 cl Gin
2 cl Vermouth Dry
Eis
1 Zitronenschalenspirale

1 Pernod, Angostura, Gin und Vermouth mit Eis in einem Rührglas verrühren.
2 In ein gekühltes Cocktailglas oder Weinglas abseihen und mit der Zitronenschalenspirale dekorieren.

394. Nell Gwynn: 2 cl Triple Sec, 2 cl Pfirsichbrand und 2 cl weißen Crème de Menthe mit Eis in einem Rührglas verrühren. In ein gekühltes Cocktailglas abseihen und mit einer Orangenschalenspirale dekorieren. **Für 1 Person**

395. Wallis Simpson: 2 cl Southern Comfort in eine gekühlte Champagnerflöte gießen, 1 TL Zucker zugeben und unter Rühren auflösen. 1 Spritzer Angostura zugeben und den Cocktail mit gekühltem Champagner auffüllen. Mit einer Orangenscheibe dekorieren. **Für 1 Person**

396. Not Tonight Josephine: 2 cl Mandarine Napoléon, 2 cl Campari und 2 cl Brandy mit Eis verrühren. In eine gekühlte Champagnerflöte abseihen und mit gekühltem Champagner auffüllen. **Für 1 Person**

397. Mrs. Fitzherbert: 2 cl weißen Portwein und 2 cl Cherry Brandy mit Eis in einem Rührglas mischen. Gut umrühren; in ein gekühltes Cocktailglas abseihen. **Für 1 Person**

398

Bartender

Die Kreation leckerer Getränke durch das Mischen verschiedener Spirituosen ist zweifellos eine Kunst. Dieser Klassiker hier wird seit vielen Generationen genossen.

Für 1 Person
0,5 cl Vermouth Dry
0,5 cl Dubonnet
0,5 cl Sherry
0,5 cl Gin
1 Spritzer Grand Marnier
Eis
1 Mango- oder Ananasscheibe

1 Alle fünf Spirituosen mit viel Eis in einem Shaker mischen und kräftig schütteln.
2 In ein Cocktailglas abseihen und mit der Mango- oder Ananasscheibe dekorieren.

399

Inca

Das legendäre verlorene Gold der Inka – der „Schweiß der Sonne“ für die Verehrer des Sonnengottes – inspirierte zum Namen dieses goldfarbenen Cocktails.

Für 1 Person
2 cl Gin
2 cl Vermouth Sweet
2 cl trockener Sherry
1 Spritzer Mandelsirup
1 Spritzer Orangenbitter

1 Alle Zutaten in ein Glas gießen; dieser Cocktail muss nicht gekühlt werden.
2 Umrühren und servieren.

400

Pink Phantom

Die klassische Kombination aus Gin und Noilly Prat wird mit Grenadine und einem guten Schuss Absinth gesüßt.

Für 1 Person
1 cl Dry Gin
1 cl Noilly Prat
2 Spritzer Grenadine
2 Spritzer Absinth
Eis
Zitronensaft

1 Alle Zutaten mit Eis in ein Rührglas geben und verrühren.
2 Die Mischung in ein Cocktailglas abseihen und etwas Zitronensaft darüber gießen.

401

Salome

Dunkel, mysteriös und sehr gewagt ist dieser Cocktail – genau wie so manche orientalische Bauchtänzerin ...

Für 1 Person
1 cl Gin
1 cl Dubonnet
1 cl Vermouth Dry
1 Kirsche oder Pekannuss

1 Die Zutaten verrühren und in ein gekühltes Cocktailglas gießen.
2 Mit der Kirsche oder Pekannuss garnieren.

402

Negroni

Der Legende nach kreierte Graf Camillo Negroni in den 1920er-Jahren diesen aristokratischen Cocktail; seit damals hat sich allerdings das Verhältnis zwischen Gin und Campari geändert.

Für 1 Person
6 gestoßene Eiswürfel
2 cl Gin
2 cl Campari
1 cl Vermouth Sweet
1 Orangenschalenspirale

1 Die gestoßenen Eiswürfel in ein Rührglas geben.
2 Gin, Campari und Vermouth über das Eis gießen und gut umrühren.
3 In ein gekühltes Glas abseihen und mit der Orangenschalenspirale dekorieren.

403. Italian Stallion: 4–6 Eiswürfel in ein Rührglas füllen. 1 Spritzer Angostura darüber geben und 4 cl Bourbon, 2 cl Campari und 1 cl Vermouth Sweet dazugießen. Gut umrühren, in ein gekühltes Cocktailglas abseihen und mit einer Zitronenschalenspirale dekorieren . **Für 1 Person**

404. Genoa Vodka: 4 cl Wodka, 2 cl Campari und 6 cl Orangensaft mit Eis in einem Shaker kräftig schütteln. In einen kleinen gekühlten Tumbler abseihen. Mit einer Orangenscheibe dekorieren. **Für 1 Person**

405. Rosita: 4–6 Eiswürfel in ein Rührglas geben. 4 cl Campari, 4 cl weißen Tequila, 1 cl Vermouth Dry und 1 cl Vermouth Sweet darüber gießen. Gut umrühren, dann in einen kleinen gekühlten Tumbler abseihen und mit einer Zitronenschalenspirale dekorieren. **Für 1 Person**

(406)

Mah-Jong

Dies ist kein chinesisches Brettspiel; aber wenn Sie zu viel davon trinken, können Sie wahrscheinlich sowieso nichts Kompliziertes mehr spielen.

Für 1 Person
2 cl Gin
0,5 cl Cointreau
0,5 cl weißer Rum
Eis
1 Orangenschalenspirale

1 Alle Zutaten in einem Rührglas verrühren und in ein gekühltes kleines Cocktailglas abseihen.
2 Mit der Orangenschalenspirale garnieren.

(407)

The Blue Bird

Ebenso wie es diesen amerikanischen Vogel – den „Hüttensänger" – mit blauem oder orangefarbenem Kehlchen gibt, kann man auch für den Cocktail neben Orange wahlweise Blue Curaçao verwenden. Der Drink ist bittersüß, aber nicht zu stark.

Für 1 Person
2 cl Gin
3–4 Spritzer Angostura
1–2 TL Orange Curaçao
1 Maraschinokirsche

1 Die Zutaten mit Eis in einem Shaker mischen, kräftig schütteln und in ein kleines Cocktailglas abseihen.
2 Mit einer Kirsche mit Stiel garnieren.

408

Jockey Club Special

CLASSIC

Ein Shortdrink, der es in sich hat. Servieren Sie ihn „on the rocks“, wenn Sie ihn in etwas milderer Form genießen möchten!

Für 1 Person

2 cl Gin
1 cl Crème de Noyaux
1 guter Spritzer Zitronensaft
2 Spritzer Orangenbitter
2 Spritzer Angostura
Eis
1 Zitronenscheibe

1 Alle Zutaten mit Eis in ein Rührglas geben und gut verrühren.

2 In ein Cocktailglas abseihen, mit der Zitronenscheibe dekorieren und servieren.

(409) Stressed Out

Dieser gut gekühlte Cocktail wird schnell für Entspannung sorgen – und der ganze Stress eines Tages erscheint Ihnen wie weggeblasen.

Für 1 Person
2 cl Gin, eisgekühlt
1 cl grüner Chartreuse, eisgekühlt
1 cl Limettensaft, gekühlt
1 Spritzer Absinth, eisgekühlt
Zuckersirup (nach Geschmack)
Eis
1 Limettenachtel

1 Alle Zutaten mit Eis in einem Shaker mischen und kräftig schütteln.
2 In ein kleines, mit gestoßenem Eis gefülltes Cocktailglas abseihen und mit dem Limettenachtel garnieren.

(410) Spring in the Air

Dieser Drink sieht nicht nur aus wie ein Frühlingslüftchen – er hat auch ebenso viel Schwung und Frische.

Für 1 Person
2 cl Gin
2 cl Limettensirup
1 cl grüner Chartreuse
1 Limettenschalenstück

1 Die Zutaten mit Eis in einem Rührglas verrühren und in ein gekühltes Cocktailglas abseihen.
2 Einen Eiswürfel hinzufügen. Mit der Limettenschale dekorieren.

(411) Firefly

Ein leichter und schaumiger Cocktail, der köstlich und unschuldig aussieht. Aber Vorsicht: Mit drei verschiedenen Spirituosen hat er's in sich!

Für 1 Person
2 cl Gin
1 cl Tequila
1 cl trockener Orange Curaçao
1 cl Zitronensaft
1 Spritzer Eiweiß
Eis
1 Stück Zitronen- oder Orangenschale

1 Alle Zutaten mit Eis in einem Shaker mischen und kräftig schütteln.
2 In ein gekühltes Cocktailglas abseihen und mit der Zitronen- oder Orangenschale dekorieren.

412

White Lady

Schlicht, elegant, subtil und viel stärker, als man bei seinem Anblick vermuten möchte: Dieser Cocktail ist der ideale Aperitif für ein leichtes Sommermahl.

Für 1 Person
4 cl Gin
2 cl Triple Sec
2 cl Zitronensaft
gestoßene Eiswürfel

1 Gin, Triple Sec und Zitronensaft in einem Shaker mischen und kräftig schütteln.
2 In ein gekühltes Cocktailglas abseihen.

413. Green Lady: 4 cl Gin, 2 cl grünen Chartreuse und 1 Spritzer Limettensaft in einem Shaker kräftig schütteln. In ein gekühltes Cocktailglas abseihen. **Für 1 Person**

414. Creole Lady: 4 cl Bourbon, 3 cl Madeira und 1 TL Grenadine mit gestoßenem Eis in einem Rührglas verrühren. Gut umrühren und in ein gekühltes Cocktailglas abseihen. Mit Cocktailkirschen dekorieren. **Für 1 Person**

415. Perfect Lady: 4 cl Gin, 2 cl Peach Brandy und 2 cl Zitronensaft mit Eis und 1 TL Eiweiß in einem Shaker kräftig schütteln. In ein gekühltes Cocktailglas abseihen. **Für 1 Person**

416. Blue Lady: 5 cl Blue Curaçao, 2 cl weißen Crème de Cacao und 2 cl Sahne mit Eis in einem Shaker kräftig schütteln. In ein gekühltes Cocktailglas abseihen. **Für 1 Person**

417. Shady Lady: 6 cl Tequila, 2 cl Apfelbrand, 2 cl Cranberrysaft und 1 Spritzer Limettensaft mit Eis in einem Shaker schütteln. In ein gekühltes Cocktailglas abseihen. **Für 1 Person**

418. Fair Lady: 4 cl Gin, 2 cl Orangensaft, 2 cl Limettensaft und 1 Eiweiß mit 1 Spritzer Erdbeerlikör und Eis im Shaker kräftig schütteln. In ein gekühltes Cocktailglas abseihen. **Für 1 Person**

(419)

Alexander

Ein cremiger, mit Schokolade aromatisierter Cocktail auf Ginbasis, der mit geriebener Muskatnuss garniert wird.

Für 1 Person
2 cl Gin
2 cl Crème de Cacao
2 cl Sahne
gestoßene Eiswürfel
frisch geriebene Muskatnuss

1 Die Zutaten mit Eis in einem Shaker mischen und kräftig schütteln.
2 In ein gekühltes Cocktailglas abseihen und mit geriebener Muskatnuss bestreuen.

(420)

What the Hell

Wenn's gerade mal nicht so läuft oder alles schief gegangen zu sein scheint, wird dieser einfache, aber köstliche Cocktail Sie wieder aufmuntern.

Für 1 Person
gestoßene Eiswürfel
1 Spritzer Limettensaft
2 cl Gin
2 cl Apricot Brandy
2 cl Vermouth Dry
1 Zitronenschalenspirale

1 Gestoßene Eiswürfel in ein Rührglas füllen.
2 Limettensaft darüber spritzen; Gin, Apricot Brandy und Vermouth dazugießen.
3 Gut umrühren.
4 In ein gekühltes Cocktailglas abseihen und mit der Zitronenschalenspirale dekorieren.

421. Why Not: Gestoßene Eiswürfel in ein Rührglas geben. Zitronensaft darüber spritzen. 4 cl Gin, 2 cl Peach Brandy und 2 cl Noilly Prat dazugießen. Umrühren und in ein gekühltes Cocktailglas abseihen. **Für 1 Person**

422. Is This All: 4 cl Zitronen-Wodka, 2 cl Triple Sec, 2 cl Zitronensaft und 1 Eiweiß mit gestoßenem Eis in einem Shaker kräftig schütteln. In ein gekühltes Cocktailglas abseihen. **Für 1 Person**

423. What the Dickens: 4 cl Gin in einen hitzebeständigen Tumbler gießen und $1\frac{1}{2}$ TL Puderzucker unterrühren. Mit heißem Wasser auffüllen. **Für 1 Person**

424. This Is It: 4 cl Gin, 2 cl Triple Sec, 2 cl Zitronensaft und 1 Eiweiß mit gestoßenem Eis in einem Shaker kräftig schütteln. Den Drink in ein gekühltes Cocktailglas abseihen. **Für 1 Person**

(425)

Silver Streak

Dieser Shortdrink kann mit Gin oder Wodka zubereitet werden. Vergewissern Sie sich, dass beide Spirituosen wirklich kalt sind, und warten Sie, bis sich der Kümmellikör unten abgesetzt hat. Der ideale Drink vor dem Schlafengehen.

Für 1 Person

2 cl Gin oder Wodka, eisgekühlt
2 cl Kümmellikör, eisgekühlt

1 Ein kleines Old-Fashioned-Glas oder einen Tumbler mit Eis füllen und den Gin oder Wodka darüber gießen.

2 Den Kümmellikör langsam darüber gießen und trinken, bevor sich beide Spirituosen zu sehr vermischen.

(426)

Vespers

Ein beruhigender Drink für einsame Stunden oder zum Entspannen – aber bestimmt nicht zum Hinunterstürzen gedacht.

Für 1 Person

3 cl Gin, eisgekühlt
2 cl Wodka, eisgekühlt
1 cl Vermouth Dry oder Lillet
Eis
1 Stück Zitronenschale

1 Die ersten drei Zutaten mit Eis in einem Shaker mischen und kräftig schütteln.

2 In ein eisgekühltes Martiniglas abseihen und mit der Zitronenschale garnieren.

427

Balalaika

Ein Cocktail mit viel Zitrone, aber sehr raffiniert. Sie können zunächst auch nur ganz wenig Zitronensaft hinzufügen und nach Geschmack allmählich mehr.

Für 1 Person
1 cl Wodka, gekühlt
0,5 cl Cointreau, gekühlt
0,5 cl frisch gepresster Zitronensaft
1 Zitronenstück oder
1 Zitronenschalenspirale
Eis

1 Wodka, Cointreau und Zitronensaft in ein kleines Cocktailglas gießen.
2 Langsam umrühren, dann das Zitronenstück oder die Zitronenschalenspirale sowie 1 Eiswürfel hinzufügen.

428

Vodkatini

Der berühmte Agent 007 machte den Gebrauch von Wodka statt Gin als Basis für den Martini populär. Dies ist auch der Grund, warum der Vodkatini inzwischen als eine sehr stilvolle und köstliche Alternative akzeptiert wird.

Für 1 Person
2 cl Wodka
Eis
1 Spritzer Vermouth Dry
1 Olive oder Zitronenschalenspirale

1 Den Wodka mit einer Hand voll Eis in ein Rührglas geben.
2 Den Vermouth dazugießen, gut umrühren und in ein Cocktailglas abseihen.
3 Mit der Olive oder Zitronenschalenspirale garnieren.

429

Caipiroshka & Caipirinha

„Caipis" sind sehr erfrischend und gehören zu den Rennern in jeder Cocktailbar. Vom Original, der Caipirinha aus Brasilien, gibt es inzwischen unzählige Varianten. Wenn Ihnen Ihr Drink zu sauer ist, fügen Sie nach Geschmack mehr Zucker hinzu.

Für 1 Person
1 Limette, in 6 Spalten geteilt
3 TL feiner Rohrzucker
4 cl Wodka oder Cachaça
fein gestoßenes Eis oder Eiswürfel

1 Limettenspalten und Zucker in einen Tumbler geben und zerdrücken, damit sich der Saft mit dem Zucker vermischt.
2 Für Caipiroshka Wodka, für Caipirinha Cachaça zugeben. Das Glas mit gestoßenem Eis auffüllen und mit einem Trinkhalm servieren.

430

Peach Floyd

Im richtigen Glas sehen Shots fantastisch aus. Da man sie in einem Zug herunterstürzt, sollte man sie in kleiner Menge servieren und alle Zutaten gut kühlen.

Für 1 Person
2 cl Pfirsichbrand, gekühlt
2 cl Wodka, gekühlt
2 cl Cranberry-Pfirsich-Nektar, gekühlt
2 cl Cranberrysaft, gekühlt
Eis

1 Alle Zutaten mit Eis in ein Rührglas geben und verrühren.
2 Den Drink in ein eisgekühltes Shotglas abseihen.

431

Vodka Zip

Dieser Drink schmeckt nur sehr kalt wirklich gut; Sie können ihn also nach Belieben auch mit Eis servieren.

Für 1 Person
4 cl Wodka
2 cl frisch gepresster Zitronensaft
1 Schaufel fein gestoßenes Eis
1 Zitronenschalenstreifen

1 Wodka und Zitronensaft mit der Hälfte des gestoßenen Eises in einem Shaker kräftig schütteln.
2 In ein mit gestoßenem Eis gefülltes, eisgekühltes Weinglas oder großes Cocktailglas abseihen.
3 Mit der Zitronenschale garnieren.

(432) Metropolitan

Ursprünglich bereitete man den Metropolitan mit Gin zu, doch in den letzten Jahren ist Wodka als Basis für diesen Drink sehr beliebt geworden. Auch Cranberrysaft kommt immer mehr in Mode. Alternativ können Sie Preiselbeersaft verwenden.

Für 1 Person
4 cl Johannisbeer-Wodka (Kurant)
2 cl Triple Sec
2 cl frisch gepresster Limettensaft
2 cl Cranberrysaft
Eis
1 Orangenschalenstreifen

1 Alle Zutaten mit Eis in einem Shaker mischen und kräftig schütteln.
2 In ein gekühltes Cocktailglas abseihen.
3 Mit der Orangenschale garnieren.

(433) Black & White Russian

Für den Black Russian können Sie als Kaffeelikör Tia Maria oder den etwas süßeren Kahlúa nehmen. Der White Russian, mit zusätzlicher Sahne, hat sich zu einem Kultgetränk entwickelt, seit er in dem Film „The Big Lebowski" ständig vom Dude geschlürft wurde. Der Drink schmeckt auch mit Milch ausgezeichnet.

Für 1 Person
4 cl Wodka
2 cl Kaffeelikör
4–6 gestoßene Eiswürfel
1 cl Sahne oder 2 cl Milch (nur für White Russian)

1 Wodka und Kaffeelikör mit dem Eis in ein gekühltes Highballglas gießen.
2 Für den White Russian Sahne oder Milch über einen Barlöffel in den Drink laufen lassen.
2 Langsam umrühren.

(434) Rule Britannia

Dieser Shortdrink ist außergewöhnlich hübsch und raffiniert; mit der Herstellung der schnell schmelzenden blauen Eiswürfel sollten Sie einige Stunden vorher beginnen.

Für 1 Person
Blue Curaçao
0,5 cl Campari
1 cl Wodka
0,5 cl rosa Grapefruitsaft
Eis

1 Aus 1–2 EL Wasser und 1–2 TL Curaçao zwei blaue Eiswürfel herstellen.
2 Im Voraus einfrieren.
3 Die übrigen Zutaten mit Eis in einem Shaker mischen und kräftig schütteln.
4 In ein gekühltes Cocktailglas abseihen; Eiswürfel im letzten Moment hinzufügen.

(435) The AWOL

CLASSIC

„Absent Without Official Leave" oder „Alcohol WithOut Liquid"? Auf jeden Fall ist dieser Drink so hochprozentig, dass Sie wahrscheinlich schon nach wenigen Gläsern einfach „weg" sind ...

Für 1 Person
2 cl Melonenlikör, eisgekühlt
1 cl Limettensaft, gekühlt
1 cl Wodka, eisgekühlt
1 cl weißer Rum, eisgekühlt
Eis

1 Alle Zutaten mit Eis in ein Rührglas geben und kurz verrühren.
2 Den Drink in ein gekühltes Cocktailglas abseihen.

(436) The Spray

Ist kein Himbeer-Wodka zu bekommen, können Sie auch selbst welchen herstellen: Marinieren Sie 10 frische Himbeeren etwa 12 Stunden in einer Flasche Wodka. Entfernen Sie die Beeren und genießen Sie Ihren eigenen vorzüglichen Himbeer-Wodka!

Für 1 Person
2 cl Himbeer-Wodka
1 cl Framboise
1 cl Cointreau
1,5 cl Cranberrysaft
2 Spritzer Orangenbitter
1 Spritzer Limettensirup
Eis
1 Himbeere

1 Alle Zutaten mit Eis in einen Shaker geben und kräftig schütteln.
2 In ein gekühltes Martiniglas abseihen.
3 Mit der Himbeere garnieren.

(437) Silver Berry

Dieser Drink eignet sich für ganz besondere Anlässe. Leider kann man nicht allzu viele davon zu sich nehmen ...

Für 1 Person
2 cl Himbeer-Wodka, eisgekühlt
2 cl Crème de Cassis, eisgekühlt
2 cl Cointreau, eisgekühlt
1 gefrorene Himbeere oder essbares Silberpapier

1 Die drei Spirituosen nacheinander langsam Schicht für Schicht mit ruhiger Hand in ein eisgekühltes Shotglas gießen. Sie müssen vorher eisgekühlt werden, und meist bedarf es etwas Zeit, bis sie sich zu Schichten setzen.
2 Mit der gefrorenen Himbeere oder dem Silberpapier garnieren.

438 Thunderbird

Lassen Sie sich beim Nippen dieses köstlichen eisgekühlten Drinks vom schweren Duft der verschiedenen Zutaten verwöhnen.

Für 1 Person
4 cl Wodka, geeist
1 Spritzer Parfait Amour
1 Spritzer Cassis
1 kleines Stück Orangenschale
1 Rosen- oder Veilchenblütenblatt

1 Den Wodka in ein gefrorenes Martiniglas gießen.

2 Die übrigen Zutaten langsam dazugießen und einmal umrühren.

439 Full Monty

Der englische Ausdruck „The full monty“ – zu Deutsch „das volle Programm“ – existiert schon sehr lange und kam mit der britischen Komödie dieses Titels (dt: „Ganz oder gar nicht“) wieder in Mode. Beim Mixen und Trinken des Cocktails dürfen Sie Ihre Kleider ruhig anlassen!

Für 1 Person
2 cl Wodka
2 cl Galliano
gestoßene Eiswürfel
geriebene Ginsengwurzel (wenn keine erhältlich ist, nehmen Sie frischen Ingwer)

1 Den Wodka und Galliano mit Eis in einem Shaker mischen und kräftig schütteln.

2 In ein gekühltes Cocktailglas abseihen und mit geriebener Ginsengwurzel bestreuen.

440. Back to the Future: 4 cl Gin, 2 cl Slibowitz und 2 cl Zitronensaft mit Eis in einem Shaker kräftig schütteln. In ein gekühltes Cocktailglas abseihen. **Für 1 Person**

441. Star Wars: 4 cl Gin, 4 cl Zitronensaft, 2 cl Galliano und 2 cl Crème de Noyaux mit Eis in einem Shaker kräftig schütteln. In ein gekühltes Cocktailglas abseihen. **Für 1 Person**

442. Titanic: 6 cl Mandarinenlikör und 4 cl Wodka mit Eis in einem Shaker kräftig schütteln. Einen gekühlten Tumbler zur Hälfte mit gestoßenen Eiswürfeln füllen und den Cocktail darüber abseihen. Mit Soda- oder Mineralwasser auffüllen. **Für 1 Person**

443. Last Mango in Paris: 4–6 gestoßene Eiswürfel, 4 cl Wodka, 2 cl Framboise, 2 cl Limettensaft, 1/2 geschälte, entsteinte und gewürfelte Mango sowie 2 halbe Erdbeeren im Mixer zu einem halbgefrorenen Drink verarbeiten. In eine gekühlte Sektschale gießen und mit einer Limettenscheibe und einer Erdbeere garnieren. **Für 1 Person**

444

Black Beauty

Mischen Sie diesen Drink mal auf besondere Weise – mit schwarzem Wodka, der neuerdings erhältlich ist. Mit der intensiven Farbe und dem subtilen Geschmack dieser Spirituose lässt sich wunderbar experimentieren.

Für 1 Person
4 cl Wodka
2 cl schwarzer Sambuca
Eis
1 schwarze Olive

1 Den Wodka und Sambuca mit Eis in einem Shaker mischen und kräftig schütteln.
2 In ein geeistes Martiniglas abseihen und die Olive zugeben.

445

Raspberrini

Ein wunderbar erfrischender Drink mit dem Duft von Sommer, der Kummer und Sorgen rasch vertreibt.

Für 1 Person
30 g frische oder gefrorene Himbeeren
1 EL Zucker
1–2 Tropfen frischer Zitronensaft
1 Spritzer Framboise
Eiswürfel
4 cl Wodka, geeist

1 2–3 Himbeeren beiseite legen.
2 Übrige Beeren mit Zucker, Zitrone und Framboise in einer Schüssel zerdrücken.
3 Gründlich abseihen. Wodka in ein geeistes Martiniglas gießen, Püree und beiseite gelegte Beeren dazugeben.

446. Strawberrini: Fraise statt Framboise, Limetten- statt Zitronensaft nehmen. **Für 1 Person**

447. Blackberrini: Wie oben, doch statt Framboise Cassis nehmen. **Für 1 Person**

(448)

Spotted Bikini

Ein kecker Name für einen raffinierten Cocktail. Er schmeckt großartig – auch wenn Sie vielleicht noch etwas Zucker hinzufügen möchten.

Für 1 Person
4 cl Wodka
2 cl weißer Rum
2 cl kalte Milch
Saft von 1/2 Zitrone
Eis
Fruchtfleisch von 1 reifen Maracuja (Passionsfrucht)
1 Zitronenachtel

1 Die ersten vier Zutaten mit Eis in einem Shaker mischen und kräftig schütteln.
2 In ein gekühltes mittelgroßes Cocktailglas abseihen. Zum Schluss die Maracuja ungeseiht hinzufügen, damit die Kerne zu sehen sind.
3 Mit dem Zitronenachtel garnieren.

(449)

Perfect Love

„Perfekte Liebe" ist die wörtliche Übersetzung für den ungewöhnlichen violetten Likör, der mit Rosenblütenblättern, Mandeln und Vanille aromatisiert ist.

Für 1 Person
2 cl Wodka
1 cl Parfait Amour
1 cl Maraschino
1 Schaufel fein gestoßenes Eis

1 Alle Zutaten mit Eis in einem Shaker mischen und kräftig schütteln.
2 In ein gekühltes, mit Eis gefülltes, hohes schlankes Cocktailglas abseihen.

450

Ninety-nine Park Lane

London's Park Lane war einst eine angesehene Straße mit exquisiten Wohnungen und nur sehr wenig Leuchtreklame!

Für 1 Person
2 cl Wodka
2 cl Cointreau
4 cl Orangensaft
1 kleines Eiweiß
einige Eiswürfel
1 cl grüner Crème de Menthe

1 Die ersten vier Zutaten mit gestoßenem Eis in einem Shaker kräftig schütteln.
2 In ein mittelgroßes, mit gestoßenem Eis gefülltes Cocktailglas oder Glas abseihen.
3 Den Crème de Menthe darüber spritzen.

451

Anouschka

Sambuca wird mit Anis und Holunder aromatisiert und ist deshalb nicht jedermanns Geschmack. Doch in Kombination mit einem Spritzer Brombeerlikör und geeistem Wodka schmeckt er einfach sagenhaft gut.

Für 1 Person
2 cl Wodka, geeist
1 Spritzer schwarzer Sambuca
1 Spritzer Crème de Mure
einige Brombeeren

1 Den Wodka in ein gekühltes Shotglas gießen.
2 Zuerst den Sambuca, dann den Spritzer Crème de Mure hinzufügen.
3 Mit frischen oder gefrorenen Brombeeren garnieren.

(452) Crocodile

Dies ist ein pfiffiger Cocktail mit Biss. Seinen Namen hat der Drink jedoch wohl wegen seiner spektakulären Farbe, für die der Midori, ein intensiv grüner japanischer Melonenlikör, verantwortlich ist.

Für 1 Person
4 cl Wodka
2 cl Triple Sec
2 cl Midori
4 cl Zitronensaft
gestoßene Eiswürfel

1 Wodka, Triple Sec, Midori und Zitronensaft mit Eis in einem Shaker mischen und kräftig schütteln.
2 In ein gekühltes Cocktailglas abseihen.

453. Alligator: 4 cl Wodka, 2 cl Midori, 1 cl Vermouth Dry und 1/4 TL Zitronensaft mit Eis in einem Shaker kräftig schütteln. In ein gekühltes Cocktailglas abseihen. **Für 1 Person**

454. Melon Ball: 4 cl Wodka, 4 cl Midori und 8 cl Ananassaft mit Eis in einem Rührglas verrühren. Einen gekühlten Tumbler mit gestoßenen Eiswürfeln füllen und den Cocktail abseihen. Mit einem Melonenstück garnieren. **Für 1 Person**

455. Melon State Ball: 4 cl Wodka, 2 cl Midori und 4 cl Orangensaft mit Eis in einem Shaker kräftig schütteln. In ein gekühltes Cocktailglas abseihen. **Für 1 Person**

(456) Golden Tang

Sommerliche Farben und herbstliche Aromen von Früchten und Kräutern vereinen sich in diesem köstlichen, erfrischenden Cocktail.

Für 1 Person
4 cl Wodka
2 cl Strega
1 cl Crème de Banane
1 cl Orangensaftkonzentrat
gestoßenes Eis
1 Kirsche
1 Orangenscheibe

1 Die ersten vier Zutaten mit Eis in einem Shaker mischen und kräftig schütteln.
2 In ein gekühltes Glas abseihen und mit der Kirsche und der Orangenscheibe dekorieren.

(457)

Harvey Wallbanger

Dieser bekannte moderne Klassiker ist ein großartiger Partydrink. Mixen Sie ihn am Anfang etwas hochprozentiger und im Lauf des Abends milder – oder sogar ganz ohne Alkohol für die Autofahrer; es wird niemandem auffallen …

Für 1 Person
Eiswürfel
6 cl Wodka
16 cl Orangensaft
2 TL Galliano
1 Kirsche
1 Orangenscheibe

1 Ein Highballglas mit Eis füllen, den Wodka und Orangensaft über das Eis gießen, den Galliano darüber geben.
2 Mit Kirsche und Orange dekorieren.
3 Für eine „hitzigere" Variante 1 Spritzer Ginger Wine zu den ersten beiden Zutaten mischen.

(458)

Polynesian Pepper Pot

Es mag seltsam erscheinen, einen süßen Drink herzustellen und ihn anschließend mit Pfeffer und Curry zu würzen. In der Südsee existiert jedoch eine lange und anerkannte kulinarische Tradition, nach der die etwas säuerlich schmeckende Ananas auf diese Art zubereitet wird.

Für 1 Person
4 cl Wodka
2 cl goldener Rum
8 cl Ananassaft
1 cl Mandelsirup
1 TL Zitronensaft
gestoßene Eiswürfel
1/4 TL Cayennepfeffer
1 Spritzer Tabasco
1 Messerspitze Currypulver

1 Wodka, Rum, Ananassaft, Mandelsirup und Zitronensaft mit Eis in einem Shaker mischen. Cayennepfeffer und Tabasco hinzufügen.
2 Kräftig schütteln.
3 In ein gekühltes Glas abseihen und mit dem Currypulver bestreuen.

459. Polynesian Sour: 4–6 gestoßene Eiswürfel mit 4 cl weißem Rum, 1 cl Guavensaft, 1 cl Zitronensaft und 1 cl Orangensaft glatt mixen. Den Cocktail in ein gekühltes Cocktailglas gießen. **Für 1 Person**

460. Polynesia: 4 cl weißen Rum, 4 cl Maracujasaft, 2 cl Limettensaft und 1 Eiweiß mit gestoßenem Eis und 1 Spritzer Angostura in einem Shaker kräftig schütteln. In ein gekühltes Cocktailglas abseihen. **Für 1 Person**

461

Affinity

Manche Cocktails werden gerührt und nicht geschüttelt. Nehmen Sie ein großes Glas mit viel Platz für Eis zum schnellen Kühlen des Cocktails. Nach dem Rühren wird die Flüssigkeit rasch in ein Glas abgeseiht, damit der Geschmack des Cocktails nicht unnötig verwässert wird.

Für 1 Person
2 cl Scotch Whisky
1 cl Vermouth Dry
1 cl roter Vermouth
2 Spritzer Angostura
einige Eiswürfel

1 Die Zutaten der Reihe nach über Eis in ein Rührglas gießen.
2 Mit einem Barlöffel umrühren.
3 In ein gekühltes Cocktailglas abseihen.

462

Loch Lomond

Zuckersirup wurde schon lange vor dem Aufkommen von Softdrinks wie Ginger Ale oder Tonic Water verwendet. Dieser Cocktail lieferte vielleicht die Ideen dazu.

Für 1 Person
3 cl Scotch Whisky
2 cl Zuckersirup
3 Spritzer Angostura
Eis

1 Die Zutaten mit Eis in einem Shaker kräftig schütteln und in ein Cocktailglas abseihen.

463 Barbican

Die selbst gemachten Eiswürfel mit den Maracujakernen sorgen für einen enormen Überraschungseffekt. Dazu die schwarzen Kerne schon am Tag vorher mit etwas Zitronenwasser verrühren und über Nacht einfrieren.

Für 1 Person
4 cl Scotch Whisky
0,5 cl Drambuie
Saft von 1/2 Maracuja (Passionsfrucht), durchs Sieb passiert
Eis
Eiswürfel mit Maracujakernen

1 Whisky, Drambuie und Maracujasaft mit Eis in einem Shaker kräftig schütteln.
2 In ein gekühltes Cocktailglas abseihen.
3 Zum Schluss die Maracujakern-Eiswürfel hinzufügen.

464 Highland Fling

Blended Whisky eignet sich am besten zum Mischen von Cocktails. Edlen Single Malt sollte man stets pur oder mit etwas Wasser trinken, und billigen Fusel, der mehr Rachenputzer als Whisky ist, kann man mit noch so vielen Getränken mischen – das Resultat wird stets mehr an Raketentreibstoff als an einen Cocktail erinnern.

Für 1 Person
gestoßene Eiswürfel
1 Spritzer Angostura
4 cl Scotch Whisky
2 cl Vermouth Sweet
1 Cocktailolive

1 Gestoßenes Eis in ein Rührglas geben.
2 Angostura darüber spritzen.
3 Whisky und Vermouth dazugießen.
4 Gut umrühren und in ein gekühltes Glas abseihen.
5 Mit der Olive dekorieren.

465. Thistle: 4–6 gestoßene Eiswürfel in ein Rührglas geben. Angostura darüber spritzen und 4 cl Scotch Whisky und 3 cl Vermouth Sweet dazugießen. Gut verrühren und in ein gekühltes Cocktailglas gießen. **Für 1 Person**

466. Beadlestone: 4–6 gestoßene Eiswürfel in ein Rührglas geben. 4 cl Scotch Whisky und 3 cl Vermouth Dry darüber gießen. Gut umrühren und in ein gekühltes Cocktailglas abseihen. **Für 1 Person**

467. Flying Scotsman: 4–6 fein gestoßene Eiswürfel in einen Mixer geben, 1 Spritzer Angostura darüber geben und 4 cl Scotch Whisky, 2 cl Vermouth Sweet und 1/4 TL Zuckersirup zugeben. Zu einem halbgefrorenen Drink verarbeiten und in einen gekühlten Tumbler gießen. **Für 1 Person**

468

Rusty Nail

CLASSIC

Einer der großen Klassiker, so einfach und sehr beliebt. Er wird „on the rocks“ serviert.

Für 1 Person
gestoßenes Eis
2 cl Scotch Whisky
2 cl Drambuie

1 Ein Old-Fashioned-Glas oder einen niedrigen Tumbler zur Hälfte mit Eis füllen.
2 Whisky und Drambuie darüber gießen und gut umrühren.

469

CLASSIC

Robbie Burns

Dieser Drink zu Ehren des schottischen Nationaldichters passt nicht nur ausgezeichnet zu Haggis ...

Für 1 Person
1 cl Vermouth Sweet
1 cl Scotch Whisky
0,5 cl Benedictine
fein abgeriebene Zitronenschale

1 Alle Zutaten bis auf die Zitronenschale in einem Shaker sanft schütteln und in ein kleines ungekühltes Likörglas oder einen Tumbler gießen.
2 Etwas Zitronenschale darüber streuen.

470 Whisky Mac

CLASSIC

Dieser beliebte Klassiker wird weltweit als wärmender Winterdrink genossen, deshalb müssen Glas und Zutaten nicht gekühlt werden.

Für 1 Person
3 cl Scotch Whisky
2 cl Ginger Wine

1 Die Zutaten langsam in ein Old-Fashioned-Glas gießen.
2 Nicht umrühren, gleich servieren.

471 Godfather

Möglicherweise wurde dieser Cocktail mit dem italienischen Mandellikör von Don Corleone inspiriert, dem „Paten“ aus dem Bestseller-Roman von Mario Puzo, den Marlon Brando im Film so unvergesslich porträtierte.

Für 1 Person
gestoßene Eiswürfel
4 cl Scotch Whisky
2 cl Amaretto

1 Ein gekühltes Highballglas mit gestoßenen Eiswürfeln füllen.
2 Whisky und Amaretto darüber gießen und verrühren.

472. Godmother: 4–6 gestoßene Eiswürfel in einen kleinen gekühlten Tumbler füllen. 4 cl Wodka und 2 cl Amaretto darüber gießen und umrühren. **Für 1 Person**

473. Godchild: 4–6 fein gestoßene Eiswürfel mit 3 cl Amaretto, 2 cl Wodka und 2 cl Sahne in einem Mixer zu einem glatten Drink verarbeiten. In eine gekühlte Champagnerflöte gießen. **Für 1 Person**

474. Goddaughter: 4–6 fein gestoßene Eiswürfel in einen Mixer geben und 4 cl Apfelbrand, 2 cl Amaretto und 1 EL Apfelmus hinzufügen. Zu einem glatten Drink verarbeiten und ungesiebt in einen gekühlten Tumbler gießen. Mit gemahlenem Zimt bestreuen und mit einem Trinkhalm servieren. **Für 1 Person**

475. Godson: 4–6 gestoßene Eiswürfel in einen gekühlten Tumbler füllen. 4 cl Amaretto dazugießen und mit Orangensaft aufgießen. Umrühren und mit einer Orangenscheibe dekorieren. **Für 1 Person**

476

Los Angeles

Der Grund, warum dieser Drink nach der Stadt Los Angeles benannt ist, bleibt obskur. Vielleicht, weil die Erde bebt, wenn man zu viel davon zu sich genommen hat?

Für 1 Person
4 cl Scotch Whisky
2 cl Zitronensaft
1 Ei
1 Spritzer Vermouth Sweet
gestoßenes Eis

1 Alle Zutaten mit Eis in einem Shaker mischen und kräftig schütteln.
2 In ein gekühltes Cocktailglas abseihen.

477

Brooklyn

Noch ein Cocktail, der den Namen eines New Yorker Stadtviertels trägt. Durch die Verwendung des ungewöhnlichen Amer Picon erhält dieser Drink eine bittersüße Note.

Für 1 Person
2 cl Rye Whiskey
1 cl Vermouth Sweet
1 Spritzer Maraschino
1 Spritzer Amer Picon oder Angostura
1 Cocktailkirsche

1 Die Zutaten bis auf die Kirsche in einem Rührglas verrühren und anschließend in ein gekühltes Cocktailglas gießen.
2 Mit der Cocktailkirsche garnieren.

478

New Yorker

New Yorks beliebtester Whiskey hat schon viele Cocktailkreationen gesehen – diese hier ist eine der schnellsten und besten.

Für 1 Person
4 cl Jack Daniel's Whiskey
1 cl frisch gepresster Limettensaft
1 cl Grenadine
Eis
1 Stück Orangenschale

1 Die ersten drei Zutaten mit Eis in einem Shaker mischen und kräftig schütteln.
2 In ein gekühltes Cocktailglas gießen und mit einem Stück Orangenschale dekorieren.

479

Alhambra

Benannt nach dem Palast in Granada – oder ist hier womöglich die Stadt in Kalifornien gemeint? Jedenfalls verleiht diesem körperreichen Cocktail schon die kleinste Menge Apricot Brandy eine fruchtige Note.

Für 1 Person
2 cl Scotch Whisky
2 cl goldener Rum
1 cl Vermouth Sweet
0,5 cl Apricot Brandy
Eiswürfel
1 Kirsche

1 Die ersten vier Zutaten mit Eis in einem Rührglas verrühren.
2 In einen mittelgroßen, mit Eis gefüllten Tumbler abseihen und mit der Kirsche dekorieren.

480

Manhattan

CLASSIC

Dieser Cocktail wurde angeblich von Winston Churchills Mutter Jennie, einer gebürtigen US-Amerikanerin, erfunden.

Für 1 Person
gestoßene Eiswürfel
1 Spritzer Angostura
6 cl Rye Whiskey
2 cl Vermouth Sweet
1 Cocktailkirsche

1 Die flüssigen Zutaten mit dem gestoßenen Eis in einem Rührglas gut verrühren.
2 In ein gekühltes Glas abseihen und mit der Kirsche dekorieren.

481. Manhattan Dry: Wie einen Manhattan zubereiten, aber Vermouth Dry verwenden und 2 Spritzer Curaçao hinzufügen. **Für 1 Person**

482. Harlem: 4 cl Gin, 3 cl Ananassaft und 1 TL Maraschino, 1 EL fein gewürfelte frische Ananas mit Eis in einem Shaker kräftig schütteln. In einen kleinen gekühlten Tumbler abseihen. **Für 1 Person**

483. Broadway Smile: 2 cl gekühlten Triple Sec in einen gekühlten Tumbler gießen. Mit ruhiger Hand 2 cl gekühlten Cassis darüber gießen, ohne die Zutaten zu vermischen; anschließend 2 cl gekühlten Swedish Punch, wieder ohne Rühren, darüber gießen. **Für 1 Person**

484. Coney Island Baby: 4 cl Pfefferminzschnaps und 2 cl dunklen Crème de Cacao mit Eis in einem Shaker kräftig schütteln. Einen kleinen gekühlten Tumbler mit gestoßenem Eis füllen und den Cocktail darüber abseihen. Mit Sodawasser auffüllen. **Für 1 Person**

(485)

Twin Peaks

Der nach einem Verwaltungsbezirk in Kentucky benannte Bourbon wird aus mindestens 51 % Maismaische destilliert und ist der beliebteste Whiskey der USA. Er bildet die Grundlage für deutlich mehr Cocktails als sein schottisches Pendant.

Für 1 Person
4 cl Bourbon
2 cl Benedictine
2 cl Limettensaft
1 Spritzer Triple Sec
gestoßene Eiswürfel
1 Limettenscheibe

1 Bourbon, Benedictine, Limettensaft und Triple Sec mit Eis in einen Shaker geben und kräftig schütteln.
2 In ein gekühltes Highballglas abseihen und mit der Limettenscheibe dekorieren.

(486)

Tricky Dicky

Bourbon-Fans mögen denken, dieser Cocktail sei eine Verschwendung von gutem Bourbon. Aber probieren Sie den Drink erst einmal. Das Ergebnis wird Sie überzeugen!

Für 1 Person
2 cl Bourbon Whiskey
2 Spritzer weißer Crème de Menthe
2 Spritzer White Curaçao
1 Spritzer Angostura
1 Spritzer Zuckersirup
Eiswürfel
einige Minzeblätter

1 Alle Zutaten bis auf die Minzeblätter mit Eis in einem Shaker kräftig schütteln und in ein gekühltes Cocktailglas abseihen.
2 Mit den Minzeblättern dekorieren.

487

Black Bush

Bourbon Whiskey besitzt einen warmen, üppigen Geschmack nach Eiche.

Für 1 Person
1 cl Bourbon Whiskey
1 cl Sloe Gin
Eis
1 frische Kirsche

1 Die Zutaten mit Eis verrühren.
2 In ein gekühltes Cocktailglas abseihen und mit der Kirsche dekorieren.

488. Confederate Railroad: 4 cl Bourbon, 2 cl Southern Comfort, 2 cl Orangensaft und 1 Spritzer Triple Sec in einem Shaker kräftig schütteln und in ein gekühltes Cocktailglas abseihen. Mit einer Orangenscheibe dekorieren. **Für 1 Person**

489. Queen of Memphis: 4 cl Bourbon, 2 cl Midori, 2 cl Pfirsichsaft und 1 Spritzer Maraschino kräftig schütteln. In ein gekühltes Cocktailglas abseihen und mit einem Melonenstück dekorieren. **Für 1 Person**

490. Trashy Women: 4 cl Bourbon, 2 cl Pernod, 2 cl Apfelsaft und 1 Spritzer Angostura in einem Shaker kräftig schütteln. In ein gekühltes Cocktailglas abseihen und mit einer Apfelscheibe dekorieren. **Für 1 Person**

491. Long Gone: 4 cl Bourbon, 2 cl Drambuie, 2 cl Orangensaft und 1 Spritzer Orangenbitter in einem Shaker kräftig schütteln. In ein gekühltes Cocktailglas abseihen. Mit einer Orangenscheibe dekorieren. **Für 1 Person**

492

Blackberry Freeze

Dieser Cocktail schmeckt am besten wirklich kalt; besonders hübsch sieht es aus, wenn Sie statt der Eiswürfel gefrorene Beeren hinzufügen.

Für 1 Person
2 cl Bourbon Whiskey
2 cl Vermouth Dry
0,5 cl Zitronensaft
0,5 cl Brombeerlikör
einige gefrorene Brombeeren oder Eiswürfel

1 Alle Zutaten bis auf die Beeren in einem Shaker mischen und kräftig schütteln.
2 In ein Cocktailglas abseihen und die gefrorenen Brombeeren dazugeben.

493

CLASSIC

Dandy

Das zum Schluss hinzugefügte Johannisbeeraroma verleiht diesem Drink die besondere Note.

Für 1 Person
1 cl Rye Whiskey
1 cl Dubonnet
1 Spritzer Angostura
3 Spritzer Cassis
Eis
einige gefrorene Beeren

1 Die ersten vier Zutaten mit Eis verrühren und in ein geeistes Shotglas gießen.
2 Mit den gefrorenen Beeren dekorieren.

494

Royalist

Der Name dieses Cocktails geht wohl auf seine bourbonische Grundlage zurück. Der französische Bourbonenkönig Ludwig XVI. hat ihn sich allerdings vermutlich nicht zu Kopf steigen lassen ...

Für 1 Person
2 cl Bourbon
4 cl Vermouth Dry
2 cl Benedictine
1 Spritzer Peach Brandy
gestoßenes Eis

1 Alle Zutaten mit Eis in einem Rührglas verrühren.
2 In ein Cocktailglas abseihen.

495

Maple Leaf

Man könnte erwarten, dass dieser Drink nach dem Symbol Kanadas, dem Ahornblatt auf der Nationalflagge, benannt sei. In Wirklichkeit verdankt er seinen Namen aber dem verwendeten Ahornsirup.

Für 1 Person
4 cl Bourbon Whiskey
2 cl Zitronensaft
1 TL Ahornsirup
gestoßenes Eis

1 Alle Zutaten mit Eis in einem Shaker mischen und kräftig schütteln.
2 In ein Cocktailglas abseihen.

496

Rolls-Royce

CLASSIC

Es überrascht nicht, dass manche Cocktailklassiker nach berühmten Automarken benannt wurden. Dieser Drink wurde von H. E. Bates in seinem berühmten Roman „Wo Milch und Whisky fließen" (orig.: „The Darling Buds of May") kreiert.

Für 1 Person
gestoßene Eiswürfel
1 Spritzer Orangenbitter
4 cl Vermouth Dry
2 cl Dry Gin
2 cl Scotch Whisky

1 Die gestoßenen Eiswürfel in ein Rührglas füllen.
2 Den Orangenbitter darüber spritzen.
3 Vermouth, Gin und Whisky über das Eis geben und gut verrühren.
4 In ein gekühltes Cocktailglas abseihen.

497. Rolls-Royce (zweite Version): 4–6 Eiswürfel in ein Rührglas geben. 6 cl Gin, 2 cl Vermouth Dry, 2 cl Vermouth Sweet und 1/4 TL Benedictine darüber gießen. Gut umrühren und in ein gekühltes Cocktailglas abseihen. **Für 1 Person**

498. American Rolls-Royce: 4 cl Brandy, 4 cl Orangensaft und 2 cl Triple Sec in einem Shaker kräftig schütteln und in ein gekühltes Cocktailglas abseihen. **Für 1 Person**

499. Golden Cadillac: 2 cl Triple Sec, 2 cl Galliano und 2 cl Sahne in einem Shaker kräftig schütteln und in ein gekühltes Cocktailglas abseihen. **Für 1 Person**

500

Old Fashioned

Dieser Cocktail ist so etabliert, dass man kleine Whisky-Gläser auch als Old-Fashioned-Gläser bezeichnet. Für den Drink selbst gilt ebenfalls: Das Altbewährte ist manchmal das Beste.

Für 1 Person
1 Zuckerwürfel
1 Spritzer Angostura
1 TL Wasser
4 cl Bourbon oder Rye Whiskey
gestoßene Eiswürfel
1 dicke Zitronenschalenspirale

1 Den Zuckerwürfel in ein kleines gekühltes Old-Fashioned-Glas geben, den Angostura darüber spritzen und 1 TL Wasser hinzufügen.
2 Mit einem Löffel zerdrücken, bis sich der Zucker auflöst, dann den Whiskey dazugießen und umrühren.
3 Die gestoßenen Eiswürfel hinzufügen und den Cocktail mit der Zitronenschale dekorieren.

501. Brandy Old Fashioned: Wie oben zubereiten, dabei allerdings den Whiskey durch 6 cl Brandy ersetzen. **Für 1 Person**

502. Old Etonian: Gestoßene Eiswürfel in ein Rührglas füllen. Je 1 Spritzer Crème de Noyaux und Orangenbitter darüber geben. 2 cl Gin und 2 cl Lillet darüber gießen. Umrühren und in ein gekühltes Cocktailglas gießen. Mit einem Orangenschalenstück dekorieren. **Für 1 Person**

503. Old Pal: 4 cl Rye Whiskey, 3 cl Campari und 2 cl Vermouth Sweet mit Eis in einem Shaker kräftig schütteln und in ein Cocktailglas abseihen. **Für 1 Person**

504. Old Trout: 2 cl Campari und 4 cl Orangensaft in einem Shaker kräftig schütteln. Ein großes Glas mit Eiswürfeln füllen und den Cocktail darüber gießen. Mit Soda- oder Mineralwasser auffüllen und mit einer Orangenscheibe dekorieren. **Für 1 Person**

505

The Algonquin

Stil und Raffinesse sind der Schlüssel zu diesem Drink, der aus dem berühmten Algonquin Hotel in New York stammt.

Für 1 Person
1 cl Rye Whiskey
1 cl Vermouth Dry
0,5 cl Ananassaft
Eiswürfel

1 Alle Zutaten mit Eis in einem Shaker mischen und kräftig schütteln.
2 In ein mit Eis gefülltes Old-Fashioned-Glas abseihen.

506

Sazerac

Diesen Cocktail betrachten viele Menschen aus New Orleans als den besten Drink der Welt! Für eine wirklich spektakuläre Variante ersetzt man den Whiskey durch Cognac.

Für 1 Person
Eiswürfel
1 TL Zuckersirup oder Zucker
3 Spritzer Angostura
4 cl Rye Whiskey
1/2 TL Anislikör
1 Zitronenschalenstreifen

1 Einen Tumbler oder ein Cocktailglas mit den Eiswürfeln füllen und gut kühlen.
2 Zuckersirup, Angostura und Whiskey in einem Cocktailshaker gut verrühren.
3 Das Eis aus dem Glas kippen, das Glas mit dem Anislikör ausschwenken, den überschüssigen Likör weggießen.
4 Die Whiskey-Mischung ins Glas gießen.
5 Den Glasrand mit der Zitronenschale einreiben und dann damit garnieren.

507

Commodore

Dieser Cocktailklassiker ist kurz und heftig. Der süßsaure Geschmack wird Sie schnell auf Trab bringen!

Für 1 Person
8 cl Rye Whiskey
2 cl frisch gepresster Limettensaft
2 Spritzer Orangenbitter
Zucker (nach Geschmack)
Eis
1 Limettenschalenstreifen

1 Alle Zutaten bis auf die Limettenschale in einem Shaker mischen und kräftig schütteln.
2 In einen kleinen Tumbler oder ein Cocktailglas abseihen und mit dem Limettenschalenstreifen dekorieren.

508

Cowboy

Im Film trinken Cowboys ihren Rye Whiskey stets pur, nachdem sie den Korken mit den Zähnen aus der Flasche gezogen haben. Deshalb fällt es schwer, sich John Wayne und Clint Eastwood vorzustellen, wie sie gepflegt von diesem Cocktail nippen.

Für 1 Person
6 cl Rye Whiskey
2 EL Sahne
gestoßene Eiswürfel

1 Whiskey und Sahne mit Eis in einem Shaker mischen und kräftig schütteln.
2 In ein gekühltes Glas abseihen.

509. Cowgirl's Prayer: 4 cl Tequila Gold und 2 cl Limettensaft mit Eis in einen großen Tumbler gießen und mit Zitronenlimonade auffüllen. Langsam umrühren und mit Limetten- und Zitronenscheiben dekorieren. **Für 1 Person**

510. OK Corral: 4 cl Rye Whiskey, 2 cl Grapefruitsaft und 1 TL Mandelsirup mit Eis in einem Shaker kräftig schütteln. In ein gekühltes Cocktailglas abseihen. **Für 1 Person**

511. Navajo Trail: 4 cl weißen Tequila, 2 cl Triple Sec, 2 cl Limettensaft und 2 cl Cranberrysaft mit Eis in einem Shaker kräftig schütteln. In ein gekühltes Cocktailglas abseihen. **Für 1 Person**

512. Klondike Cooler: 1/2 TL Zucker in einen gekühlten hohen Tumbler geben und 2 cl Ginger Ale dazugießen. Rühren, bis sich der Zucker aufgelöst hat, dann das Glas mit gestoßenem Eis füllen. 4 cl Blended American Whiskey darüber geben und mit Soda- oder Mineralwasser auffüllen. Nochmals vorsichtig umrühren und mit einer Zitronenschalenspirale dekorieren. **Für 1 Person**

513

Kicking Bull

Verwenden Sie für diese sehr interessante Mischung nicht gleich zu viel Eis. Verlängern können Sie den Drink immer noch, nachdem Sie ihn probiert haben.

Für 1 Person
2 cl Tequila
2 cl Rye Whiskey
2 cl Kahlúa
Eis

1 Alle Zutaten mit Eis in einem großen Tumbler verrühren.
2 Sofort servieren.

514

Vieux Carré

Ein toller Drink für besondere Anlässe, der aus der Altstadt von New Orleans stammt.

Für 1 Person
2 cl Rye Whiskey
2 cl Cognac
2 cl Vermouth Sweet
4 Spritzer Angostura oder
Peychaud's Bitter
1 TL Benedictine
Eis

1 Alle Zutaten in einem Shaker oder einem Collinsglas mischen.
2 In einen kleinen, mit Eis gefüllten Tumbler oder ein Cocktailglas gießen.

515

Baccarat

Von jeher werden Cocktails im Spielcasino getrunken; sie sind deshalb untrennbar mit der Atmosphäre um Risiko und Wetteinsatz verknüpft.

Für 1 Person
2 cl Jack Daniel's
1 cl Dubonnet
2 Spritzer Cassis
Eis

1 Alle Zutaten mit Eis in einem Shaker kräftig schütteln.
2 In ein gekühltes Cocktailglas abseihen.

516

Irish Shillelagh

Ein Shillelagh („schih-ley-lih“ ausgesprochen) ist ein hölzerner Knüppel, der traditionell aus Schwarzdorn hergestellt wird. Hier leiht er seinen Namen einem Cocktail, der zweifelsohne alles schlägt.

Für 1 Person
fein gestoßene Eiswürfel
4 cl Irish Whiskey
2 cl Zitronensaft
1 cl Sloe Gin
1 cl weißer Rum
$^1/_2$ TL Zuckersirup
$^1/_2$ Pfirsich, geschält, entsteint und fein gewürfelt
2 Himbeeren

1 Das gestoßene Eis in einen Mixer geben. Whiskey, Zitronensaft, Sloe Gin, Rum, Zuckersirup und den Pfirsich hinzufügen.

2 Glatt mixen und in ein gekühltes Highballglas gießen. Mit den Himbeeren dekorieren.

517. Shillelagh: 4 cl Irish Whiskey, 2 cl trockenen Sherry, 1 TL goldenen Rum, 1 TL Zitronensaft und 1 Prise Zucker mit Eis in einem Shaker kräftig schütteln. In ein gekühltes Cocktailglas abseihen und mit einer Cocktailkirsche dekorieren. **Für 1 Person**

518. Irish Eyes: 4–6 gestoßene Eiswürfel in ein Rührglas geben. 4 cl Irish Whiskey und 1 cl grünen Chartreuse darüber gießen. Gut umrühren und in ein gekühltes Glas abseihen. **Für 1 Person**

519. Colleen: 4 cl Irish Whiskey, 2 cl Irish Mist, 2 cl Triple Sec und 1 TL Zitronensaft mit Eis in einem Shaker kräftig schütteln. In ein gekühltes Cocktailglas abseihen. **Für 1 Person**

520

Shamrock

Ob nun St. Patrick den Irish Whiskey erfunden hat oder nicht, dieser Drink ist am 17. März, dem St. Patrick’s Day, ein ganz besonderer Genuss.

Für 1 Person
2 cl Irish Whiskey
2 cl Vermouth Dry
3 Spritzer grüner Chartreuse
3 Spritzer Crème de Menthe
gestoßenes Eis

1 Alle Zutaten in einem Rührglas gut verrühren.

2 In ein gekühltes Cocktailglas abseihen.

21

Scarlett O'Hara

chön und heißblütig wie die Südstaatlerin: Das Besondere an diesem Cocktail mit er intensiv roten Farbe ist die weiche Note des Southern Comfort.

Für 1 Person
4 cl Southern Comfort
4 cl Cranberrysaft
2 cl Limettensaft
Eis
1 Cranberry-Eiswürfel

1 Für die Zubereitung mehrerer Cranberry-Eiswürfel einige Cranberries mit Wasser verrühren und zu Eiswürfeln gefrieren.
2 Die ersten drei Zutaten mit Eis in einem Shaker mischen und kräftig schütteln und den Cocktail in ein gekühltes Cocktailglas abgießen.
3 Einen Cranberry-Eiswürfel hinzufügen.

522

Rhett Butler

CLASSIC

In ihrem Bürgerkriegsepos „Vom Winde verweht" schuf Margaret Mitchell auch den romantischen Helden Rhett Butler. Sein frohgemuter Charme und unbekümmerter Lebensstil wurden durch den Filmstar und das Idol Clark Gable hinreißend verkörpert.

Für 1 Person
4 cl Southern Comfort
1 cl White Curaçao
1 cl Limettensaft
1 TL Zitronensaft
gestoßene Eiswürfel
1 Zitronenschalenspirale

1 Southern Comfort, Curaçao, Limettensaft und Zitronensaft mit Eis in einem Shaker kräftig schütteln.
2 In ein gekühltes Cocktailglas abseihen und mit der Zitronenschalenspirale dekorieren.

523. Ashley Wilkes: 3 frische Minzezweige zerstoßen und in einen gekühlten Tumbler geben. 1 TL Zucker, 1 Spritzer Limettensaft und 6 gestoßene Eiswürfel hinzufügen. 4 cl Bourbon und 2 cl Peach Brandy dazugießen und umrühren. Mit einem frischen Minzezweig dekorieren. **Für 1 Person**

524. Melanie Hamilton: 4 cl Triple Sec, 2 cl Midori und 4 cl Orangensaft mit Eis in einem Shaker kräftig schütteln. In ein gekühltes Cocktailglas abseihen und mit einem Stück Cantaloupmelone dekorieren. **Für 1 Person**

525 Mount Etna

Wie zu erwarten, handelt es sich hier um einen ziemlich explosiven Cocktail. Vielleicht klappt's nicht gleich beim ersten Mal, doch wenn, sollten Sie Vorsicht walten lassen.

Für 1 Person
4 cl Whisky
4 cl Orangensaft
1/2 ausgedrückte Limette mit Saft
3 cl Cointreau

1 Whisky, Orangen- und Limettensaft in einem Old-Fashioned-Glas verrühren.
2 Die halbe Limette in einem kleinen Topf etwa 10 Minuten im Cointreau einweichen.
3 Cointreau bei niedriger Hitze erwärmen. Limette auf einen großen Löffel setzen, Cointreau hineingießen und anzünden.
4 Limette sofort in das Glas setzen. Die Flammen ausgehen lassen, den Glasrand vor dem Servieren abkühlen lassen.

526 Whiskey Sour

CLASSIC

Dieser Klassiker stammt aus dem Süden der USA und wird mit bestem amerikanischem Whiskey zubereitet. Es existieren aber auch Varianten mit Wodka, Gin oder anderen Spirituosen.

Für 1 Person
2 cl Zitronen- oder Limettensaft
4 cl Blended Whiskey
1 TL Zucker oder Zuckersirup
Eis
1 Zitronen- oder Limettenscheibe
1 Maraschinokirsche

1 Die ersten drei Zutaten mit Eis in einem Shaker mischen, kräftig schütteln und in ein Cocktailglas abseihen.
2 Mit einer Zitronen- oder Limettenscheibe und einer Kirsche dekorieren.

527. Bourbon Sour: Den Whiskey durch Bourbon ersetzen und mit einer Orangenscheibe dekorieren. **Für 1 Person**

528. Brandy Sour: Den Blended Whiskey durch 3 cl Brandy ersetzen. **Für 1 Person**

529. Boston Sour: Einen Whiskey Sour wie oben herstellen, ein Eiweiß hinzufügen und mit einer Cocktailkirsche und einer Zitronenscheibe dekorieren. **Für 1 Person**

530. Fireman's Sour: 4 cl weißen Rum, 3 cl Limettensaft, 1 EL Grenadine und 1 TL Zuckersirup mit Eis in einem Shaker kräftig schütteln. In ein Cocktailglas abseihen und mit einer Cocktailkirsche und einer Zitronenscheibe dekorieren. **Für 1 Person**

531. Strega Sour: 4 cl Gin, 2 cl Strega und 2 cl Zitronensaft mit Eis in einem Shaker kräftig schütteln. In ein Cocktailglas abseihen und mit einer Zitronenscheibe dekorieren. **Für 1 Person**

532

Bomb Squad

CLASSIC

Sie können den Drink auch flambieren; dann genießen Sie aber zuerst die „beschwipsten" Kirschtomaten.

Für 1 Person
2 cl Tequila
2 cl Whisky
2 cl Wodka
einige Tropfen Tabasco
Eis
2 Kirschtomaten, in Wodka eingelegt

1 Die ersten vier Zutaten mischen und in ein geeistes Shot- oder Cocktailglas gießen.
2 Einen Eiswürfel hinzufügen und mit den Kirschtomaten auf Cocktailspießen garnieren.

533

Whisky Crusta

CLASSIC

„Crusta" bezeichnet den Zuckerrand auf dem Glas. Tumbler und Old-Fashioned-Gläser werden normalerweise eher selten mit einem Zuckerrand verziert, doch zu diesem hochprozentigen Shortdrink im großen Glas passt er einfach.

Für 1 Person
1 cl Zitronensaft
1/2 TL Zucker
2 cl Whisky
1 TL Zuckersirup
1 TL Maraschino
1 Spritzer Orangenbitter
1 Zitronen- oder Orangenscheibe

1 Den Rand eines Old-Fashioned-Glases mit etwas Zitronensaft einreiben und in Zucker tauchen.
2 Alle Zutaten mit Eis verrühren und in das Glas mit dem Zuckerrand gießen.
3 Mit der Zitronen- oder Orangenscheibe garnieren.

534

Tartan Breeze

Mit diesem Drink widerstehen Sie in den schottischen Highlands Kälte und Wind. Wenn Sie einen Schottenrock mit Tartan-Muster tragen, können Sie die kräftigende Mischung in Ihr „Sporran", die dazugehörige, mit Fell besetzte Tasche stecken ...

Für 1 Person
3 cl Scotch Whisky
1 cl Apricot Brandy
2 cl Orangensaft
1 Spritzer Angostura
Eiswürfel

1 Alle Zutaten mit Eis in einem Shaker mischen und kräftig schütteln.
2 In ein Cocktailglas mit Eis abseihen und den Cocktail mit einem Trinkhalm servieren.

(535) The Bacardi Cocktail

Weißer Rum, der oft mit Bacardi gleichgesetzt wird, bildet die Basis vieler bekannter Cocktails. Dies ist einer von ihnen – natürlich muss er mit Bacardi hergestellt werden.

Für 1 Person
4 cl Bacardi Rum
2 TL frisch gepresster Limettensaft
1 Spritzer Grenadine
Zucker oder Zuckersirup (nach Geschmack)
Eis

1 Die Zutaten mit Eis in einen Shaker geben und kräftig schütteln.
2 In ein flaches Cocktailglas abseihen.
3 Mit einem Trinkhalm servieren.

(536) Bacardi Crusta

Erfahrene Cocktailkünstler wissen, dass Absinth eine besonders starke Spirituose ist; er macht diesen Cocktail zu einer besonderen Herausforderung.

Für 1 Person
1 cl Limettensaft
1 TL Zucker
1 TL Absinth
3 cl weißer Rum
Eis
1 Limettenscheibe oder -achtel

1 Für einen leichten Zuckerrand den Rand eines Cocktailglases mit etwas Limettensaft einreiben und in Zucker tauchen.
2 Fest werden lassen. Den restlichen Limettensaft mit den übrigen Zutaten mit Eis in einem Shaker mischen und kräftig schütteln.
3 In das vorbereitete Glas abseihen und mit der Limettenscheibe oder dem Limettenachtel dekorieren.

(537) Blue Hawaiian

Ein Cocktail mit tropischen Aromen, der die Augen aller auf sich zieht. Dekorieren Sie ihn für spezielle Anlässe besonders prächtig mit Früchten, oder lassen Sie ihn einfach durch seine schöne Farbe bestechen.

Für 1 Person
Eis
4 cl Bacardi Rum
1 cl Blue Curaçao
2 cl Ananassaft
1 cl Kokoscreme
1 kleines Stück Ananas

1 Eine Hand voll Eis in einen Shaker geben und die flüssigen Zutaten darüber gießen.
2 Alle Zutaten im Shaker kräftig schütteln und in ein Cocktailglas oder ein großes Weinglas abseihen.
3 Mit dem Ananasstück dekorieren.

538

Casablanca

CLASSIC

Dieser Cocktail wurde nach dem Filmklassiker aus dem Jahr 1942 benannt und wahrscheinlich auch von dessen Helden, dem unvergesslichen Humphrey Bogart, mit Genuss konsumiert.

Für 1 Person
6 cl weißer Rum
8 cl Ananassaft
4 cl Kokoscreme
2 Schaufeln fein gestoßenes Eis
1 Stück Ananas

1 Alle Zutaten bis auf die Ananas mit Eis in einem Shaker kräftig schütteln und in ein großes Cocktailglas nach Belieben mit Eis abseihen.
2 Mit dem Ananasstück dekorieren.

539

Acapulco

CLASSIC

Auch dieser Cocktail hat sich im Laufe der Jahre stark verändert. Ursprünglich basierte er auf Rum und enthielt keine Fruchtsäfte. Seit aber der Tequila auch außerhalb seiner Heimat Mexiko bekannt ist, wird der Cocktail immer häufiger mit dem Agavenschnaps zubereitet.

Für 1 Person
4 cl weißer Rum
1 cl Triple Sec
1 cl Limettensaft
1 TL Zuckersirup
1 Eiweiß
10–12 gestoßene Eiswürfel
1 frischer Minzezweig

1 Alle Zutaten bis auf die Minze mit Eis in einem Shaker kräftig schütteln.
2 Ein gekühltes Highballglas zur Hälfte mit gestoßenen Eiswürfel füllen und den Cocktail darüber abseihen.
3 Mit dem Minzezweig dekorieren.

540

Cuba Special

CLASSIC

Ein hochprozentiger süßer Cocktail. Servieren Sie ihn mit viel Eis, damit alle Aromen zur Geltung kommen, und genießen Sie ihn langsam.

Für 1 Person
3 cl weißer Rum
3 cl Ananassaft
Saft von 1/2 Limette
2 cl Cointreau
fein gestoßenes Eis
2 Kirschen
1 Ananasecke

1 Alle Zutaten bis auf die Früchte mit Eis in einen Shaker geben und kräftig schütteln.
2 In ein gekühltes mittelgroßes Cocktailglas oder einen Tumbler gießen und mit den Kirschen und der Ananasecke garnieren.

(541)

Cinderella

Wenn die Heldin des Märchens vor Mitternacht bereits einige Cocktails getrunken hatte, überrascht es kaum, dass sie die Zeit vergaß und auf dem Heimweg auch noch ihren Schuh verlor …

Für 1 Person
6 cl weißer Rum
2 cl weißer Portwein
2 cl Zitronensaft
1 TL Zuckersirup
1 Eiweiß
gestoßene Eiswürfel

1 Rum, Portwein, Zitronensaft, Zuckersirup und Eiweiß mit Eis in einen Shaker geben und kräftig schütteln.
2 In ein gekühltes Glas abseihen.

542. Glass Slipper: 6 cl Gin und 2 cl Blue Curaçao mit Eis in einem Shaker kräftig schütteln. In ein gekühltes Cocktailglas abseihen. **Für 1 Person**

543. Prince Charming: 4 cl Wodka, 2 cl Apricot Brandy, 2 cl Apfelbrand und 1 TL Zitronensaft mit Eis in einem Shaker kräftig schütteln. In ein gekühltes Cocktailglas abseihen. **Für 1 Person**

544. Peter Pan: 2 cl Gin, 2 cl Vermouth Dry, 2 cl Peach Brandy und 2 cl Orangensaft mit Eis in einem Shaker schütteln. In ein gekühltes Cocktailglas abseihen. **Für 1 Person**

545. Tinkerbell: 4 cl Wodka, 2 cl Cherry Brandy, 1 Eiweiß und 1 Spritzer Grenadine mit Eis in einem Shaker schütteln. In ein gekühltes Cocktailglas abseihen. **Für 1 Person**

(546)

Bishop

CLASSIC

Ob die Farbe dieses Drinks dem Bischofsmantel nachempfunden ist? In jedem Fall werden Sie zu einem Schachspiel (die Figur des Läufers heißt im Englischen ebenfalls „Bischof") nach einigen Gläschen kaum mehr fähig sein …

Für 1 Person
gestoßene Eiswürfel
1 Spritzer Zitronensaft
2 cl weißer Rum
1 TL Rotwein
1 Prise Zucker

1 Den Zitronensaft über das Eis spritzen, weißen Rum und Rotwein dazugießen und 1 Prise Zucker hinzufügen.
2 In einem Shaker mischen und kräftig schütteln.
3 In ein gekühltes Weinglas abseihen.

(547)

Fox Trot

Einen solchen schnell gemixten Cocktail sollte man ruhig häufiger genießen – ebenso wie man häufiger altmodischen Foxtrott tanzen sollte!

Für 1 Person
Saft von 1/2 Zitrone oder 1 Limette
2 Spritzer Orange Curaçao
4 cl weißer Rum
Eis
1 Orangenschalenstreifen

1 Die ersten drei Zutaten mit Eis in einem Shaker mischen und kräftig schütteln und in ein Cocktailglas abgießen.
2 Nach Wunsch Eis hinzufügen und mit dem Orangenschalenstreifen garnieren.

(548)

Daiquiri

CLASSIC

Daiquiri ist der Name der kubanischen Stadt, in der dieser Cocktail Anfang des 20. Jahrhunderts angeblich erfunden wurde. Einem Wirt ging der importierte Gin aus, und so musste er auf einheimischen Rum zurückgreifen. Weil dessen Qualität damals oft zu wünschen übrig ließ, mischte er ihn mit alkoholfreien Getränken.

Für 1 Person
4 cl weißer Rum
1,5 cl Limettensaft
1/2 TL Zuckersirup
gestoßenes Eis

1 Rum, Limettensaft und Zuckersirup mit Eis in einem Shaker mischen und kräftig schütteln.
2 In ein gekühltes Cocktailglas abseihen.

549. Derby Daiquiri: 4–6 fein gestoßene Eiswürfel, 4 cl weißen Rum, 2 cl Orangensaft, 1 cl Triple Sec und 1 cl Limettensaft im Mixer zu einem glatten Drink verarbeiten. Ohne Sieb in ein gekühltes Cocktailglas abgießen. **Für 1 Person**

550. Banana Daiquiri: 4–6 fein gestoßene Eiswürfel, 4 cl weißen Rum, 1 cl Triple Sec, 1 cl Limettensaft, 1 cl flüssige Sahne, 1 TL Zuckersirup und 1/4 geschälte, in Scheiben geschnittene Banane im Mixer zu einem glatten Drink verarbeiten. Ohne Sieb in ein gekühltes Kelchglas abgießen. Mit einer Limettenscheibe dekorieren. **Für 1 Person**

551. Peach Daiquiri: 4–6 fein gestoßene Eiswürfel, 4 cl weißen Rum, 2 cl Limettensaft, 1/2 TL Zuckersirup und 1/2 geschälten, entsteinten und gewürfelten Pfirsich im Mixer zu einem glatten Drink verarbeiten. Ohne Sieb in ein gekühltes Kelchglas gießen. **Für 1 Person**

552. Passionate Daiquiri: 4 cl weißen Rum, 2 cl Limettensaft und 1 cl Maracujasirup mit gestoßenem Eis in einem Shaker kräftig schütteln. In ein gekühltes Cocktailglas abseihen und mit einer Cocktailkirsche dekorieren. **Für 1 Person**

553

Frozen Daiquiri

Der Daiquiri, einer der großen Klassiker, hat sich weiterentwickelt. Man mischt ihn nicht nur mit frischen Früchten oder ungewöhnlichen Zutaten, ihm winkt im neuen Jahrtausend auch eine große Zukunft als Frozen Cocktail – denn diese spielen in modernen Cocktailbars eine wichtige Rolle.

Für 1 Person
fein gestoßenes Eis
4 cl weißer Rum
2 cl Limettensaft
1 TL Zuckersirup
1 Limettenscheibe

1 Gestoßenes Eis, Rum, Limettensaft und Zuckersirup in einem kleinen Mixer zu einem halbgefrorenen Drink verarbeiten.
2 In eine gekühlte Champagnerflöte gießen und mit der Limettenscheibe dekorieren.

554. Frozen Pineapple Daiquiri: 4 cl weißen Rum, 2 cl Limettensaft, $^1/_2$ TL Ananassirup und 60 g fein gewürfelte frische Ananas mit fein gestoßenem Eis im Mixer zu einem halbgefrorenen Drink verarbeiten. In ein gekühltes Cocktailglas gießen und mit Ananasstücken dekorieren. **Für 1 Person**

555. Frozen Strawberry Daiquiri: 4 cl weißen Rum, 2 cl Limettensaft, 1 TL Zuckersirup und 6 frische oder gefrorene Erdbeeren mit gestoßenen Eiswürfeln im Mixer zu einem halbgefrorenen Drink verarbeiten und in ein gekühltes Cocktailglas gießen. **Für 1 Person**

556. Frozen Peach Daiquiri: 4 cl weißen Rum, 2 cl Limettensaft, 1 TL Zuckersirup sowie $^1/_2$ geschälten, entsteinten und in kleine Würfel geschnittenen Pfirsich mit fein gestoßenem Eis im Mixer zu einem halbgefrorenen Drink verarbeiten und in ein gekühltes Cocktailglas gießen. Den Drink mit einer geschälten Pfirsichscheibe dekorieren. **Für 1 Person**

557

XYZ

Eisgekühlt ist dieser raffinierte Cocktail ausgesprochen erfrischend – und Sie können sicher sein: Er macht Lust auf mehr!

Für 1 Person
1 cl frisch gepresster Zitronensaft
1 cl weißer Rum
1 cl Cointreau
gestoßenes Eis
1 Limettenscheibe

1 Alle Zutaten mit Eis in einem Shaker mischen und kräftig schütteln.
2 In ein gekühltes Cocktailglas abseihen und mit einer Limettenscheibe dekorieren.

558

Peach Dreamer

Ein Pfirsich-Traum: Orangensaft mit einem kräftigen Schuss Alkohol und in einem verlockenden Farbton.

Für 1 Person
2 cl weißer Rum
2 cl Pfirsichbrand
6 cl frisch gepresster Orangensaft
Eiswürfel und fein gestoßenes Eis
2 cl Grenadine

1 Die ersten drei Zutaten mit Eis in einen Shaker geben, kräftig schütteln und über gestoßenes Eis in ein gekühltes Cocktailglas gießen.
2 Vor dem Servieren die Grenadine langsam darüber gießen.

559

Palm Breeze

Wenn Sie nur einen einzigen Cocktail zubereiten, nehmen Sie eine frische Ananas, raspeln Sie etwas Fruchtfleisch und passieren es durch ein Sieb. Der Geschmack von ganz frischem Saft ist nämlich viel besser, wenn auch nicht ganz so süß.

Für 1 Person
2 cl weißer Rum
2 cl Gin
4–6 cl Ananassaft
Eis
1 Ananasstück

1 Alle Zutaten in einem Shaker kräftig schütteln und in ein Cocktailglas abseihen.
2 Mit dem Ananasstück dekorieren.

560

The Kicker

Ein Cocktail, der es in sich hat. Am besten schmeckt er, wenn Sie alle Zutaten vorher eiskalt stellen.

Für 1 Person
2 Spritzer Vermouth Sweet
1 cl Calvados
2 cl weißer Rum
1 Apfelschalenstreifen

1 Alle flüssigen Zutaten in einem Shaker kräftig schütteln und in ein Cocktailglas abgießen.
2 Mit dem Apfelschalenstreifen dekorieren.

561

Port Flip

Seeleute lieben diesen großartigen Drink zum Aufwärmen an kalten Wintertagen. Doch Vorsicht, die Mischung ist nicht von schlechten Eltern!

Für 1 Person

1 Ei
2 TL Zuckerraffinade
frisch geriebene Muskatnuss oder
frisch geriebener Ingwer
5–6 cl Rum, Portwein, Brandy
oder Whisky

1 Ei, Zucker und Muskatnuss mit einem Schneebesen verquirlen.
2 Den Rum in einem Topf bei niedriger Hitze leicht erhitzen und die Eimischung hineinschlagen.
3 Den Cocktail schaumig und je nach Geschmack warm oder heiß servieren. (Nicht zu stark erhitzen, da das Ei sonst gerinnt.)

562

Rum Swizzle

Cocktails wurden ursprünglich mit einem Sektquirl („swizzle stick") gerührt, bis das Glas anfing zu beschlagen – eine Arbeit, die ziemlich in die Arme ging.

Für 1 Person

4 cl brauner Rum
2 cl frisch gepresster Limettensaft
1 cl Zuckersirup
2–3 Spritzer Angostura
125 g fein gestoßenes Eis
1 Kandisstick

1 Alle Zutaten in einem Mixer auf niedriger Stufe zu einem schaumigen, halbgefrorenen Drink verarbeiten.
2 In einen Tumbler mit Eis gießen und mit dem Kandisstick servieren.

563

Tongue Twister

Weißer Rum besitzt einen subtileren Geschmack als brauner Rum und überdeckt nicht die Aromen der anderen Spirituosen in diesem „Zungenbrecher".

Für 1 Person
2 cl weißer Rum
1 cl Kokoslikör
1 cl Orange Curaçao
2 cl Zitronensaft
Eis
etwas geriebene Muskatnuss oder Kakaopulver

1 Die ersten vier Zutaten mit Eis in einem Shaker mischen und kräftig schütteln.
2 In ein gekühltes Cocktailglas abseihen und mit geriebener Muskatnuss oder Kakaopulver bestreuen.

564

Contrary Mary

Der Rum verleiht einem Cocktail erst die besondere Note. Das gilt auch für diesen Drink, der mild und weich schmecken soll. Verwenden Sie deshalb am besten einen guten weißen oder goldenen Rum.

Für 1 Person
3 cl weißer Rum
3 cl Ananassaft
2 Spritzer Grenadine
1 Spritzer Maraschino
Eis
Kirschen

1 Alle Zutaten mit Eis in einem Shaker kräftig schütteln und in ein Cocktailglas abseihen.
2 Nach Geschmack Eis hinzufügen und den Cocktail mit den Kirschen garnieren.

565

St. Lucy Smash

CLASSIC

Dieser Cocktail schmeckt nicht nur wunderbar, er duftet auch nach der Karibikinsel Barbados, auf der sich der Ort St. Lucy befindet.

Für 1 Person
2 Limettenspalten
4 cl Mount Gay Rum
1 cl Himbeerlikör
2 cl Apfelsaft
einige Minzeblätter, zerstoßen
2 Himbeeren
2 Limettenscheiben

1 Den Rand eines Old-Fashioned-Glases mit Limettensaft einreiben; kühl stellen.
2 Limettenspalten und übrige Zutaten außer Himbeeren und Limettenscheiben in einem Shaker kräftig schütteln.
3 In das Glas gießen und nach Geschmack Eis hinzufügen. Mit Himbeeren und Limettenscheiben dekorieren.

566

Shanghai

Der kräftigere, etwas süßlich schmeckende braune Rum harmoniert großartig mit dem trockenen Anisaroma des Pastis.

Für 1 Person
8 cl brauner Rum
2 cl Pastis
6 cl Zitronensaft
2 Spritzer Grenadine
gestoßenes Eis
1 Zitronenscheibe
1 Maraschinokirsche

1 Alle Zutaten mit Eis in einem Shaker mischen und kräftig schütteln.
2 In ein gekühltes Glas abseihen und mit einer Zitronenscheibe und einer Kirsche dekorieren.

567

Apricot Lady

Zum sanften Geschmack dieses Cocktails passt auch die üppige goldene Farbe und der Duft eines tropischen Sonnenaufgangs.

Für 1 Person
4 cl goldener Rum
4 cl Apricot Brandy
2 cl frisch gepresster Limettensaft
3 Spritzer Orange Curaçao
1 TL Eiweiß
1 kleine Schaufel fein gestoßenes Eis
1 Aprikosenspalte

1 Alle Zutaten bis auf die Aprikosenspalte in einem Mixer zu einem halbgefrorenen Drink verarbeiten.
2 In ein gekühltes Glas abseihen.
3 Mit der Aprikosenspalte dekorieren und mit einem Trinkhalm servieren.

568

Green Devil

Die Mischung aus Blue Curaçao und Orangensaft ergibt einen teuflischen Grünton und einen großartigen Geschmack!

Für 1 Person
Limettensaft
Zucker
2 cl weißer Rum
1 cl Blue Curaçao
2 cl Orangensaft
Eis
1 Limettenscheibe

1 Für einen Zuckerrand den Rand eines großen Cocktailglases zuerst in Limettensaft und anschließend in Zucker tauchen. Trocknen lassen.
2 Die Zutaten mit Eis in einem Shaker mischen und kräftig schütteln.
3 In das vorbereitete Glas abseihen und mit der Limettenscheibe dekorieren.

569

The Devil

So höllisch, wie der Name klingt, schmeckt dieser Cocktail nicht, trotz des „schwarzen Flecks" im Inneren. Den können Sie aber auch durch etwas Süßeres ersetzen, z. B. einen Obstschalenkringel.

Für 1 Person
2 cl brauner Rum
1 cl roter Vermouth
Eis
1 schwarze Olive

1 Die Zutaten mit Eis in einem Rührglas verrühren.
2 In ein gekühltes Cocktailglas abseihen und mit der schwarzen Olive garnieren.

570

Jamaica Joe

Der starke, intensiv schmeckende Jamaica Rum harmoniert überraschend gut mit dem süßen Geschmack von Tia Maria und Eierlikör.

Für 1 Person
2 cl Jamaica Rum
2 cl Tia Maria
2 cl Eierlikör
gestoßenes Eis
1 Spritzer Grenadine
geriebene Muskatnuss

1 Rum, Tia Maria und Eierlikör mit Eis in einem Shaker mischen und kräftig schütteln.
2 Grenadine hinzufügen.
3 In ein gekühltes Cocktailglas abseihen und mit etwas frisch geriebener Muskatnuss bestäuben.

571

The Digger

Dieser erfrischende Mix aus Zitrusaromen ist nicht so harmlos, wie er aussieht. Fügen Sie reichlich gestoßenes Eis hinzu.

Für 1 Person
4 cl Brandy
2 cl Van der Hum oder Orangenlikör
2 cl Zuckersirup
3–4 filetierte Grapefruitspalten
fein gestoßenes Eis
1 lange Grapefruitschalenspirale

1 Alle Zutaten bis auf die Grapefruitschale 10–15 Sekunden in einem Mixer gründlich vermischen.
2 In ein mittelgroßes Cocktailglas mit Eis gießen.
3 Mit der Grapefruitschale garnieren und mit einem Trinkhalm servieren.

572

CLASSIC

American Beauty

Dieser opulente Cocktail hat es in sich. Hüten Sie sich vor zu vielen „Beautys“ – genießen Sie sie lieber langsam und ganz bewusst.

Für 1 Person
2 cl Brandy
2 cl Vermouth Dry
2 cl Grenadine
2 cl Orangensaft
1 Spritzer weißer Crème de Menthe
Eis
2–3 Spritzer Portwein

1 Alle Zutaten bis auf den Portwein in einem Shaker mischen und kräftig schütteln.
2 In ein gekühltes Cocktailglas abseihen und den Portwein langsam darüber gießen, damit er oben bleibt.
3 Sofort trinken.

573

Millionaire

Von diesem Cocktail gibt es viele Varianten, die sich hauptsächlich durch die ungewöhnlicheren Tropfen in Ihrer Hausbar unterscheiden.

Für 1 Person
1,5 cl Apricot Brandy
1,5 cl Sloe Gin
1,5 cl Jamaica Rum
1 Spritzer Grenadine
Saft von 1/2 Zitrone oder Limette
Eis
einige Heidelbeeren

1 Alle Zutaten bis auf die Beeren mit dem Eis in einen Shaker geben und kräftig schütteln. In ein mit Eis gefülltes Cocktailglas abseihen.

2 Kurz vor dem Servieren einige Heidelbeeren hinzufügen.

574. American Millionaire: 2 cl Rye Whiskey, 1 cl Grenadine, 1 cl Curaçao und 1/2 Eiweiß mit Eis in einem Shaker kräftig schütteln. In ein kleines Weinglas abseihen und kurz vor dem Servieren 1 Spritzer Pernod darüber geben.
Für 1 Person

575. French Millionaire: 2 cl Brandy mit 0,5 cl Mandelsirup, 0,5 cl Orange Curaçao, 0,5 cl Crème de Noyaux und 2 Spritzer Angostura mit Eis in einem Shaker kräftig schütteln. In ein Cocktailglas abseihen. **Für 1 Person**

576. Millionaire Cocktail: 2 cl Bourbon, 1 cl Cointreau, 2 Spritzer Grenadine und 1 Eiweiß mit Eis in einem Shaker kräftig schütteln und in ein Cocktailglas abseihen.
Für 1 Person

577

First Night

Ein reichhaltiger Einstimmungsdrink, ideal zur Beruhigung der Nerven vor einer Premiere – oder für danach, zum Feiern ...

Für 1 Person
4 cl Brandy
2 cl Van der Hum
2 cl Tia Maria
1 TL Sahne
Eis
geraspelte Schokolade

1 Alle Zutaten bis auf die Schokolade mit Eis in einem Shaker mischen und kräftig schütteln.

2 In ein gekühltes Cocktailglas abseihen und mit etwas geraspelter Schokolade garnieren.

578

Bosom Caresser

Wahrscheinlich wäre es unklug, nach der genauen Herkunft dieses Cocktails mit dem seltsamen Namen zu forschen. Vielleicht heißt er ja auch so, weil er ein so angenehm warmes Glühen im Herzen produziert.

Für 1 Person

1 Spritzer Triple Sec
gestoßene Eiswürfel
2 cl Brandy
2 cl Madeira

1 In einem Rührglas Triple Sec über das gestoßene Eis spritzen.
2 Brandy und Madeira dazugießen.
3 Gut umrühren und in ein gekühltes Cocktailglas abseihen.

579

Roller Coaster

Kein Cocktail, für den man den besten Jahrgangs-Brandy nimmt, da so viel anderes dazugemischt wird. Vorsicht, dass Sie sich danach nicht wie in der Achterbahn fühlen!

Für 1 Person

2 Spritzer frisch gepresster Zitronensaft
Zucker
1 Orangenschalenspirale oder -streifen
Eis
2 cl Brandy
1 cl Dry Orange Curaçao
3 Spritzer Maraschino
1 Spritzer Angostura

1 Den Rand eines Glases mit Zitronensaft einreiben und in Zucker tauchen.
2 Trocknen lassen. Die Orangenschale ins Glas geben, das Glas mit Eis füllen.
3 Alle Zutaten bis auf den Angostura in einem kleinen Glas verrühren und in das vorbereitete Glas abseihen.
4 Kurz vor dem Servieren Angostura darüber spritzen.

580

Between the Sheets

CLASSIC

Bereiten Sie diesen köstlichen Cocktail am besten für zwei Leute zu, denn schon sein Name verheißt Romantik und Zweisamkeit. Der Drink selbst schmeckt glatt und weich wie Seide.

Für 2 Personen
gestoßenes Eis
8 cl Brandy
6 cl weißer Rum
2 cl White Curaçao
2 cl Zitronensaft

1 Gestoßenes Eis in einen Cocktailshaker füllen.
2 Brandy, Rum, Curaçao und Zitronensaft darüber gießen, mischen und kräftig schütteln.
3 In zwei gekühlte Weingläser abseihen.

581

Corpse Reviver

CLASSIC

Weniger ein Drink für den Morgen danach als ein Fitmacher nach einem hektischen Tag, der Lust auf eine Party weckt!

Für 1 Person
gestoßenes Eis
4 cl Brandy
2 cl Apfelbrand
2 cl Vermouth Sweet

1 Gestoßenes Eis in ein Rührglas geben.
2 Brandy, Apfelbrand und Vermouth darüber gießen.
3 Langsam umrühren.
4 In ein gekühltes Cocktailglas abseihen.

582

Adam's Apple

In den USA heißt der bekannteste Apfelbrand Applejack und in Frankreich Calvados – wie auch immer man ihn nennt, in diesem Cocktail sorgt er für einen köstlich fruchtigen Geschmack und ein verführerisches Aroma.

Für 1 Person
4 cl Apfelbrand
2 cl Gin
2 cl Vermouth Dry
1 Spritzer gelber Chartreuse
Eis

1 Alle Zutaten über Eis in ein Rührglas gießen.
2 Gut umrühren und in ein gekühltes Glas abseihen.

583

Antonio

CLASSIC

Ein Minzecocktail, der es in sich hat: Servieren Sie ihn nach Geschmack etwas milder „on the rocks“, oder nippen Sie ihn einfach langsam und gemächlich.

Für 1 Person
1 cl Brandy
1 cl Gin
0,5 cl Maraschino
0,5 cl Crème de Menthe
Eis

1 Ein kleines Cocktailglas kalt stellen.
2 Alle vier Zutaten mit Eis in einem Shaker kräftig schütteln und in das gekühlte Glas abseihen.
3 Nach Geschmack mehr Eis zufügen.
4 Mit einem Trinkhalm servieren.

584

Golden Medallion

Der frische Orangensaft und der Galliano betonen die Fruchtigkeit des Brandys.

Für 1 Person
2 cl Brandy
2 cl Galliano
2 cl frisch gepresster Orangensaft
1 Spritzer Eiweiß
gestoßenes Eis
abgeriebene Orangenschale

1 Die Zutaten bis auf die Orangenschale mit Eis in einem Shaker kräftig schütteln.
2 In ein Cocktailglas abseihen.
3 Etwas abgeriebene Orangenschale darüber streuen; das unterstreicht die intensive Farbe des Cocktails.

Tipp: Alternativ können Sie zur Dekoration einen langen Orangenschalenstreifen wie eine Ziehharmonika auf ein Cocktailspießchen stecken. Vorher aber die bittere weiße Haut unter der Schale gründlich entfernen!

585

Brasilica

Dieser strahlende, kecke kleine Cocktail besitzt einen kräftigen Schuss Alkohol, der durch die fruchtigen Aromen verdeckt wird.

Für 1 Person
1 cl Brandy
0,5 cl Portwein
2 cl Orangensaft
Eis
1 cl Framboise oder
einige Tropfen Himbeersirup

1 Brandy, Portwein und Orangensaft mit Eis in einen Shaker geben und kräftig schütteln.
2 In ein gekühltes Glas gießen. Dann den Fruchtlikör oder Himbeersirup langsam dazugießen, sodass sich ein Teil davon am Boden absetzt.
3 Mit einem Stirrer servieren.

586 Which Way?

Mit Anis aromatisierte Spirituosen wie Pernod sind in den heutigen Cocktailbars sehr beliebt und bilden nicht selten die Grundlage für sehr starke Drinks.

Für 1 Person
2 cl Pernod
2 cl Anisette
2 cl Brandy
gestoßene Eiswürfel

1 Pernod, Anisette und Brandy mit Eis in einem Shaker kräftig schütteln.
2 In ein gekühltes Weinglas abseihen.

587. TNT: 4–6 gestoßene Eiswürfel in ein Rührglas geben. 2 cl Pernod und 2 cl Rye Whiskey darüber gießen und gut umrühren. In ein gekühltes Cocktailglas abseihen. **Für 1 Person**

588. Victory: 4 cl Pernod und 2 cl Grenadine mit Eis in einem Shaker kräftig schütteln. In einen gekühlten Tumbler abseihen und mit Soda- oder Mineralwasser auffüllen. **Für 1 Person**

589. Blanche: 2 cl Pernod, 2 cl Triple Sec und 1 cl White Curaçao mit Eis in einem Shaker kräftig schütteln. In ein gekühltes Cocktailglas abseihen. **Für 1 Person**

590. Nineteen Pick-me-up: 4 cl Pernod, 2 cl Gin, 1/4 TL Zuckersirup und 1 Spritzer Angostura mit Eis in einem Shaker kräftig schütteln. Einen Tumbler zur Hälfte mit gestoßenen Eiswürfeln füllen und den Cocktail darüber abseihen. Mit Soda- oder Mineralwasser auffüllen. **Für 1 Person**

591 Brandy Alexander

Ein wunderbar cremiger Drink, der als After-Dinner-Cocktail sehr beliebt ist. Das Original war der Alexander (S. 174), ein Drink auf Ginbasis.

Für 1 Person
2 cl Brandy
2 cl dunkler Crème de Cacao
2 cl Crème double
Eis
geriebene Muskatnuss

1 Brandy, Crème de Cacao und Crème double mit Eis in einem Shaker kräftig schütteln.
2 In ein gekühltes Cocktailglas abseihen und mit etwas geriebener Muskatnuss bestreuen.

(592)

B & B

Obwohl es großen Spaß macht, ausgefeilte Cocktails zu mischen und zu trinken, zählen einige der besten Cocktails gleichzeitig zu den einfachsten. B & B – Brandy und Benedictine – könnte nicht leichter herzustellen sein, besitzt aber einen unglaublich raffinierten Geschmack.

Für 1 Person
2 cl Brandy
2 cl Benedictine
gestoßene Eiswürfel

1 Brandy und Benedictine über Eis in ein Rührglas gießen und umrühren.
2 In ein gekühltes Cocktailglas abseihen.

(593)

Moonraker

Dieser hochprozentige Cocktail schießt Sie eher in den Orbit, als dass er Sie bei Mondschein mit dem Rechen im Garten herumirren lässt.

Für 1 Person
gestoßene Eiswürfel
1 Spritzer Pernod
2 cl Brandy
2 cl Peach Brandy
2 cl Quinquina (Aperitifwein)

1 Die Eiswürfel in ein Rührglas füllen.
2 Den Pernod darüber spritzen und den Brandy, Peach Brandy und Quinquina dazugießen.
3 Gut umrühren und in ein gekühltes Highballglas abseihen.

594. Moonshot: Gestoßene Eiswürfel in ein Rührglas füllen. Tabasco darüber spritzen und 4 cl Gin und 6 cl Muschelsaft dazugießen. Gut umrühren und in einen gekühlten Tumbler abseihen. **Für 1 Person**

595. Moon Landing: 2 cl Wodka, 2 cl Tia Maria, 2 cl Amaretto und 2 cl Baileys Irish Cream mit Eis in einem Shaker kräftig schütteln. In ein gekühltes Shotglas abseihen. **Für 1 Person**

596. Moonstruck: 4 cl Apfelbrand, 4 cl Zitronensaft und 1/2 TL Zuckersirup mit Eis in einem Shaker kräftig schütteln. Einen gekühlten Tumbler zur Hälfte mit gestoßenen Eiswürfeln füllen und den Cocktail darüber abseihen. **Für 1 Person**

597. Moonrise: 300 ml trockenen Cidre mit 1 EL braunem Zucker sowie je 1 Messerspitze Zimt und Muskatnuss in einen Topf geben. Unter Rühren langsam erhitzen, bis sich der Zucker auflöst. In ein vorgewärmtes Punschglas gießen und 2 cl Apfelbrand darüber gießen. 2 TL Sahne über den Rücken eines Teelöffels langsam darüber laufen lassen. **Für 1 Person**

598

Sangaree

Ebenso wie „Sangría“ stammt auch der Name dieses Cocktails von „sangre“, dem spanischen Wort für „Blut“, ab. Ursprünglich wurde er mit Wein zubereitet; heute stellt man ihn mehr und mehr auf der Grundlage härterer Spirituosen her. Das Bestreuen des fertigen Drinks mit frisch geriebener Muskatnuss ist allerdings geblieben.

Für 1 Person
6 gestoßene Eiswürfel
4 cl Brandy
2 cl Zuckersirup
Sodawasser
1 TL Portwein
1 Prise frisch geriebene Muskatnuss

1 Die Eiswürfel in ein gekühltes Highballglas füllen.
2 Brandy und Zuckersirup darüber gießen und mit Sodawasser aufgießen.
3 Langsam umrühren.
4 Den Portwein langsam über den Rücken eines Teelöffels darüber laufen lassen und den Cocktail mit Muskatnuss bestreuen.

599. Savoy Sangaree: 6 gestoßene Eiswürfel in ein Rührglas füllen, 2 cl Portwein und 1 TL Zucker hinzufügen und den Zucker unter Rühren auflösen. In ein gekühltes Cocktailglas abseihen und mit frisch geriebener Muskatnuss bestreuen. **Für 1 Person**

600. Whisky Sangaree: Gestoßenes Eis in einen gekühlten Tumbler füllen. 4 cl Bourbon und 1 TL Zuckersirup darüber gießen und mit Soda- oder Mineralwasser auffüllen. Langsam umrühren und 1 EL roten Portwein langsam darüber gießen. Mit frisch geriebener Muskatnuss bestreuen. **Für 1 Person**

601. Scotch Sangaree: 1 TL klaren Honig mit etwas Soda- oder Mineralwasser in einen gekühlten Tumbler geben. Gut umrühren, dann gestoßenes Eis, 4 cl Scotch Whisky zugeben und mit Soda- oder Mineralwasser auffüllen. Langsam umrühren, mit einer Zitronenschalenspirale dekorieren und mit frisch geriebener Muskatnuss bestreuen. **Für 1 Person**

602. Gin Sangaree: Gestoßene Eiswürfel in einen gekühlten Tumbler geben. 4 cl Gin und $^1/_2$ TL Zuckersirup darüber gießen und mit Sodawasser aufgießen. Langsam umrühren, 1 EL Portwein darüber gießen. Mit frisch geriebener Muskatnuss bestreuen. **Für 1 Person**

603

Tuscan Dessert

Italienische Liköre haben einen ganz eigenen Charakter und schmecken köstlich – so wie diese toskanische Spezialität mit Vanille- und Zitrusaroma.

Für 1 Person
4 cl Tuaca Liqueur
8 cl Apfelsaft
1 cl Zitronensaft
1 TL brauner Zucker
Eis
1 Prise Zimt

1 Alle Zutaten bis auf den Zimt mit Eis in einem Shaker mischen und kräftig schütteln und in einen gekühlten Tumbler abseihen.

2 Nach Geschmack Eis hinzufügen und den Cocktail mit Zimt bestäuben.

604

FBR

Eine Reihe von Cocktails kennt man nur unter ihren Anfangsbuchstaben. FBR zum Beispiel ist die Abkürzung für „Frozen Brandy and Rum". Andere Abkürzungen klingen recht merkwürdig, in ein oder zwei Fällen sogar leicht anstößig.

Für 1 Person
6–8 fein gestoßene Eiswürfel
4 cl Brandy
3 cl weißer Rum
1 EL Zitronensaft
1 TL Zuckersirup
1 Eiweiß

1 Gestoßenes Eis, Brandy, Rum, Zitronensaft, Zuckersirup und Eiweiß in einen Mixer geben.

2 Zu einem halbgefrorenen Drink verarbeiten und in ein gekühltes Highballglas gießen.

605. KGB (vermutlich: Komitjet Gosudarstwjennoi Bjezopasnosti): 3 cl Gin und 1 cl Kümmellikör mit Eis und 1 Spritzer Apricot Brandy in einem Shaker kräftig schütteln. In ein gekühltes Cocktailglas abseihen. **Für 1 Person**

606. MQS (Mary Queen of Scots): Den Rand eines gekühlten Cocktailglases mit einem Zitronenachtel einreiben und in Zucker tauchen. 4–6 gestoßene Eiswürfel in ein Rührglas geben. 4 cl Scotch Whisky, 2 cl Drambuie und 2 cl grünen Chartreuse darüber gießen und umrühren. In das vorbereitete Glas abseihen. **Für 1 Person**

607. BVD (Brandy, Vermouth und Dubonnet): 4–6 gestoßene Eiswürfel in ein Rührglas geben. Je 2 cl Brandy, Vermouth Dry und Dubonnet darüber gießen. Umrühren und in ein gekühltes Cocktailglas abseihen. Trotz des gleichen Namens enthält ein moderner BVD je 2 cl weißen Rum, Gin und Vermouth Dry. **Für 1 Person**

608

Golden Galleon

Durch den tiefgelben Galliano und den Maracujasaft erhält dieser Cocktail nicht nur seinen fruchtigen Geschmack, sondern auch seine intensive goldene Farbe.

Für 1 Person
2 cl Brandy
2 cl Galliano
2 cl Maracujasaft
1 Spritzer Zitronensaft
Eiswürfel

1 Alle Zutaten in einem Rührglas gut verrühren.
2 In einen mit Eis gefüllten Tumbler abseihen und mit einem Stirrer servieren.

609

Princess

Obwohl zahlreiche Drinks nach Königinnen und Prinzen benannt werden, ist bei diesem Cocktail keine bestimmte Prinzessin gemeint. Vielleicht verleiht einem der Genuss dieses edlen Gemisches ja das Gefühl besonderer Noblesse.

Für 1 Person
2 TL kalte Sahne
1 TL Zucker
4 cl Apricot Brandy, gekühlt

1 Die Sahne in einer sehr kleinen Schüssel mit dem Zucker verrühren.
2 Apricot Brandy in ein gekühltes Likörglas gießen und die gesüßte Sahne über den Rücken eines Teelöffels langsam darüber laufen lassen.

610. Duchess: 4–6 gestoßene Eiswürfel in ein Rührglas geben. 2 cl Pernod, 2 cl Vermouth Sweet und 2 cl Vermouth Dry darüber gießen. Gut umrühren und in ein gekühltes Cocktailglas abseihen. **Für 1 Person**

611. Duke: 2 cl Triple Sec, 1 cl Zitronensaft und 1 cl Orangensaft mit 1 Eiweiß und 1 Spritzer Maraschino mit Eis in einem Shaker kräftig schütteln. In ein gekühltes Weinglas abseihen. Mit gekühltem Champagner oder Schaumwein auffüllen. **Für 1 Person**

612. Grand Duchess: 4–6 gestoßene Eiswürfel in ein Rührglas geben. 4 cl Wodka, 2 cl Triple Sec, 6 cl Cranberrysaft und 4 cl Orangensaft darüber gießen. Gut umrühren. Einen gekühlten Tumbler mit gestoßenen Eiswürfeln füllen und den Cocktail darüber abseihen. **Für 1 Person**

613

Santa Maria

Eine säuerliche und zugleich süße Kombination. Wenn Sie die säuerliche Note etwas abmildern möchten, servieren Sie diesen Drink am besten eisgekühlt.

Für 1 Person
2 cl Brandy
2 cl Triple Sec
2 cl Zitronensaft
Eis
1 Orangenschalenspirale

1 Alle Zutaten bis auf die Schale mit Eis in einem Shaker mischen und kräftig schütteln.
2 In ein gekühltes Cocktailglas abseihen und mit der Orangenschalenspirale dekorieren.

614

Classic Cocktail

CLASSIC

Dieser Cocktail ist wahrlich nicht der erste oder einzige Cocktail-Klassiker, aber in ihm steckt die ganze Raffinesse, die man von einem Cocktail erwartet.

Für 1 Person
1 Zitronenachtel
1 TL Zucker
4 cl Brandy
1 cl White Curaçao
1 cl Maraschino
1 cl Zitronensaft
4–6 gestoßene Eiswürfel
1 Zitronenscheibe

1 Für einen Zuckerrand den Rand eines gekühlten Cocktailglases mit dem Zitronenachtel einreiben und in Zucker tauchen. Fest werden lassen.
2 Brandy, Curaçao, Maraschino und Zitronensaft mit Eis in einen Shaker geben und kräftig schütteln.
3 In das vorbereitete Glas abseihen und mit der Zitronenscheibe garnieren.

615. Tequila Cocktail: Gestoßenes Eis mit 1 Spritzer Angostura, 6 cl Tequila Gold, 2 cl Limettensaft und 1 cl Grenadine in einen Cocktailshaker geben. Kräftig schütteln, dann in ein gekühltes Cocktailglas abseihen. **Für 1 Person**

616. Brandy Cocktail: Gestoßenes Eis mit 1 Spritzer Angostura, 4 cl Brandy und 1/2 TL Zuckersirup in einen Cocktailshaker geben. Kräftig schütteln und in ein gekühltes Cocktailglas abseihen. Mit einer Zitronenschalenspirale dekorieren. **Für 1 Person**

617

Sidecar

Cointreau ist der bekannteste Vertreter der Bitterorangen-Liköre, die man im Allgemeinen als Triple Secs bezeichnet. Cointreau ist trockener und stärker als Curaçao und immer farblos.

Für 1 Person
4–6 gestoßene Eiswürfel
4 cl Brandy
2 cl Triple Sec
2 cl Zitronensaft
1 Orangenschalenspirale

1 Das Eis in einen Cocktailshaker geben.
2 Brandy, Triple Sec und Zitronensaft darüber gießen und kräftig schütteln.
3 In ein gekühltes Glas abseihen und mit der Orangenschalenspirale dekorieren.

618. Champagne Sidecar: Wie oben zubereiten, aber in eine gekühlte Champagnerflöte abseihen und mit gekühltem Champagner auffüllen. **Für 1 Person**

619. Chelsea Sidecar: 4 cl Gin, 2 cl Triple Sec und 2 cl Zitronensaft über Eis in einen Cocktailshaker gießen und kräftig schütteln. In ein gekühltes Cocktailglas abseihen. Mit einer Zitronenschalenspirale dekorieren. **Für 1 Person**

620. Boston Sidecar: 3 cl weißen Rum, 1 cl Brandy, 1 cl Triple Sec und 1 cl Zitronensaft über Eis in einen Cocktailshaker gießen und kräftig schütteln. In ein gekühltes Cocktailglas abseihen. Mit einer Orangenschalenspirale dekorieren. **Für 1 Person**

621. Polish Sidecar: 4 cl Gin, 2 cl Brombeerlikör und 2 cl Zitronensaft über Eis in einen Cocktailshaker gießen und kräftig schütteln. In ein gekühltes Cocktailglas abseihen. Mit frischen Brombeeren garnieren. **Für 1 Person**

622

Caesarini

In vielen Cocktails verwendet man Eier – Eigelb macht den Drink reichhaltiger und dicker, durch Eiweiß wird die Mischung schaumig.

Für 1 Person
3 cl Brandy
1 cl Orange Curaçao
1 Eigelb
2 Spritzer Grenadine

1 Die Zutaten mit Eis in einen Shaker geben und kräftig schütteln.
2 In ein mittelgroßes Cocktailglas abseihen und servieren.

623

Cherry Blossom

Reife, dunkelrote Kirschen sind die Grundlage des Cherry Brandy, eines Fruchtsaftlikörs mit leichtem Mandelaroma. Einfach köstlich!

Für 1 Person
2 cl Brandy
1,5 cl Cherry Brandy
1 Spritzer Grenadine
1 Spritzer Curaçao
1 Spritzer Zitronensaft
Eis

1 Alle Zutaten mit Eis in einem Shaker geben und kräftig schütteln.
2 In ein geeistes Cocktailglas abseihen und servieren.

624

Cherry Brandy Fix

Einen Fix bereitet man am besten direkt im Glas zu. Nehmen Sie dafür unbedingt viel Eis.

Für 1 Person
1 TL Zucker
1 TL Wasser
Saft von 1/2 Zitrone
1 cl Cherry Brandy
2 cl Brandy
Eis
1 Zitronenscheibe

1 Zucker und Wasser in einem kleinen Tumbler verrühren, bis sich der Zucker auflöst.
2 Zitronensaft und beide Brandys dazugießen. Mit Eis auffüllen und langsam umrühren.
3 Mit der Zitronenscheibe garnieren.

625

Huntsman

Wenn Sie sich Mut antrinken müssen oder nach einem langen Tag auf Vordermann gebracht werden wollen, ist dieser Drink genau das Richtige.

Für 1 Person
4 cl Cognac
gestoßenes Eis
1 Spritzer Benedictine
Sodawasser

1 Den Cognac über Eis in ein Old-Fashioned-Glas gießen und gut umrühren.
2 Den Benedictine darüber spritzen und nach Geschmack mit Sodawasser auffüllen.

626

Pisco Sour

Dies ist der Nationaldrink der Peruaner und Chilenen – ein erfrischender, aber tückisch starker Drink für heiße Sommertage in Südamerika.

Für 1 Person
4 cl Pisco
2 cl Zitronensaft
1 TL Zucker
1 Spritzer Orangenbitter (nach Belieben)
1 Eiweiß (nach Belieben)
gestoßenes Eis

1 Alle Zutaten in einem Shaker kräftig schütteln und in Gläser abseihen.
2 Das Eiweiß ist nicht unbedingt nötig; es bindet aber die Aromen und lässt den Drink besser aussehen.

Tipp: Am besten eignet sich Gran Pisco, die trockenste (und stärkste) Variante.

627

Grandma's Surprise

Wir wissen alle, dass Großmütter gerne Sherry trinken, und zwar am liebsten klammheimlich! Bei diesem Drink ist er in frischem Orangensaft versteckt – das dürfte nicht nur Ihrer Oma außerordentlich zusagen ...

Für 1 Person
1 cl Cream Sherry
1 cl Vermouth Medium Dry
1 Spritzer Angostura
frisch gepresster Orangensaft
1 Orangenschalenstreifen

1 Sherry und Vermouth mit Eis in einem kleinen Tumbler verrühren.
2 Den Spritzer Angostura hinzufügen.
3 Mit Orangensaft auffüllen und mit dem Orangenschalenstreifen dekorieren.

628

Bamboo

CLASSIC

Diese Kombination aus Sherry und Vermouth ergibt einen Drink, der etwa die Farbe von Bambus oder Stroh besitzt. Ein leichter und bekömmlicher Cocktail, besonders wenn er gut gekühlt ist.

Für 1 Person
3 cl Sherry
3 cl Vermouth Dry
1 Spritzer Orangenbitter
Eis
1 Zitronenschalenstreifen

1 Ein Rührglas kühlen.
2 Die Zutaten mit einigen Eiswürfeln hinzufügen und gut umrühren.
3 In ein gekühltes Cocktailglas abseihen und mit dem Zitronenschalenstreifen dekorieren.

629

Greenbriar

Der Ursprung dieses Drinks ist unbekannt. Möglicherweise wurde er nach dem Verwaltungsbezirk Greenbrier in West Virginia, USA, benannt, wo auch der Mint Julep (S. 82) herstammt.

Für 1 Person
4 cl trockener Sherry
2 cl Vermouth Dry
1 Spritzer Peach Brandy
gestoßenes Eis
1 Minzezweig

1 Die Zutaten mit Eis in einem Rührglas gut verrühren.
2 Mit dem Minzezweig dekorieren.

630

Santa Vittoria

Cinzano Rosso, duftende Orangen und Rosenblüten – sollte dieser Cocktail vielleicht nach einem romantischen Dorf in Italien benannt sein?

Für 1 Person
2 cl Cinzano Rosso
2 cl Gin
2 cl frisch gepresster Orangensaft
0,5 cl Cointreau
Eis
einige Rosenblütenblätter

1 Die ersten vier Zutaten mit Eis in einem Shaker kräftig schütteln und in ein gekühltes Cocktailglas abseihen.
2 Mit Rosenblütenblättern dekorieren.

631

Raffles

Ein beliebter Cocktail aus der Kolonialzeit – bevor der Gin Tonic ihm die Show stahl.

Für 1 Person
2 cl weißer Vermouth
0,5 cl Gin
0,5 cl Campari
Eis
1 Orangenscheibe

1 Alle Zutaten bis auf die Orangenscheibe mit Eis in einem gekühlten mittelgroßen Tumbler gut verrühren.
2 Die Orangenscheibe darüber ausdrücken und ins Glas geben.

632

Adonis

Der Sherry verleiht diesem Drink die besondere Note. Wählen Sie zwischen trockenem, süßem und dem leicht nussig schmeckenden Amontillado.

Für 1 Person
2 cl Sherry
1 cl roter Vermouth
Eis
1 Spritzer Orangenbitter
1 Orangenschalenstreifen

1 Die flüssigen Zutaten mit Eis in einem gekühlten mittelgroßen Tumbler gut verrühren.
2 Mit dem Orangenschalenstreifen dekorieren.

633

Washington D.C.

Ein überraschend trockener Drink, bis der Zucker vom Glasrand hinzukommt. Vielleicht bevorzugen Sie den Cocktail aber auch ohne diese süße Verzierung.

Für 1 Person
einige Tropfen Cherry Brandy
1 EL Zucker
2 Spritzer Angostura
2 Spritzer Zuckersirup
2 cl Vermouth Dry
1 cl Brandy
Eis
1 Maraschinokirsche

1 Für einen Zuckerrand den Rand einer Sektschale mit Cherry Brandy bestreichen und in Zucker tauchen.
2 Trocknen lassen.
3 Die flüssigen Zutaten mit dem Eis in einem Shaker kräftig schütteln und in ein Cocktailglas abseihen. Mit einem großen Eiswürfel und der Maraschinokirsche dekorieren.

634

Bullfrog

Frischer Zitronensaft ist unverzichtbar, insbesondere wenn er einer der Hauptzutaten eines Drinks ist. Kaufen Sie ganz frische, unbehandelte Zitronen, und lagern Sie sie bei Zimmertemperatur, dann lassen sie sich leichter auspressen.

Für 1 Person
2 cl Vermouth Dry
2 cl Triple sec
2 cl Zitronensaft
Eis
1 grüne Cocktailkirsche
1 Limettenscheibe

1 Alle Zutaten bis auf die Früchte mit Eis in einem Shaker mischen und kräftig schütteln.
2 In ein gekühltes Cocktailglas abseihen; mit der grünen Kirsche und der halbierten Limettenscheibe dekorieren.

635

Sherry Cobbler

Ein Longdrink, der mit Sirup zubereitet und mit frischen Früchten garniert wird. Sherry Cobbler ist das Original, es gibt jedoch inzwischen zahlreiche und nicht selten sehr viel stärkere Varianten.

Für 1 Person
fein gestoßenes Eis
$^1/_4$ TL Zuckersirup
$^1/_4$ TL White Curaçao
8 cl Amontillado-Sherry
einige Ananasstücke
1 Zitronenschalenspirale

1 Ein Weinglas mit gestoßenem Eis füllen.
2 Zuckersirup und Curaçao dazugießen und gut umrühren.
3 Den Sherry dazugießen und umrühren.
4 Mit den Ananasstücken und der Zitronenschalenspirale dekorieren.

636. Port Wine Cobbler: 1 TL Zucker in ein gekühltes Weinglas geben, 4 cl Mineralwasser dazugießen. Rühren, bis sich der Zucker auflöst. Mit gestoßenem Eis auffüllen, 6 cl roten Portwein dazugießen. Mit Orangenscheibe und Cocktailkirsche dekorieren. **Für 1 Person**

637. Bourbon Cobbler: 1 TL Zucker in ein großes, gekühltes Glas geben und 1 Spritzer Zitronensaft darüber gießen. 6 gestoßene Eiswürfel hinzufügen und 4 cl Bourbon und 4 cl Southern Comfort darüber gießen. Mit Mineralwasser auffüllen und gut umrühren. Mit einer Pfirsichscheibe dekorieren. **Für 1 Person**

638. Brandy Cobbler: 1 TL Zucker in einen kleinen gekühlten Tumbler geben und 6 cl Mineralwasser dazugießen. Rühren, bis sich der Zucker auflöst, dann das Glas mit gestoßenem Eis füllen. 4 cl Brandy dazugießen und gut umrühren. Mit einer Zitronenscheibe und einer Cocktailkirsche dekorieren. **Für 1 Person**

639. Rum Cobbler: 1 TL Zucker in ein gekühltes Glas geben. 4 cl Mineralwasser dazugießen; umrühren, bis sich der Zucker auflöst. Mit gestoßenem Eis auffüllen, 4 cl weißen Rum darüber gießen. Gut umrühren, mit Limetten- und Orangenscheibe dekorieren. **Für 1 Person**

640

Rembrandt

Ein schnell zubereiteter, einfacher Drink, der es jederzeit mit einem Kir (S. 131) aufnehmen kann. Mag sein, dass er dem einen oder anderen ein wenig süß vorkommt, aber dagegen lässt sich mit etwas Zitronensaft leicht Abhilfe schaffen.

Für 1 Person
Zitronensaft
Zucker
1 cl Apricot Brandy
einige Tropfen Zitronensaft (nach Belieben)
1 Glas trockener Weißwein, gekühlt

1 Den Rand eines Weinglases mit etwas Zitronensaft einreiben, dann in Zucker tauchen. Den Zucker fest werden lassen.
2 Den Brandy hineingießen und nach Geschmack Zitronensaft zugeben.
3 Mit dem Wein auffüllen, sodass sich der Brandy im Glas verteilt.

641

Sherry Nights

In Cocktails ist Sherry eher selten – vielleicht, weil man ihn früher nie dafür erübrigen wollte. Heute trinkt man ihn selten pur, sondern mixt damit großartige Drinks wie diesen.

Für 1 Person
Zucker
1 TL abgeriebene Orangenschale
1 Spritzer Eiweiß oder Zitronensaft
2 cl Medium Sherry
1 cl Whisky
2 cl Orangensaft
2 Spritzer Orange Curaçao
Eiswürfel

1 Zucker und Orangenschale mischen. Rand eines mittelgroßen Cocktailglases in das geschlagene Eiweiß oder den Zitronensaft, dann in den Orangenzucker tauchen. Fest werden lassen.
2 Die übrigen Zutaten 10 Sekunden in einem Mixer gut durchmischen.
3 Mit Eis in das vorbereitete Cocktailglas gießen. Mit Trinkhalm servieren.

642

CLASSIC

Margarita

Die übliche Art, Tequila zu trinken, kennen wir alle: Etwas Salz auf den Handrücken zwischen Daumen und Zeigefinger streuen, ablecken, den Tequila hinterherschütten und zum Schluss eine Zitronenscheibe aussaugen. Kultivierter ist die Margarita, die 1942, wahrscheinlich von Francisco Morales, in Mexiko erfunden wurde.

Für 1 Person
1 Limettenachtel
grobes Salz
6 cl weißer Tequila
2 cl Triple Sec oder Cointreau
4 cl Limettensaft
gestoßene Eiswürfel
1 Limettenscheibe

1 Den Rand eines gekühltes Cocktailglases mit dem Limettenachtel einreiben und in das grobe Salz tauchen.
2 Fest werden lassen. Dann Tequila, Triple Sec und Limettensaft mit gestoßenem Eis in einem Shaker kräftig schütteln.
3 In das vorbereitete Glas abseihen und mit der Limettenscheibe dekorieren.

643

Tequila Steeler

Die sahnige Kokoscreme macht diesen hochprozentigen Cocktail etwas milder. Lassen Sie sich aber durch die rosa Farbe dieses Drinks nicht täuschen!

Für 1 Person
2 cl Tequila
1 cl weißer Rum
1 cl Wodka
0,5 cl Kokoscreme
1 Spritzer Limettensaft
einige Tropfen Grenadine
Eis
1 Rosenblüte oder einige Blütenblätter
1 Limettenschalenstreifen

1 Die ersten sechs Zutaten mit Eis in einem Shaker kräftig schütteln.
2 In ein gekühltes Glas gießen und mit Rosenblüte oder Rosenblütenblättern sowie dem Limettenstreifen dekorieren.

644

Tequila Shot

CLASSIC

Dies ist wohl die populärste Art, Tequila pur zu trinken. Häufig wird er als weich und herb beschrieben. Die Kombination mit Limettensaft und Salz mag widersprüchlich erscheinen – aber sie funktioniert!

Für 1 Person

1 Prise Salz

2 cl Tequila Gold

1 Limetten- oder Zitronenachtel

1 Das Salz auf den Handrücken zwischen Daumen und Zeigefinger streuen.

2 In der gleichen Hand die Limette halten; das Shotglas in die andere Hand nehmen.

3 Das Salz ablecken, den Tequila hinunterstürzen und das Limetten- oder Zitronenachtel aussaugen.

645

Bombshell

Tequila verleiht jedem Cocktail einen Kick, doch dieser Drink ist wirklich nicht so stark, wie der Name vermuten lässt!

Für 1 Person

4 cl trockener Marsala

2 cl Tequila

1 Schuss Campari

1 Schuss Cherry Brandy

Eis

1 Zitronenstück

1 Die Zutaten mit Eis in ein Rührglas geben und verrühren.

2 In einen kleinen Tumbler oder ein Cocktailglas abseihen und mit dem Zitronenstück garnieren.

646

Teaser

Glauben Sie nur nicht, dass es sich hier lediglich um ein gut gekühltes Glas Fruchtsaft handelt!

Für 1 Person
2 cl Tequila
2 cl Orangenlikör
2 cl frisch gepresster Limettensaft
1 Spritzer Eiweiß
Eis
1 Limettenscheibe oder Limettenschalenspirale

1 Alle Zutaten bis auf die Limettenscheibe mit Eis in einen Shaker geben und kräftig schütteln.
2 In ein gekühltes Cocktailglas gießen und mit der Limettenscheibe oder Limettenschalenspirale und einem Eiswürfel garnieren.

647

Brave Bull

CLASSIC

Spaniens historische Verbindungen mit Mexiko haben viele Spuren hinterlassen – nicht zuletzt eine Vorliebe für den Stierkampf. Ob dieser Cocktail zu Ehren des Stiers so genannt wurde, oder ob er demjenigen, der den Cocktail genießt, den Mut eines Stiers verleihen soll, darf jeder selbst entscheiden.

Für 1 Person
4 cl weißer Tequila
2 cl Tia Maria
gestoßene Eiswürfel
1 Zitronenschalenspirale

1 Tequila und Tia Maria mit gestoßenem Eis in einem Rührglas gut verrühren.
2 In ein gekühltes Glas abseihen und mit der Zitronenschalenspirale dekorieren.

648

Carolina

Manche Drinks verlangen einfach nach dem samtigen Geschmack des braunen Tequilas.

Für 1 Person
6 cl brauner Tequila
1 TL Grenadine
2 Tropfen Vanillearoma
2 cl Sahne
gestoßene Eiswürfel
1 Eiweiß
Zimt
1 Cocktailkirsche

1 Tequila, Grenadine, Vanillearoma, Sahne und Eis in einen Shaker geben; zuletzt das Eiweiß hinzufügen.
2 Kräftig schütteln und in ein gekühltes Cocktailglas abseihen.
3 Mit Zimt bestreuen und mit der Cocktailkirsche dekorieren.

649

Mad Dog

Wenn Sie zu viel von diesem Cocktail trinken, finden Sie sich möglicherweise in einer Hundehütte wieder. Verlängern Sie ihn mit reichlich Eis, um zu vermeiden, dass Sie ihn zu schnell „wegschlabbern“.

Für 1 Person
2 cl weißer Tequila
2 cl Crème de Banane
2 cl weißer Crème de Cacao
1 cl Limettensaft
gestoßene Eiswürfel
1 Limettenscheibe
1 Bananenscheibe
1 Cocktailkirsche

1 Tequila, Crème de Banane, Crème de Cacao und Limettensaft mit Eis in einem Shaker kräftig schütteln.
2 In ein gekühltes Cocktailglas abseihen und mit der Limettenscheibe, der Bananenscheibe und der Cocktailkirsche dekorieren.

650. Beagle: Gestoßene Eiswürfel in ein Rührglas geben. Kümmellikör und Zitronensaft darüber spritzen, 4 cl Brandy und 2 cl Cranberrysaft darüber gießen. Gut umrühren und in ein gekühltes Cocktailglas abseihen. **Für 1 Person**

651. Great Dane: 4 cl Gin, 2 cl Cherry Brandy, 1 cl Vermouth Dry und 1 TL Kirschwasser mit Eis in einem Shaker kräftig schütteln. In ein gekühltes Cocktailglas abseihen. Mit einer Zitronenschalenspirale dekorieren. **Für 1 Person**

652. Bulldog Breed: Einen gekühlten Tumbler zur Hälfte mit gestoßenem Eis füllen. 2 cl Gin und 4 cl Orangensaft darüber gießen, mit gekühltem Ginger Ale auffüllen und umrühren. **Für 1 Person**

653. Bloodhound: 4 cl Gin, 2 cl Vermouth Sweet, 2 cl Vermouth Dry und 3 Erdbeeren in einen kleinen Mixer mit etwas fein gestoßenem Eis zu einem glatten Drink verarbeiten. In ein gekühltes Cocktailglas abseihen. **Für 1 Person**

654 Kokoloko

Besonderen Anklang findet dieser Drink, wenn Sie den Rand des Glases zuerst in einen der Liköre und dann in eine Mischung aus Kakao und Zucker tauchen.

Für 1 Person
Kakaopulver
Zucker
2 cl Kokoscreme
2 cl Malibu (Kokoslikör)
2 cl Crème de Cacao
2 cl Milch
Eiswürfel und Schokoladenraspel

1 Für den Zuckerrand den Rand eines Glases in Likör und in eine Mischung aus Kakao und Zucker tauchen.
2 Kokoscreme, Kokos- und Schokoladenlikör sowie die Milch mit Eis in einem Shaker kräftig schütteln. Über Eis in einen Tumbler gießen.
3 Mit Schokoladenraspeln garnieren.

655 Banshee

Überraschend viele Cocktails werden nach Monstern, Geistern und anderen Wesen benannt, die nachts ihr Unwesen treiben. Dieser Drink bringt Sie zwar nicht zum Zittern – jedenfalls nicht vor Angst –, aber vielleicht stellen sich Ihnen die Haare auf.

Für 1 Person
4 cl Crème de Banane
2 cl Crème de Cacao
2 cl Sahne
gestoßene Eiswürfel

1 Crème de Banane, Crème de Cacao und Sahne mit Eis in einem Shaker kräftig schütteln.
2 In ein gekühltes Weinglas abseihen.

656 Candy Floss

Bananen eignen sich gut zum Einfrieren. Schneiden Sie dazu das Fruchtfleisch in lange dünne Streifen oder diagonale Scheiben. Die gefrorenen Bananenstücke können Sie dann zum Umrühren Ihres Cocktails oder als Dekoration benutzen.

Für 1 Person
2 cl Pfirsichbrand
2 cl Bananenlikör
2 cl Apricot Brandy
2–4 cl Orangensaft
Eis
1 Banane

1 Die ersten drei Zutaten nach Geschmack mit Orangensaft verrühren.
2 In einen Tumbler voll Eis gießen und mit frischen oder gefrorenen Bananenstücken garnieren.

657

Honeymoon

Die Hochzeitsreise nennt man im Englischen deshalb „Honeymoon", weil man früher annahm, der erste Monat der Ehe sei besonders süß. Wenn Sie nach der Hochzeit keinen Champagner mehr sehen können, genießen Sie mit Ihrem Schatz doch einfach diesen süßen Drink!

Für 2 Personen
8 cl Apfelbrand
4 cl Benedictine
4 cl Zitronensaft
2 TL Triple Sec
gestoßene Eiswürfel

1 Apfelbrand, Benedictine, Zitronensaft und Triple Sec mit Eis in einem Shaker kräftig schütteln.
2 In zwei gekühlte Cocktailgläser abseihen.

658. Bachelor's Bait: Eis in einen Shaker füllen. 4 cl Gin, 1 TL Grenadine, 1 Eiweiß und 1 Spritzer Orangenbitter dazugeben. Kräftig schütteln und in ein gekühltes Cocktailglas abseihen. **Für 1 Person**

659. Cupid: 4 cl trockenen Sherry, 1 TL Zuckersirup, 1 Ei und 1 Spritzer Tabasco in einen Shaker geben und kräftig schütteln. In ein gekühltes Cocktailglas abseihen. **Für 1 Person**

660. Kiss Kiss: 4–6 gestoßene Eiswürfel in ein Rührglas geben. 2 cl Cherry Brandy, 2 cl Gin und 2 cl Vermouth Sweet darüber gießen. Gut umrühren und in ein gekühltes Cocktailglas abseihen. **Für 1 Person**

661. Wedding Bells: 4–6 gestoßene Eiswürfel in ein Rührglas geben. Orangenbitter darüber spritzen und 4 cl Rye Whiskey, 2 cl Triple Sec sowie 4 cl Lillet darüber gießen. Gut umrühren und in ein gekühltes Cocktailglas abseihen. **Für 1 Person**

(662)

Panda

Slibowitz ist ein farbloser Pflaumenbrand, der mindestens acht Jahre gelagert haben sollte. Meist trinkt man ihn pur, doch er verleiht auch Cocktails eine fruchtige Note. Sie können ihn durch Apricot, Peach oder Cherry Brandy ersetzen; dann erhält Ihr Cocktail aber einen anderen Farbton.

Für 1 Person
2 cl Slibowitz
2 cl Apfelbrand
2 cl Gin
2 cl Orangensaft
gestoßene Eiswürfel
1 Spritzer Zuckersirup

1 Slibowitz, Apfelbrand, Gin und Orangensaft mit Eis und 1 Spritzer Zuckersirup in einem Shaker kräftig schütteln.
2 In ein gekühltes Cocktailglas abseihen.

(663) Cosmopolitan & White Cosmopolitan

Viel fruchtiger als sein rosafarbener Verwandter schmeckt der White Cosmopolitan: Er wird statt mit Wodka mit einem italienischen Zitronenlikör zubereitet.

Für 1 Person
3 cl Wodka oder Limoncello
1 cl Cointreau
2 cl Cranberrysaft und 1 cl Limettensaft
oder 2 cl Cranberry-Trauben-Nektar
Eis
1 Spritzer Orangenbitter (nur White Cosmo)
1 Kirsche oder Cranberry

1 Für den Cosmopolitan Wodka, Cointreau, Cranberry- und Limettensaft, für den White Cosmopolitan Limoncello, Cointreau und Cranberry-Trauben-Nektar mit Eis im Shaker kräftig schütteln.
2 In ein gekühltes Cocktailglas abseihen.
3 Über den White Cosmopolitan Orangenbitter spritzen. Mit der Kirsche garnieren.

664

Frozen Apples

Wie Wodka kann man auch Apfelbrand in den Gefrierschrank stellen, ohne dass er gefriert. Wenn der Cocktail dann gemixt wird, ist er wirklich eiskalt.

Für 1 Person
2 cl geeister Apfelbrand
2 cl Cranberry-Apfel-Nektar
Eis

1 Alle Zutaten in einen Shaker geben und kräftig schütteln.
2 In ein gekühltes Cocktailglas abseihen und servieren.

665

Orange Bitter-Sweet

Izarra ist ein baskischer Likör aus den Pyrenäen, der auf Blüten und anderen Pflanzenteilen basiert und auch Armagnac enthält. Der grüne Izarra ist stärker als der gelbe. In diesem Cocktail wird seine Süße durch den Orangensaft und den Campari ausgeglichen.

Für 1 Person
2 cl gelber Izarra
2 cl Campari
Saft von 1 Orange
Eis
1 Orangenscheibe

1 Alle Zutaten bis auf die Orangenscheibe mit Eis in einen Shaker geben und kräftig schütteln.
2 In ein gekühltes Cocktailglas abseihen und mit der Orangenscheibe dekorieren.

666

Hazy Lady

Die intensive rote Farbe der Grenadine durchdringt rasch die üppigen, mit Nüssen aromatisierten Liköre und bildet am Boden des Glases eine schöne rosa Schicht.

Für 1 Person
1 cl Crème de Noyaux
1 cl Kaffeelikör
1 cl Brandy
1 cl Orangensaft
1 Spritzer Eiweiß
Eis
1 Spritzer Grenadine
frisch geriebene Muskatnuss

1 Die ersten fünf Zutaten mit Eis in einem Shaker kräftig schütteln.
2 In ein geeistes Cocktailglas abseihen, die Grenadine darüber spritzen und den Cocktail mit geriebener Muskatnuss bestreuen.

667

Paradiso

Die besten Shortdrinks werden mit geeisten Zutaten gemischt. Sehr zuckerhaltige Liköre und Spirituosen stellt man vorher am besten in den Kühlschrank.

Für 1 Person
2 cl Parfait Amour
2 cl Cointreau oder Triple Sec
Eiswürfel
2 Orangenschalenspiralen

1 Die gekühlten Liköre in ein Glas mit Eis gießen.
2 Die Orangenschalenspiralen hinzufügen und den Drink mit einem Stirrer servieren.

(668)

Last Tango

Verwenden Sie die Mangoscheiben wie zusätzliche Eiswürfel, die Sie in den fertigen Cocktail geben. Das wirkt nicht nur sehr dekorativ, sondern schmeckt auch großartig.

Für 1 Person
2–3 dünne Scheiben reife Mango, angefroren
3 cl Mandarine Napoléon
1 cl Kirschwasser
fein gestoßenes Eis

1 Die geschälten und dünn geschnittenen Mangoscheiben 40–50 Minuten vor der Zubereitung einfrieren.
2 Die beiden Spirituosen mit Eis in einem Shaker kräftig schütteln. In ein gekühltes Cocktailglas gießen und mit den Mangoscheiben garnieren.

(669)

Mudslide

Trotz des etwas eigenartigen Namens handelt es sich hier – unabhängig vom Wetter – um einen köstlich aromatischen und cremigen Cocktail.

Für 1 Person
3 cl Kahlúa
3 cl Baileys Irish Cream
3 cl Wodka
gestoßene Eiswürfel

1 Kahlúa, Baileys Irish Cream und Wodka mit Eis in einem Shaker kräftig schütteln.
2 In ein gekühltes Stielglas abseihen.

670 African Mint

Amarula ist ein Sahnelikör aus der Marula-Frucht des afrikanischen Elefantenbaums. Am besten serviert man ihn sehr kalt – allerdings ohne Eis, da ihn dies zu sehr verwässern würde.

Für 1 Person
1,5 cl Crème de Menthe, gekühlt
1,5 cl Amarula Cream, gekühlt

1 Den Crème de Menthe in ein schlankes Cocktailglas oder Shotglas gießen. Einige Tropfen davon aufbewahren.
2 Den Amarula Cream langsam über den Rücken eines Löffels dazugießen, sodass eine Schicht über dem Minzlikör entsteht.
3 Den übrigen Minzlikör darüber träufeln.

671 Crusted Green Monster

Wenn ein Cocktail als „crusted" bezeichnet wird, ist in der Regel das Glas mit einem Zuckerrand versehen. Dies bietet sich gerade bei aromatischen Cocktails an und sieht außerdem sehr elegant aus.

Für 1 Person
1 cl Zitronensaft
1 TL feiner Zucker
1 cl Kümmellikör
1 cl grüner Crème de Menthe
1,5 cl Gin
4 Spritzer Peach Brandy
Eis

1 Den Rand eines gekühltes Cocktailglases mit etwas Zitronensaft einreiben und in den Zucker tauchen.
2 Alle Zutaten mit Eis in einen Shaker geben und kräftig schütteln. Den Cocktail in das vorbereitete Glas abseihen.

672 Mint Imperial

Diese „kaiserliche Minze" ist ein Cocktail mit intensiven und anhaltenden Aromen. Genießen Sie ihn mit Vorsicht, oder fügen Sie viel Eis zum Abmildern hinzu.

Für 1 Person
1 cl Pernod
1 TL feiner Zucker
2 cl grüner Crème de Menthe
1 cl Drambuie
1 Spritzer Pernod
2 Spritzer Zuckersirup
Eiswürfel

1 Den Rand eines gekühlten Cocktailglases mit etwas Pernod einreiben und in den Zucker tauchen.
2 Die Zutaten mit Eis in einem Shaker kräftig schütteln.
3 In das vorbereitete Glas abseihen und einen Eiswürfel hinzufügen.

673 Foggy London Town

Der Anislikör wird erst trüb, wenn man ihn mit dem Eis zu verrühren beginnt. Nimmt man weißen Crème de Menthe, erinnert der Cocktail an schweren, dichten Nebel.

Für 1 Person
1 cl Anisette
1 cl Crème de Menthe
einige Tropfen Angostura
fein gestoßenes Eis

1 Alle drei Zutaten mit Eis verrühren.
2 In ein mit Eis gefülltes Cocktailglas gießen und servieren.

674 Katrina

Nach Geschmack können Sie auch grünen Minzlikör nehmen; doch dieser Cocktail hier sieht hübscher aus und schmeckt genauso gut.

Für 1 Person
2 cl Galliano
1 cl weißer Crème de Menthe
1 cl Brandy
Eis

1 Die ersten drei Zutaten mit Eis in einem Shaker kräftig schütteln.
2 In ein gekühltes Likörglas abseihen.

675 The Charleston

Ein Mix aus verschiedensten Aromen für einen kräftigen Shortdrink!

Für 1 Person
0,5 cl Dry Gin
0,5 cl Kirschwasser
0,5 cl Curaçao
0,5 cl Vermouth Dry
0,5 cl Vermouth Sweet
Eis
1 langer Zitronenschalenstreifen

1 Alle Zutaten bis auf die Zitronenschale mit Eis in einem Shaker mischen und kräftig schütteln und in ein Cocktailglas abseihen.
2 Mit dem Zitronenschalenstreifen garnieren.

(676)

Pink Squirrel

Crème de Noyaux besitzt einen wunderbaren, leicht bitteren, nussigen Geschmack, wird aber aus Pfirsich- und Aprikosenkernen hergestellt. Meist serviert man ihn als Likör, doch er harmoniert auch ausgezeichnet mit einigen anderen Cocktailzutaten.

Für 1 Person
4 cl dunkler Crème de Cacao
2 cl Crème de Noyaux
2 cl Sahne
gestoßene Eiswürfel

1 Crème de Cacao, Crème de Noyaux und Sahne mit Eis in einem Shaker kräftig schütteln.
2 In ein gekühltes Cocktailglas abseihen.

677. Pink Almond: 4 cl Blended American Whiskey, 2 cl Amaretto, 1 cl Crème de Noyaux, 1 cl Cherry Brandy und 2 cl Zitronensaft mit Eis in einem Shaker kräftig schütteln. In einen gekühlten Tumbler abseihen und mit einer Zitronenscheibe dekorieren. **Für 1 Person**

678. Pink Pussycat: Einen gekühlten Tumbler zur Hälfte mit gestoßenen Eiswürfeln füllen. Etwas Grenadine darüber spritzen und 4 cl Gin darüber gießen. Mit Ananassaft auffüllen und mit einem Stück Ananas dekorieren. **Für 1 Person**

679. Pink Heather: 2 cl Scotch Whisky und 2 cl Erdbeerlikör in eine gekühlte Champagnerflöte gießen. Mit gekühltem Schaumwein aufgießen und mit einer Erdbeere dekorieren. **Für 1 Person**

680. Pink Whiskers: 4 cl Apricot Brandy, 2 cl Vermouth Dry, 4 cl Orangensaft und 1 Spritzer Grenadine mit Eis in einem Shaker kräftig schütteln. Den Cocktail in ein gekühltes Cocktailglas abseihen. **Für 1 Person**

(681)

Sand Martin

Sieht nicht ganz ungefährlich aus, geht aber runter wie Öl …

Für 1 Person
1 cl grüner Chartreuse
1 cl Vermouth Sweet
1 cl Gin
Eis

1 Alle Zutaten mit Eis in einen Shaker geben und kräftig schütteln.
2 In ein Cocktailglas abseihen und servieren.

682

Firewire

Dieser köstliche und erfrischend aussehende Drink wird Sie bei Bedarf wieder auf Vordermann bringen – vor Partys oder anderen ereignisreichen Abenden.

Für 1 Person
2 cl Pastis oder Pernod
2 cl Cointreau
1 cl frisch gepresster Zitronensaft
fein gestoßenes Eis
1 Zitronenschalenspirale

1 Die ersten drei Zutaten mit gestoßenem Eis in einem Shaker mischen und kräftig schütteln.
2 In ein gekühltes Cocktailglas abseihen und mit der Zitronenschalenspirale dekorieren.

683

Firelighter

Wenn Sie nach einem Cocktail suchen, der die Funken sprühen lässt, dann ist dieser genau der richtige! Den berüchtigten Absinth sollten Sie jedoch nicht unterschätzen.

Für 1 Person
2 cl Absinth, geeist
2 cl Limettensirup, geeist
Eis

1 Ein Shotglas im Gefrierfach kalt stellen.
2 Den Absinth und den Limettensirup mit Eis in einem Shaker kräftig schütteln und in das Shotglas abseihen.

684

Black Hole

Um aus einem „schwarzen Loch" herauszukommen, ist dieser ungewöhnliche Drink geradezu perfekt. Der dunkle Sambuca wird Ihre Freunde faszinieren.

Für 1 Person
4 cl schwarzer Sambuca, geeist
4 cl Vermouth Dry, geeist
gestoßenes Eis
Sodawasser

1 Beide Spirituosen mit dem Eis gut verrühren, bis der Shaker beschlägt.
2 In ein Old-Fashioned-Glas abseihen und nach Geschmack mit Sodawasser auffüllen.

685

Prince Charles

Der perfekte Drink nach einem Tag in den schottischen Highlands?

Für 1 Person
1 cl Drambuie
1 cl Cognac
1 cl frisch gepresster Zitronensaft
Eis

1 Alle drei Zutaten mit Eis in einem Rührglas gut verrühren.
2 In ein geeistes Cocktailglas abseihen.

686

Triple Champion

Rosa Grapefruitsaft schmeckt süßer und milder als der klassische weiße und ist zum Mischen von Cocktails optimal geeignet.

Für 1 Person
2 cl Cinzano Bianco
2 cl Triple Sec
2–4 cl rosa Grapefruitsaft
1 cl roter Portwein
Eis

1 Eis in einen großen Tumbler geben.
2 Alle Zutaten dazugießen und verrühren.

687

Yellow Quiver

Zwei Fruchtsäfte werden für diesen aufregenden Cocktail mit vier Alkoholsorten gemischt. Der dekorative Spritzer Blue Curaçao verleiht dem Drink die besondere Note.

Für 1 Person

1 cl Mandarine Napoléon
1 cl Wodka
0,5 cl Galliano
1 cl Ananassaft
0,5 cl Zitronensaft
1/2 Eiweiß
fein gestoßenes Eis
1 Spritzer Blue Curaçao

1 Alle Zutaten bis auf den Blue Curaçao mit gestoßenem Eis in einem Shaker mischen und kräftig schütteln.
2 In ein geeistes Cocktailglas gießen, zum Schluss den Blue Curaçao darüber geben und leicht verwirbeln.

688

Pussyfoot

Ein hübscher Cocktail, der angeblich während der Prohibition erfunden wurde.

Für 1 Person

gestoßenes Eis
Saft von 1/2 Orange
Saft von 1/2 Zitrone
Saft von 1/2 Limette
1/2 Eigelb
1 Spritzer Grenadine
1 Orangenscheibe
1 Minzezweig

1 Alle Zutaten mit Eis in einem Shaker mischen und kräftig schütteln und in ein gekühltes Highballglas abseihen.
2 Mit der Orangenscheibe und dem Minzezweig dekorieren.

Fruchtige Cocktails

(689)

Teardrop

Gin, Fruchtsaft und Sahne ergeben einen schönen Longdrink. Wenn dann noch der rosafarbene Erdbeersirup langsam zwischen den Zutaten versinkt, ist die exotische Note dieses Cocktails perfekt.

Für 1 Person

2 cl Gin
4 cl Aprikosen- oder Pfirsichnektar
2 cl Sahne
fein gestoßenes Eis
1 cl Erdbeersirup

1 Alle Zutaten bis auf den Erdbeersirup 5–10 Sekunden in einem Mixer verarbeiten, bis der Cocktail dick und schaumig ist.
2 In ein mit gestoßenem Eis gefülltes langes Glas gießen.
3 Den Erdbeersirup darüber träufeln.

(690)

Mississippi Fizz

Dieser Fizz steckt voll Frucht und besitzt den feinen Geschmack von gefrorenem Gin.

Für 1 Person

4 cl Gin
2 cl frisch gepresster Limettensaft
2 cl Maracujasirup
0,5 cl Zuckersirup
3 Spritzer Orangenblütenwasser
2 cl Sodawasser
fein gestoßenes Eis

1 Alle Zutaten in einen Mixer geben und auf hoher Stufe einige Sekunden schaumig mixen.
2 In ein großes geeistes Cocktailglas oder Highballglas gießen und mit einem Trinkhalm servieren.

691

Fruit Crazy

Das kräftige Aroma und der Duft von Mango und Melone machen diesen Cocktail zu einem köstlichen exotischen Drink.

Für 1 Person
2 cl Gin
1 cl Melonenlikör
2 cl Mangonektar
2 cl Grapefruitsaft
1 kleines Eiweiß
Eiswürfel
1 Mangoscheibe

1 Die ersten fünf Zutaten mit Eis in einem Shaker mischen und kräftig schütteln.
2 In ein gekühltes Longdrinkglas mit Eis gießen und mit der Mangoscheibe garnieren.

692

Seabreeze

Der mildere rosa Grapefruitsaft ist ideal für Cocktails, die nur eine feinsäuerliche Note erhalten sollen. Spüren Sie die Meeresbrise?

Für 1 Person
3 cl Wodka
1 cl Cranberrysaft
Eis
rosa Grapefruitsaft

1 Wodka und Cranberrysaft mit Eis in einem Shaker kräftig schütteln.
2 In einen gekühlten Tumbler oder ein Longdrinkglas gießen und nach Geschmack mit rosa Grapefruitsaft auffüllen.
3 Mit einem Trinkhalm servieren.

693

Bird of Paradise

Manchmal wird dieser „Paradiesvogel“ mit Blue Curaçao gemischt, doch Orange Curaçao verleiht ihm eine appetitlichere Farbe. Letztlich ist es Ihre Entscheidung – probieren Sie beides aus!

Für 1 Person
1 dicke Scheibe Wassermelone (1 Stück davon für die Dekoration aufbewahren)
2 cl gekühlter Gin
2 cl Maracujasaft oder -nektar, gekühlt
1 cl Orange Curaçao, gekühlt
fein gestoßenes Eis

1 Die Wassermelone entkernen.
2 Alle Zutaten mit gestoßenem Eis im Mixer zu einem halbgefrorenen Drink verarbeiten.
3 In einen Tumbler oder ein großes Cocktailglas gießen und mit dem Melonenstück dekorieren. Nach Belieben mit einem Löffel servieren.

694

Seeing Red

Dieser Cocktail hat es in sich; die lebhafte rote Farbe kommt vom Cranberrysaft.

Für 1 Person
2 cl roter Wodka
2 cl Pfirsichbrand
6 cl Cranberrysaft
fein gestoßenes Eis
Sodawasser
3–4 geforene Cranberries

1 Die ersten drei Zutaten mit Eis in einem Shaker mischen und kräftig schütteln.
2 In ein gekühltes großes Cocktailglas abseihen und mit Sodawasser auffüllen.
3 Mit den gefrorenen Cranberries garniert servieren.

695

High Tea

Eine Variante des Klassikers Pimm's: etwas stärker und mit mehr Apfelgeschmack – ein großartiger Sommercocktail für besondere Anlässe!

Für 1 Person
2 cl Wodka
2 cl Pimm's No. 1
2 cl Apfelsaft
Eis
Zitronenlimonade
einige Gurkenstreifen
einige Apfelscheiben

1 Die ersten drei Zutaten mit Eis in einem Shaker mischen und kräftig schütteln.
2 In ein gekühltes Highballglas abseihen und mit Limonade auffüllen.
3 Mit den Gurkenstreifen und den Apfelscheiben garnieren.

696 Cranberry Collins

Der klassische Collins wird mit Gin zubereitet, für manche Varianten verwendet man jedoch auch andere Spirituosen. Probieren Sie einmal diese ...

Für 1 Person
4 cl Wodka
1,5 cl Holunderblütensirup
6 cl Cranberry-Apfel-Nektar
Eis
Sodawasser
einige Cranberries
1 Limettenscheibe

1 Die ersten drei Zutaten mit Eis in einem Shaker mischen und kräftig schütteln.
2 In ein Highballglas mit Eis abseihen und nach Geschmack mit Sodawasser auffüllen.
3 Mit den Cranberries und der Limettenscheibe garnieren.

697 Chica Chica

Viele aromatisierte Wodkas sind im Handel erhältlich, Sie können aber auch selbst welchen herstellen. Geben Sie eine kleine Menge des Aromaträgers – Limetten- oder Zitronenschale, Himbeeren, schwarze Johannisbeeren, getrocknete Aprikosen oder sogar ein Stück Chili – in eine Flasche Wodka, und lassen Sie sie zwölf Stunden ruhen.

Für 1 Person
4 cl Himbeer-Wodka
2 cl Vermouth de Chambéry
4 cl Cranberry-Himbeer-Nektar
fein gestoßenes Eis
2 cl Apfelsaft
Zitronenlimonade
2 Apfelscheiben

1 Die ersten drei Zutaten mit gestoßenem Eis in einem gekühlten Highballglas gut verrühren.
2 Den Apfelsaft unterrühren und nach Geschmack mit Limonade auffüllen.
3 Mit den Apfelscheiben dekorieren.

698 Sex on the Beach

Viel Longdrinks sind sehr fruchtig und wecken Urlaubsgefühle. Auch dieser erfrischende Cocktail lässt die Erinnerung an schöne Tage am Strand aufleben.

Für 1 Person
2 cl Pfirsichlikör
2 cl Wodka
4 cl frisch gepresster Orangensaft
6 cl Cranberry-Pfirsich-Nektar
fein gestoßenes Eis
1 Spritzer Zitronensaft
1 Orangenschalenstreifen

1 Die ersten vier Zutaten mit Eis in einem Shaker mischen und kräftig schütteln.
2 In ein mit gestoßenem Eis gefülltes Highballglas abseihen und den Zitronensaft darüber geben.
3 Mit dem Orangenschalenstreifen dekorieren.

(699)

Cinnamon Park

Ein Hauch von Zimt kann fruchtigen Cocktails die besondere Note verleihen. Geben Sie ihn nach Geschmack in den Drink, oder streuen Sie ihn kurz vor dem Servieren darüber. Experimentieren Sie ruhig auch mit anderen Gewürzen!

Für 1 Person
2 cl Wodka
4 cl rosa Grapefruitsaft
1 cl Campari
1 Spritzer Zuckersirup
1–2 Prisen Zimt
1 Eiweiß
Eis

1 Alle Zutaten mit Eis in einen Shaker geben und kräftig schütteln.
2 In eine gekühlte Cocktailschale abseihen.

(700)

Mimi

Dieser Drink schmeckt auch ohne Wodka großartig. Mischen Sie zunächst eine größere Menge für diejenigen, die keinen Alkohol trinken, und fügen Sie für alle anderen am Ende den Wodka hinzu!

Für 1 Person
4 cl Wodka
1 cl Kokoscreme
4 cl Ananassaft
fein gestoßenes Eis
1 Ananasscheibe

1 Die ersten drei Zutaten mit Eis in einem Mixer einige Sekunden zu einem schaumigen Drink verarbeiten.
2 In ein gekühltes Cocktailglas gießen und den Cocktail mit der Ananas dekorieren.

(701)

The Blood Orange Cocktail

Leider sind sie nur kurze Zeit im Jahr erhältlich, doch der Saft der Blutorangen eignet sich vortrefflich für Cocktails, besonders in Kombination mit dem fruchtigen, bittersüßen Campari. Wem er zu bitter ist, der verziert ihn einfach mit einem Zuckerrand!

Für 1 Person
Zucker
Saft von 1 Blutorange
2 cl roter Wodka
2 cl Campari
gestoßenes Eis

1 Den Rand eines Old-Fashioned-Glases oder eines großen Cocktailglases mit etwas Orangensaft einreiben und in Zucker tauchen. Fest werden lassen.
2 Zutaten mit Eis im Shaker gut mischen.
3 Den Cocktail in ein Glas mit Eis gießen. Mit einem Trinkhalm oder Stirrer servieren.

(702)

The Seducer

Die Kombination aus Mandel- und Kräuterlikör mit dem reifen frischen Pfirsich ergibt einen äußerst verführerischen Drink.

Für 1 Person
2 cl Wodka
1 cl Amaretto
1 cl weißer Vermouth
Fruchtfleisch von $^1/_2$ reifen Pfirsich
Eis

1 Alle Zutaten mit einem halben Glas voll gestoßenem Eis auf niedriger Stufe etwa 10 Sekunden grob mixen.
2 In ein großes Cocktailglas gießen und nach Belieben mehr Eis hinzufügen.

(703)

Wilhelm Tell

Für diesen Drink können Sie auch einen anderen Obstbrand nehmen, doch zum Apfel passt die Birne einfach am besten.

Für 1 Person
4 cl Birnenbrand
2 cl Maraschino
Eis
4 cl Apfelsaft
Sodawasser

1 Die ersten beiden Zutaten mit Eis in einem Tumbler oder einem Highballglas verrühren.
2 Den Apfelsaft dazugießen und nach Geschmack mit Sodawasser auffüllen.

(704)

What a Peach

Vermouth ist schön leicht und ergibt mit Fruchtnektar und Sodawasser gemischt viele interessante erfrischende Longdrinks.

Für 1 Person
2 cl Vermouth Dry
1 cl Amaretto
4 cl Pfirsichnektar
Eis
mit Pfirsich aromatisiertes Sodawasser
Blüten oder Blütenblätter

1 Die ersten drei Zutaten mit Eis in einem Shaker mischen und kräftig schütteln.
2 In ein gekühltes Collinsglas abseihen und nach Geschmack mit Sodawasser auffüllen.
3 Mit Blüten oder Blütenblättern dekorieren.

705 Autumn Apple Cup

Ideal nicht nur für den Spätsommer, sondern auch für die Gartenparty an einem heißen Tag. Stellen Sie alle Zutaten rechtzeitig kalt.

Für 6 Personen
Saft von 3 kleinen Orangen
10–12 cl (oder nach Geschmack) Calvados oder Brandy
2 Tropfen Vanillearoma
750 ml Apfelsaft oder Cidre
Eis
je 3–6 halbierte Apfel- und Orangenscheiben

1 Die ersten vier Zutaten in einem Krug verrühren und mit viel Eis auffüllen.
2 Jedes Glas mit einigen halben Orangen- und Apfelscheiben garnieren.
3 Für einen Longdrink den Cocktail nach Geschmack mit Mineralwasser oder einem mit Apfel aromatisierten Sodawasser auffüllen.

706 Fuzzcaat

Holland ist die Heimat des Eierlikörs – deshalb kommt er auch in so vielen abenteuerlichen Cocktails aus den Niederlanden vor.

Für 1 Person
2 cl Brandy
1 cl Eierlikör
1 cl Birnenbrand
Fruchtfleisch von 1/2 reifen geschälten Pfirsich
1 Spritzer Limettensirup
fein gestoßenes Eis
Zitronenlimonade
1 Orangenscheibe

1 Die ersten fünf Zutaten mit Eis in einem Mixer zu einem halbgefrorenen Drink verarbeiten.
2 In ein Collinsglas mit Eis gießen, nach Geschmack Limonade hinzufügen und mit der Orangenscheibe dekorieren.

707 Deauville Passion

Der französische Küstenort Deauville war Anfang des letzten Jahrhunderts elegant, extravagant und sehr schick. Hier wurden ohne Zweifel viele große Cocktails kreiert.

Für 1 Person
3,5 cl Cognac
2,5 cl Apricot Brandy
2,5 cl Maracujasirup
Eis
Bitter Lemon
einige Minzeblätter

1 Alle Zutaten bis auf Bitter Lemon und Minze mit Eis in einem Shaker kräftig schütteln.
2 In ein gekühltes Highballglas abseihen, nach Geschmack mit Bitter Lemon auffüllen und mit den Minzeblättern garnieren.

708

Christmas Punch

An einem rauen Wintertag tut ein Glas von diesem heißen Punsch richtig gut. Lassen Sie ihn nicht zu lange köcheln oder heiß stehen, sonst verfliegt der Alkohol.

Für 8 Personen
1 Liter Rotwein
4 EL Zucker
1 Zimtstange
400 ml kochendes Wasser
100 ml Brandy
100 ml Sherry
100 ml Orangenlikör, z. B. Cointreau
2 Orangen, entkernt, in dicken Scheiben
2 Äpfel, entkernt, in Spalten

1 Wein, Zucker und Zimt in einen großen Topf geben und gut verrühren.
2 Langsam erhitzen, bis der Wein zu köcheln beginnt; jedoch nicht kochen.
3 Vom Herd nehmen und abseihen.
4 Die Zimtstange herausnehmen.
5 Den Wein erneut in den Topf gießen; Wasser, Brandy, Sherry und Orangenlikör dazugießen.
6 Orangenscheiben und Apfelspalten zugeben und ohne Kochen erhitzen.
7 Den Punsch vom Herd nehmen und in eine große hitzebeständige Punschschüssel gießen.
8 In hitzebeständige Gläser schöpfen und sofort heiß servieren.

709

Beach Bum

Dieser Cocktail ist wie pürierte Mango „on the rocks" – mit viel Frucht und einem guten Schuss Alkohol.

Für 1 Person
2 cl brauner Rum
2 cl Peach Brandy
2 cl Limettensaft
Fruchtfleisch von 1/2 Mango
Eis
1 Limettenscheibe

1 Alle Zutaten in einem Mixer auf niedriger Stufe etwa 10 Sekunden pürieren.
2 In ein großes Glas mit Eis gießen und und mit der Limettenscheibe dekorieren.

Atomic

710

Dieser etwas gefährlich aussehende Cocktail schmeckt ausgezeichnet – nach Orangen, Erdbeeren und tropischen Früchten!

Für 1 Person
2,5 cl Cognac
1,5 cl Grand Marnier
0,5 cl Blue Curaçao
Eis
6 cl tropischer Fruchtsaft
1 TL Fraise
1 Kiwischeibe

1 Die ersten drei Zutaten mit Eis in einem Shaker mischen und kräftig schütteln.
2 In ein gekühltes Highballglas abseihen und mit Fruchtsaft auffüllen.
3 Einige Tropfen Fraise darüber träufeln und den Cocktail mit der Kiwischeibe dekorieren.
4 Mit einem Trinkhalm servieren.

BBC

711

„Banana – Baileys – Coconut"? Alles, was Sie zu diesem Cocktail noch haben sollten, sind Sonnenschein, Strand und das warme Meer, das Ihre Zehen umspült.

Für 1 Person
2 cl brauner Rum
2 cl Baileys Irish Cream
1 cl Kokoscreme
1/2 reife Banane
fein gestoßenes Eis

1 Alle Zutaten bis auf 1–2 Bananenscheiben in einem Mixer zu einem glatten Drink verarbeiten.
2 In ein großes gekühltes Cocktailglas gießen, mit den Bananenscheiben garnieren und mit einem Trinkhalm servieren.

Coco Roco

712

Servieren Sie diesen Kokoscocktail in einer echten Kokosnuss!

Für 1 Person
4 cl frisches Kokoswasser
1 cl weißer Rum
1 cl Apricot Brandy
1 cl Kokosmilch
fein gestoßenes Eis

1 Die ersten vier Zutaten mit Eis in einem Mixer etwa 5 Sekunden mixen.
2 Den Cocktail in einer Kokosnuss oder einem gekühlten Tumbler mit zwei Trinkhalmen servieren.

(713)

Bolo

Sehr beliebt im 18. Jahrhundert, als Zitrusfrüchte erstmals leicht erhältlich waren.

Für 1 Person
1 Messerspitze Lebkuchengewürz
1–2 TL Zucker
1 Eiweiß
Saft von 1/4 Zitrone oder Limette
Saft von 1/2 Orange
2 cl weißer Rum
Eis
etwas Lebkuchengewürz, zum Bestreuen

1 Lebkuchengewürz und Zucker vermischen. Den Rand eines Glases zuerst in das Eiweiß, dann in den Zucker tauchen.
2 Den Zuckerrand trocknen lassen.
3 Säfte und Rum mit dem Zucker im Shaker schütteln, bis sich der Zucker auflöst.
4 Den Cocktail über Eis in das Glas gießen und mit dem Lebkuchengewürz bestreuen.

(714)

Hurricane

Dieser prächtige Cocktail ist schon fast gleichbedeutend mit Pat O'Brian's Bar im französischen Viertel von New Orleans. Größter Beliebtheit erfreut sich der Drink auch bei den Touristen – denn jedes Glas, das sie leeren, dürfen sie als Souvenir mit nach Hause nehmen.

Für 1 Person
Eis
2 cl Zitronensaft
8 cl brauner Rum
4 cl süßer Fruchtsaft (meist Maracuja- oder Orangensaft)
Sodawasser
einge Orangenscheiben
2 Kirschen

1 Ein großes Cocktailglas oder ein Highballglas mit Eis füllen.
2 Die Zutaten hineingießen, gut umrühren und mit Sodawasser auffüllen. Mit Orangenscheiben und Kirschen garnieren.

715

Rum Cooler

Der charakteristische Geschmack und der Duft von Rum harmonieren mit vielen exotischen Früchten – probieren Sie diesen Cocktail auch mal mit Mango und Litschi!

Für 1 Person
2 gestoßene Eiswürfel
Saft von 1 Limette
3 cl Rum
3 cl Ananassaft
1 halbreife Banane, in groben Stücken
gestoßenes Eis
1 langer Limettenschalenstreifen

1 Alle Zutaten bis auf den Limettenschalenstreifen in einem Mixer etwa 1 Minute zu einem glatten Drink verarbeiten.
2 In ein gekühltes Glas mit gestoßenem Eis abseihen.
3 Mit dem Limettenschalenstreifen dekorieren und servieren.

716

Kiwi Krush

Ein raffinierter Fruchtcocktail für Erwachsene – mit Kiwi, Melone und Grapefruit. Genießen Sie ihn, bevor das Eis schmilzt!

Für 1 Person
2 Kiwis, geschält
4 cl leichter Rum
1 cl Melonenlikör
4 cl Grapefruitsaft
2 Schaufeln fein gestoßenes Eis

1 Eine Kiwischeibe beiseite legen.
2 Die übrigen Zutaten auf niedriger Stufe grob mixen.
3 In ein großes Glas gießen, mit der Kiwischeibe garnieren und mit einem Trinkhalm servieren.

717

Brazilian Batida

Cachaça kennt man auch als brasilianisches Feuerwasser – ein Zuckerrohrschnaps, der stärker als die meisten weißen Rumsorten ist.

Für 1 Person
4 cl Cachaça oder weißer Rum
1 cl Erdbeersirup
einige Erdbeeren
fein gestoßenes Eis

1 Die ersten drei Zutaten im Mixer in wenigen Sekunden zu einem schaumigen Drink verarbeiten.
2 In ein Glas mit dem Eis gießen und mit einem Stirrer oder Trinkhalm servieren.

718

Big City Mist

Mit viel Eis wird dieser Longdrink zum erfrischenden Genuss.

Für 1 Person
2 cl Irish Mist
2 cl brauner Rum
4 cl Maracujasirup
2 cl rosa Grapefruitsaft
1 Spritzer Grenadine
Eis

1 Alle Zutaten mit Eis in einem Shaker mischen und kräftig schütteln.
2 In ein mit Eis gefülltes Longdrinkglas gießen und mit einem Stirrer servieren.

719 Taipan Nectar

Ein reichhaltiger Drink, der aber ohne den giftigen Biss des Taipans auskommt.

Für 1 Person
4 cl Brandy
2 cl Apricot Brandy
2 cl Mangonektar
4 Würfel reife Mango
1 Schaufel fein gestoßenes Eis
2 Mangostücke
1 frische Kirsche

1 Alle Zutaten in einem Mixer etwa 20 Sekunden zu einem dickflüssigen und schaumigen Drink verarbeiten.
2 In ein großes Cocktailglas gießen. Die Mango und die Kirsche auf ein Cocktailspießchen stecken und den Drink damit dekorieren.

720 Hawksbill Special

Ein samtiger Bananengenuss mit dem Charme der Karibik.

Für 1 Person
1 kleine reife Banane
2 cl weißer Rum
1 cl Galliano
1 cl Crème de Banane
frisch gepresster Saft von 1/2 Limette
fein gestoßenes Eis

1 Alle Zutaten in einem Mixer rasch zu einem glatten Drink verarbeiten.
2 In ein gekühltes Glas mit Eis gießen.
3 Mit einem Trinkhalm servieren.

721 Beautiful Dreamer

Kokoscreme findet in zahlreichen Cocktails Verwendung. Da sie sich aber in der Dose oder im Tetrapak während der Lagerung oft absetzt, empfiehlt es sich, die Creme vor dem Mischen des Drinks kurz aufzuschlagen.

Für 1 Person
4 cl weißer Rum
2 cl Kokoscreme, aufgeschlagen
2 cl Guavensaft
2 cl Ananassaft
Eis
1 Melonen- oder Guavenscheibe

1 Alle Zutaten bis auf die Fruchtscheibe mit Eis in einem Shaker kräftig schütteln.
2 In ein großes Cocktailglas gießen und mit der Melonen- oder Guavenscheibe dekorieren.

722

Tropical Fruit Punch

Diese exotisch aussehende Bowle ist die Einfachheit selbst und kann auch mit anderen Fruchtsäften gemischt werden. Garnieren Sie sie reichlich, oder machen Sie sie mit Ginger Ale zum Longdrink.

Für 6 Personen
1 kleine reife Mango
4 EL Limettensaft
1 TL fein geriebener frischer Ingwer
1 EL heller brauner Zucker
300 ml Orangensaft
300 ml Ananassaft
80 ml Rum
fein gestoßenes Eis
Orangen-, Limetten-, Ananas- und Sternfruchtscheiben

1 Mango, Limettensaft, Ingwer und Zucker glatt mixen.
2 Orangen- und Ananassaft sowie Rum dazugießen und glatt mixen.
3 Das gestoßene Eis auf 6 Gläser verteilen und den Cocktail darüber gießen. Mit den Fruchtscheiben dekorieren und servieren.

723

Strawberries and Cream

Dieser Cocktail sieht wie Sorbet oder Granité aus – lassen Sie ihn nicht zu lange stehen!

Für 1 Person
2 cl weißer Rum, geeist
2 cl Grapefruitsaft, gekühlt
2 cl Sahne
5–6 große Erdbeeren, entstielt (1 Beere für die Dekoration beiseite legen)
1 Weinglas fein gestoßenes Eis

1 Alle Zutaten bis auf eine Erdbeere in einem Mixer 10–15 Sekunden pürieren.
2 In ein gekühltes Cocktailglas gießen und mit der übrigen Erdbeere dekorieren.

724

One Enchanted Evening

Ein erfrischender Longdrink, der sich besonders für einen zauberhaften Abend eignet – aber auch, wenn Sie einfach etwas Aufheiterung vertragen können.

Für 1 Person
4 cl Ananassaft
2 cl Crème de Banane
2 cl Mount Gay Rum
Eis
einige Tropfen Grenadine

1 Alle Zutaten bis auf die Grenadine mit Eis in einem Shaker kräftig schütteln und in ein mit Eis gefülltes Highballglas gießen.
2 Einige Tropfen Grenadine darüber spritzen.

725

Yellow Bird

Für diesen Drink sollten Sie wirklich eine frische Ananas verwenden. Am besten machen Sie gleich einen ganzen Krug voll davon und laden Ihre Freunde dazu ein.

Für 6 Personen
1 mittelgroße reife Ananas
6 cl brauner Rum
4 cl Triple Sec
4 cl Galliano
2 cl Limettensaft
Eiswürfel
je 6 Ananasblätter und -scheiben

1 Die Ananas 30 Sekunden in einem Mixer zerkleinern, dann die nächsten vier Zutaten dazugeben und mit dem Fruchtfleisch weitere 10–20 Sekunden glatt mixen.
2 In große, mit Eis gefüllte Cocktailgläser oder Tumbler gießen und mit den Ananasblättern und -scheiben dekorieren.

(726) Zombie

Die einzelnen Zutaten für diesen gefährlichen Cocktail – vor allem Liköre und Fruchtsäfte – sind von Rezept zu Rezept sehr unterschiedlich. In jedem stecken aber, mal mehr, mal weniger, die drei Rumsorten: weiß, braun und golden.

Für 1 Person
4–6 fein gestoßene Eiswürfel
4 cl brauner Rum
4 cl weißer Rum
2 cl goldener Rum
2 cl Triple Sec
2 cl Limettensaft
2 cl Orangensaft
2 cl Ananassaft
2 cl Guavensaft
1 EL Grenadine
1 EL Mandelsirup
1 TL Pernod
je 2 Minzezweige und Ananasstücke

1 Alle Zutaten bis auf die Minze und die Ananas mit gestoßenem Eis in einen Mixer geben und zu einem glatten Drink verarbeiten.

2 Ohne Sieb in ein gekühltes Collinsglas gießen und mit Minze und Ananas dekorieren.

727. Walking Zombie: Je 2 cl weißen, goldenen und braunen Rum, 2 cl Apricot Brandy, 2 cl Limettensaft, 2 cl Ananassaft und 1 TL Zuckersirup mit Eis in einen Shaker geben und kräftig schütteln. Einen gekühlten Tumbler halb mit gestoßenen Eiswürfeln füllen und den Cocktail darüber abseihen. Mit Orangen- und Zitronenscheiben dekorieren. **Für 1 Person**

728. Zombie Prince: Angostura über Eis in ein Rührglas spritzen. 2 cl weißen Rum, 2 cl goldenen Rum, 2 cl braunen Rum, 1 cl Zitronensaft, 1 cl Orangensaft und 1 cl Grapefruitsaft darüber gießen und 1 TL braunen Zucker hinzufügen. Gut umrühren und in einen großen gekühlten Tumbler abseihen. **Für 1 Person**

(729) Juicy Lucy

Harvey Wallbanger (S. 185) ohne Wodka – sehr ansehnlich, sehr einfach und auch als Longdrink ausgezeichnet.

Für 1 Person
4 cl Galliano
8 cl frisch gepresster Orangensaft
Eis

1 Galliano und Orangensaft direkt in einen mit Eis gefüllten Tumbler gießen.

2 Mit einem Trinkhalm oder einem Stirrer servieren.

730 Coconut Breeze

In diesen Cocktail kommt klarer Kokoslikör. Wenn Sie keinen bekommen, ist ein Kokos-Sahnelikör eine gute Alternative.

Für 1 Person
2 cl Kokoslikör
1 cl Drambuie
4 cl Papayasaft
einige Eiswürfel
1 Limettenscheibe

1 Die Zutaten mit Eis in einem Shaker mischen und kräftig schütteln.
2 In ein gekühltes Cocktailglas gießen und mit der Limettenscheibe dekorieren.

731 Caribbean Chill

Eine erfrischende Partybowle, die sich gut vorbereiten und kurz vor dem Servieren direkt im Glas fertig mischen lässt.

Für 6 Personen
10 cl Malibu
6 cl Crème de Banane
20 cl frisch gepresster Orangen- oder Ananassaft
Eis
Sodawasser

1 Die ersten drei Zutaten verrühren und kalt stellen.
2 Kurz vor dem Servieren in mit Eis gefüllte Highballgläser gießen und mit Sodawasser aufgießen.
3 Mit einem Stirrer servieren.

732 Banana Cocktail

Dieser Cocktail kann ziemlich süß und üppig ausfallen, darum sollte man ihn mit ausreichend Eis und der richtigen Menge Sodawasser zubereiten.

Für 1 Person
2 cl Eierlikör
2 cl Crème de Banane
1 reife Banane
1 Weinglas fein gestoßenes Eis
Sodawasser

1 Alle Zutaten bis auf das Sodawasser in einem Mixer verarbeiten, bis der Drink glatt und gut durchgekühlt ist.
2 In ein gekühltes Highballglas gießen und nach Geschmack mit Sodawasser auffüllen.

733

Fuzzy Navel

Ein weiterer Cocktail, dessen Name auf die Zutaten anspielt. In diesem Fall erinnert „Fuzzy (peach)“ an den Obstbrand und „Navel (orange)“ an den Fruchtsaft. Hoffentlich laufen Sie nach dem Genuss des Drinks nicht nabelfrei durch die Gegend und nehmen Ihre Umgebung nur noch verschwommen wahr …

Für 1 Person
4 cl Wodka
2 cl Pfirsichbrand
250 ml Orangensaft
gestoßene Eiswürfel
1 Physalis (Kapstachelbeere)

1 Wodka, Pfirsichbrand und Orangensaft mit gestoßenem Eis in einem Shaker mischen und kräftig schütteln.

2 In ein gekühltes Cocktailglas abseihen und mit der Physalis dekorieren.

734. Halley's Comfort: Einen gekühlten Tumbler mit gestoßenen Eiswürfeln füllen. 4 cl Southern Comfort und 4 cl Pfirsichbrand darüber gießen und mit Soda- oder Mineralwasser aufgießen. Langsam umrühren und mit einer Zitronenscheibe dekorieren. **Für 1 Person**

735. Woo-woo: Einen gekühlten Tumbler zur Hälfte mit gestoßenem Eis füllen. 4 cl Wodka, 4 cl Pfirsichbrand und 8 cl Cranberrysaft darüber gießen. Gut umrühren. **Für 1 Person**

736. Royal Wedding: 2 cl Kirschwasser, 2 cl Peach Brandy und 2 cl Orangensaft mit Eis in einem Shaker kräftig schütteln. In ein gekühltes Cocktailglas abseihen. **Für 1 Person**

737. Southern Peach: 2 cl Southern Comfort, 2 cl Peach Brandy und 2 cl Sahne mit 1 Spritzer Angostura und gestoßenem Eis in einem Shaker kräftig schütteln. Den Cocktail in ein gekühltes Cocktailglas abseihen. Mit einer Pfirsichscheibe dekorieren. **Für 1 Person**

738

Japanese Jewel

Gezuckerte Früchte als Dekoration sehen stets spektakulär aus. Bereiten Sie gleich eine größere Anzahl davon vor, wenn Sie mehrere Gäste bewirten.

Für 1 Person
4–5 weiße Trauben
1–2 TL Eiweiß, leicht aufgeschlagen
Zucker
2 cl Melonenlikör
2 cl Gin
4 cl Kiwisaft
fein gestoßenes Eis

1 Die beiden schönsten Trauben aussuchen, in das Eiweiß tauchen und im Zucker wenden.

2 Die übrigen Zutaten mit etwas gestoßenem Eis etwa 10 Sekunden grob mixen.

3 In ein mittelgroßes Cocktailglas mit Eis gießen und mit den gezuckerten Trauben auf einem Cocktailspießchen dekorieren.

739

Watermelon Man

Die Wassermelone ist sehr farbintensiv und aromatisch, deshalb eignet sie sich gut zum Mischen von Cocktails. Verwenden Sie aber nicht zu viel davon, außer Sie möchten einen hochprozentigen Drink verlängern.

Für 1 Person
8 cl trockener Weißwein
1 Spritzer Grenadine
4 große Wassermelonenstücke
1 Schaufel fein gestoßenes Eis
1 Wassermelonenstück, zum Dekorieren

1 Die ersten vier Zutaten in einen Mixer geben und 5–10 Sekunden mixen.
2 In ein Collinsglas gießen und mit dem übrigen Stück Wassermelone auf einem Cocktailspießchen dekorieren.

740

Adam'n'Eve

Auch wenn Sie in diesem Cocktail keinen Apfel finden werden, ist er ganz schön verführerisch – eine säuerlich-herbe Mischung in schaumig-süßer Verkleidung!

Für 1 Person
4 cl Triple Sec
2 cl Wodka
2 cl Grapefruitsaft
2 cl Cranberrysaft
Eis
5–6 Ananaswürfel
2 TL Zucker
1–2 EL fein gestoßenes Eis
1 halbe Erdbeere

1 Die ersten vier Zutaten mit Eis in einem Shaker mischen und kräftig schütteln.
2 In ein gekühltes Longdrinkglas abseihen.
3 Die Ananaswürfel mit dem Zucker und dem gestoßenen Eis in einen Mixer geben. Grob und schaumig mixen.
4 Langsam über den Cocktail gießen.
5 Mit der halben Erdbeere garnieren.

741

Strawberry Fayre

Über gestoßenes Eis gegossen, wird dieser Cocktail zum köstlichen Longdrink. Sie können ihn aber auch mit Soda- oder Mineralwasser auffüllen.

Für 1 Person
2 cl Tequila
3 Erdbeeren
1 EL Cranberrysaft
1 cl Sahne
etwas frisch gemahlener schwarzer Pfeffer
fein gestoßenes Eis

1 Alle Zutaten im Mixer 10–15 Sekunden glatt pürieren.
2 In ein mit gestoßenem Eis gefülltes Longdrinkglas gießen.

(742) Jarana

CLASSIC

Tequila gilt als feurig, man kann ihn aber auch mild servieren. Mit Ananas gemischt schmeckt er beispielsweise großartig.

Für 1 Person
4 cl Tequila
2 TL Zucker
Eis
Ananassaft
einige Limettenscheiben

1 Tequila und Zucker mit Eis in einem großen Glas gut verrühren.
2 Mit dem Ananassaft auffüllen und mit Limettenscheiben dekorieren.

(743) Peach Comfort

Cocktails mit Pfirsich sind eher ungewöhnlich, schmecken aber ausgezeichnet. Stattdessen können Sie auch Nektarinen oder Aprikosen verwenden.

Für 1 Person
4 cl Bourbon
2 cl Southern Comfort
4 cl Pfirsichsaft
Saft von 1/2 Zitrone
2 Spritzer Vermouth Dry
1/2 kleiner, frischer, reifer Pfirsich, geschält
(1 Scheibe für die Dekoration aufbewahren)
1 kleine Schaufel fein gestoßenes Eis

1 Alle Zutaten in einem Mixer glatt mixen.
2 In ein mit Eis gefülltes Highballglas abseihen, einen Stirrer hinzufügen und den Drink mit der übrigen Pfirsichscheibe dekorieren.

(744) Strawberry Kiss

Whiskey und Erdbeeren lassen sich großartig kombinieren. Denken Sie daran, wenn Sie Ihre nächste Erdbeerbowle mit etwas Hochprozentigem anreichern möchten.

Für 1 Person
2 cl Jack Daniel's
2 cl Erdbeersirup
3 Erdbeeren
fein gestoßenes Eis
Sahne

1 Alle Zutaten bis auf die Sahne in einen Mixer geben und etwa 10 Sekunden mixen.
2 In eine gekühlte Champagnerflöte gießen und die Sahne langsam darüber gießen oder löffeln.

745

On the Vine

Je nachdem, welchen Wein Sie verwenden, kann dieser Cocktail ganz unterschiedlich ausfallen. Wenn Sie ihn gern süßer mögen, nehmen Sie am besten lieblichen oder halbtrockenen Wein, andernfalls ist trockener gut geeignet.

Für 1 Person
1 cl Apricot Brandy
Eis
1 Spritzer Grenadine
150 ml Weißwein
Sodawasser
1 kleine Rispe weiße Weintrauben

1 Brandy und Eis in einem großen Cocktailglas oder einem Weinglas verrühren.
2 Die Grenadine darüber spritzen und anschließend den Wein dazugießen.
3 Für einen noch erfrischenderen Longdrink mit Sodawasser auffüllen.
4 Mit den Weintrauben dekorieren.

746

Pineapple Julep

Statt mit der traditionellen Minze wird dieser Julep mit frischer Ananas zubereitet, die vorher fein gewürfelt oder im Glas mit dem Eis zerdrückt wird.

Für 6–8 Personen
Saft von 2 Orangen
4 cl Himbeeressig
6 cl Maraschino
6 cl Gin
1 Flasche halbtrockener weißer Schaumwein
1 kleine reife Ananas, in kleinen Stücken
fein gestoßenes Eis

1 Orangensaft, Essig, Maraschino, Gin, Wein und Ananas verrühren. Dabei die Ananasstücke zerdrücken.
2 Den Cocktail in geeiste Tumbler mit gestoßenem Eis gießen und mit Trinkhalmen servieren. Sofort genießen, bevor das Eis schmilzt.

(747)

Peacemaker

Eine wunderbar perlende Fruchtbowle, ideal für die Sommerparty im Freien.

Für 8 Personen
30 Erdbeeren, entstielt
1/2 kleine, frische Ananas, geschält und zerdrückt
1–2 EL Zucker
1 Flasche trockener weißer Schaumwein
2 cl Maraschino
1 Flasche Soda- oder Mineralwasser
einige Minzeblätter

1 4–5 schöne Erdbeeren beiseite legen.
2 Das Fruchtfleisch der Ananas und der übrigen Erdbeeren mit dem Zucker und etwas Wasser in einem großen Bowlengefäß zerdrücken.
3 Die übrigen Zutaten, einige Eiswürfel und etwas Minze hinzufügen.
4 Die 4–5 Erdbeeren in Scheiben schneiden, in die Bowle geben und gut umrühren.

(748)

Tonga

Ein großartiger fruchtiger Drink ohne Alkohol – für Autofahrer, die statt Orangensaft oder Cola gern einmal etwas Neues probieren möchten.

Für 1 Person
Saft von 1/2 Zitrone
4 cl Ananassaft
2–4 cl Grapefruitsaft
1 Spritzer Grenadine
1 Eiweiß
Eis
Zitronenlimonade
1 Kiwischeibe

1 Zitronensaft, Ananassaft, Grapefruitsaft, Grenadine und Eiweiß mit Eis in einem Shaker kräftig schütteln.
2 In ein Collinsglas abseihen, einige Eiswürfel hinzufügen und mit Limonade auffüllen.
3 Den Cocktail mit der Kiwischeibe dekorieren.

(749)

Tropicana

Kokosmilch und Kokoscreme sind sehr ähnliche Produkte; beide sollten vor der Verwendung gut gemixt und aufgeschlagen werden.

Für 1 Person
2 cl Crème de Banane
8 cl Grapefruitsaft
4 cl Kokosmilch
Eis
Sodawasser oder Zitronenlimonade
einige dünne Zitronenschalenstreifen

1 Die ersten drei Zutaten mit Eis in einen Shaker geben und kräftig schütteln.
2 In ein gekühltes Collinsglas mit Eis abseihen und mit Limonade auffüllen.
3 Den Cocktail mit den dünnen Zitronenschalenstreifen dekorieren und mit Trinkhalmen servieren.

750

Melon and Ginger Crush

Ein wirklich erfrischender Sommercocktail mit Melone und Ingwer, der im Nu zubereitet ist. Sind Kaffirlimetten nicht erhältlich, nehmen Sie normale.

Für 4 Personen

1 Galia- oder Honigmelone (etwa 800 g)
6 EL Ginger Wine
3 EL Kaffirlimettensaft
fein gestoßenes Eis
1 Limette

1 Die Melone von Schale und Kernen befreien und grob würfeln.
2 Das Fruchtfleisch mit Ginger Wine und Limettensaft in einem Mixer auf hoher Stufe glatt mixen.
3 Vier schlanke, hohe Gläser mit gestoßenem Eis füllen; den Cocktail darüber geben.
4 Die Limette in dünne Scheiben schneiden, 4 Scheiben bis zur Mitte einschneiden und den Rand der Glases damit dekorieren. Die übrigen Limettenscheiben in den Cocktail geben.

751

Cranberry Energis

Dieser Fruchtcocktail mit Vitamin C und anderen Vitaminen ist eine richtige Energiebombe, die Sie wieder auf Touren bringt.

Für 2 Personen

300 ml Cranberrysaft
100 ml Orangensaft
150 g frische Himbeeren
1 EL Zitronensaft
Zitronen- und Orangenscheiben

1 Cranberrysaft und Orangensaft auf niedriger Stufe in einem Mixer vermengen.
2 Himbeeren und Zitronensaft hinzufügen und glatt pürieren.
3 Den Cocktail in zwei Gläser gießen und mit den Zitronen- und Orangenscheiben dekorieren. Sofort servieren.

752

Faux Kir

Dieser „falsche Kir“ ist eine ebenso farbintensive wie köstliche alkoholfreie Version des berühmten Cocktailklassikers. Französische und italienische Fruchtsirupe gelten als die besten und haben den kräftigsten Geschmack.

Für 1 Person
2 cl gekühlter Himbeersirup
gekühlter weißer Traubensaft

1 Den Himbeersirup in ein gekühltes Weinglas gießen.
2 Mit dem Traubensaft auffüllen.
3 Gut umrühren.

753. Faux Kir Royal: 4–6 gestoßene Eiswürfel in ein Rührglas füllen. 3 cl Himbeersirup darüber gießen. Gut umrühren und in ein Glas abseihen. Mit gekühltem Apfelsprudel auffüllen und umrühren. **Für 1 Person**

754. Knicks Victory Cooler: Einen großen gekühlten Tumbler zur Hälfte mit Eis füllen. 4 cl Aprikosensaft darüber gießen, mit Himbeer-Soda auffüllen und umrühren. Mit einer Orangenschalenspirale und frischen Himbeeren dekorieren. **Für 1 Person**

755. Cocoberry: 90 g Himbeeren mit einem Löffel durch ein Sieb drücken und in einen Mixer geben. Einige gestoßene Eiswürfel, 2 cl Kokoscreme und 150 ml Ananassaft dazugeben. Glatt mixen und den Cocktail ungesiebt in einen gekühlten Tumbler gießen. Mit Ananas und frischen Himbeeren garnieren. **Für 1 Person**

756 Orchard Pickings

Ein kühler, erfrischender Longdrink für heiße Sommertage. Bereiten Sie am besten gleich eine größere Menge zu, denn die Nachfrage wird enorm sein – besonders wenn Sie selbst gemachten Holunderblütensirup verwenden.

Für 1 Person

2 cl Holunderblütensirup
4 cl Apfelsaft
1 cl Brombeersirup
Eis
stark verdünnte Apfelschorle
einige Apfelscheiben

1 Die ersten drei Zutaten mit Eis in einem Shaker mischen und kräftig schütteln.
2 In ein gekühltes Highballglas abseihen und mit Apfelschorle auffüllen.
3 Mit Apfelscheiben dekorieren und mit Trinkhalmen servieren.

757 Berry Cream

Ein köstlich cremiger Fruchtcocktail aus pürierten Beeren, der ohne Zugabe von Sahne oder Joghurt hergestellt wird und sehr gesund ist.

Für 2 Personen

350 ml Orangensaft
1 Banane, in Scheiben eingefroren
450 g gefrorene Waldbeeren (Heidelbeeren, Himbeeren und Brombeeren)
einige frische Erdbeerscheiben

1 Den Orangensaft in einen Mixer geben.
2 Die gefrorenen Bananenscheiben und die Hälfte der Beeren hinzufügen und glatt pürieren.
3 Die übrigen Beeren zugeben und glatt pürieren.
4 Den Cocktail in große Gläser gießen und die Glasränder mit frischen Erdbeerscheiben dekorieren.
5 Trinkhalme hinzufügen und servieren.

758 Memory Lane

Hobby-Beerensammler erinnern sich gerne an Drinks aus frischen Brombeeren oder Heidelbeeren. Für diesen Cocktail müssen Sie nicht erst welche pflücken gehen – einige gekaufte Beeren und Zitrusfrüchte genügen. Sehr gesund und erfrischend!

Für 1 Person

Brombeeren oder schwarze Johannisbeeren
1 EL Zucker (oder nach Geschmack)
fein gestoßenes Eis
Saft von 1/2 Zitrone
Saft von 1/2 Limette
Zitronenlimonade oder Fruchtschorle

1 Einige Beeren für die Garnierung beiseite legen. Die übrigen Beeren mit dem Zucker in einen gekühlten Tumbler geben und gut zerdrücken.
2 Gestoßenes Eis und beide Zitrussäfte dazugießen, mit Limonade auffüllen.
3 Mit den übrigen Beeren garnieren.

(759)

Pink Pussyfoot

Dieser Cocktail schmeckt auch mit frischen Himbeeren und Himbeerlikör köstlich.

Für 1 Person
2 cl Zitronensaft
2 cl Orangensaft
2–3 Erdbeeren, püriert
2 cl Fraise (nach Belieben)
1/2 Eigelb
1 Spritzer Grenadine
Eis
1 Erdbeerscheibe oder 1 halbe Erdbeere

1 Alle Zutaten in einem Shaker kräftig schütteln.
2 In ein Cocktailglas gießen und mit der Erdbeere dekorieren.

(760)

Cherry Orchard

Für diesen Fruchtcocktail können Sie auch anderes Obst verwenden. Experimentieren Sie mit Ihren Lieblingssorten und frisch gepressten Säften der Saison.

Für 1 Person
2 cl Apfelsaft
2 cl Birnensaft
4 cl Cranberrysaft
Eis
rosa Grapefruit- oder Kirschlimonade
1 frische oder glacierte Kirsche
1 Ananasstück

1 Die Fruchtsäfte mit Eis in einem gekühlten Glas verrühren.
2 Nach Geschmack mit Limonade auffüllen. Mit der Kirsche und dem Ananasstück dekorieren.

(761)

Parson's Particular

Sie erhalten mehr Saft aus Orangen und Zitronen, wenn Sie die Früchte vor dem Auspressen für einige Minuten in heißes Wasser legen. Die Grenadine sorgt für den magischen Farbton dieses Fruchtcocktails.

Für 1 Person
4 cl frisch gepresster Orangensaft
2 cl frisch gepresster Zitronensaft
1 Eigelb
4 Spritzer Grenadine
gestoßenes Eis
1 frische oder glacierte Kirsche

1 Alle Zutaten mit Eis in einem Shaker kräftig schütteln und in ein Longdrinkglas abseihen.
2 Mit der Kirsche dekorieren.

762

Berry Berry Red

Dieser Cocktail mit frischen oder gefrorenen Himbeeren schmeckt einfach köstlich. Wenn Ihnen ein ganzes Baiser als Garnierung zu süß ist, nehmen Sie einfach weniger.

Für 1 Person

50 g frische oder gefrorene Himbeeren
8 cl Cranberry-Himbeer-Nektar
fein gestoßenes Eis
1 kleines Baiser, zerbröckelt
Brombeer-Sodawasser

1 Einige Himbeeren für die Garnierung beiseite legen. Die übrigen Früchte mit Saft und gestoßenem Eis im Mixer pürieren.
2 Die Hälfte des Baisers in ein gekühltes großes Glas geben, den Cocktail darüber gießen und mit dem Sodawasser auffüllen.
3 Mit den Himbeeren und dem übrigen Baiser garnieren.

763

Summer Strawberry Fizz

Kinder werden diesen köstlichen Sommertrunk lieben, besonders wenn die Erdbeeren aus dem eigenen Garten stammen.

Für 1 Person

Saft von ½ Limette
4 (oder mehr) zerdrückte Erdbeeren
1–2 TL Zucker
1 EL Sahne oder Vanilleeis
Eis
Sodawasser oder Zitronenlimonade
Erdbeersirup

1 Alle Zutaten bis auf das Sodawasser oder die Limonade und den Erdbeersirup mit Eis in einem Shaker kräftig schütteln.
2 In ein schlankes großes Stielglas gießen und mit Sodawasser oder Limonade auffüllen.
3 Nach Geschmack einige Tropfen Erdbeersirup darüber träufeln. Mit einem langstieligen Löffel für die Erdbeeren servieren.

764

Raspberry Lemonade

Wenn Sie echte altmodische Limonade mögen, werden Sie diesen Drink lieben!

Für 4 Personen

2 Zitronen
100 g Zucker
100 g frische Himbeeren
2 Tropfen Vanillearoma
fein gestoßenes Eis
Soda- oder Mineralwasser, geeist
einige Zitronenmelissezweige

1 Die Schale und die weiße Schicht von den Zitronen abschneiden, das Fruchtfleisch würfeln und mit Zucker, Himbeeren, Vanille und Eis in einen Mixer geben.
2 2–3 Minuten glatt mixen.
3 Den Cocktail in zwei Collinsgläser abseihen. Mit Eiswürfeln und Sodawasser auffüllen, mit der Zitronenmelisse dekorieren.

765

Eye of the Hurricane

Die große Zahl der heute erhältlichen Fruchtsäfte und Fruchtsirupe macht das Mixen alkoholfreier Cocktails noch interessanter und vielfältiger. Früher musste man sich dazu weitgehend auf Orangen- und Zitronensaft beschränken.

Für 1 Person
4 cl Maracujasirup
2 cl Limettensaft
gestoßene Eiswürfel
Bitter Lemon
1 Zitronenscheibe

1 Maracujasirup und Limettensaft über gestoßenes Eis in ein Rührglas gießen.
2 Gut umrühren und in einen gekühlten Tumbler abseihen.
3 Mit Bitter Lemon auffüllen und mit der Zitronenscheibe dekorieren.

766

Kiwi Cooler

Diesen Cooler können Sie noch im letzten Moment zubereiten und fast gefroren servieren. Drücken Sie die Kiwi durch ein Sieb, wenn Sie die Kerne stören.

Für 1 Person
1 reife Kiwi, geschält und zerdrückt
Saft von 1 Maracuja (Passionsfrucht)
fein gestoßenes Eis
1 Spritzer Limettensaft
Zitronenlimonade
1 Kiwi-Eiswürfel

1 Kiwi, Maracujasaft und Eis in einem Mixer kurz mixen.
2 In ein gekühltes Longdrinkglas gießen, den Limettensaft hinzufügen und nach Geschmack mit Limonade auffüllen.
3 Den mit Kiwi gefüllten Eiswürfel hinzufügen.

767 Grapefruit Cooler

Eine wunderbar erfrischende Fruchtbowle ohne Alkohol, die perfekt zur Grillparty passt. Setzen Sie sie am besten schon zwei Stunden vorher an, damit sich das Minzearoma vollständig entfalten kann.

Für 6 Personen
50 g frische Minze
4 cl Zuckersirup
475 ml Grapefruitsaft
4 cl Zitronensaft
gestoßene Eiswürfel
Soda- oder Mineralwasser
einige frische Minzezweige

1 Die Minze mit dem Zuckersirup in einer kleinen Schüssel zerdrücken.
2 Den Ansatz mindestens 2 Stunden stehen lassen, dabei die Minze gelegentlich weiter zerdrücken.
3 In einen Krug abseihen, dann Grapefruitsaft und Zitronensaft dazugießen.
4 Mit Frischhaltefolie zudecken und bis zur weiteren Verwendung kalt stellen.
5 Vor dem Servieren 6 gekühlte Collinsgläser mit gestoßenem Eis füllen.
6 Den Cocktail auf die Gläser verteilen und mit Soda- oder Mineralwasser auffüllen.
7 Mit den Minzezweigen dekorieren.

768. Bright Green Cooler: 6 cl Ananassaft, 4 cl Limettensaft und 2 cl grünen Pfefferminzsirup mit Eis in einem Shaker kräftig schütteln. Einen gekühlten Tumbler zur Hälfte mit gestoßenen Eiswürfeln füllen und den Cocktail darüber abseihen. Mit Ginger Ale auffüllen; mit einer Gurkenscheibe und einer Limettenscheibe dekorieren.
Für 1 Person

769 Pineapple Crush

Je länger die Zutaten vorher gekühlt werden, desto besser das Ergebnis. Stellen Sie sie mindestens eine Stunde vor dem Servieren in den Kühlschrank.

Für 2 Personen
100 ml Ananassaft
4 EL Orangensaft
100 g Galiamelone, in Stücken
150 g gefrorene Ananasstücke
4 Eiswürfel
einige dünne Galiamelonenscheiben
einige Orangenschalenstreifen

1 Alle Zutaten bis auf die Melonenscheiben und Orangenschalenstreifen in einem Mixer grob mixen.
2 Den Cocktail in zwei gut gekühlte Tumbler gießen. Mit den Galiamelonenscheiben und den Orangenschalenstreifen dekorieren.

770

Juicy Julep

Das Wort „Julep" stammt aus dem Arabischen und bedeutet „Rosensirup". Man könnte deshalb annehmen, dass Juleps ursprünglich alkoholfreie Drinks waren und Bourbon-Liebhaber sich den Namen unter den Nagel gerissen haben – und nicht umgekehrt.

Für 1 Person

2 cl Orangensaft
2 cl Ananassaft
2 cl Limettensaft
1 cl Himbeersirup
4 zerstoßene Minzeblätter
gestoßene Eiswürfel
Ginger Ale
1 frischer Minzezweig

1 Orangensaft, Ananassaft, Limettensaft, Himbeersirup und Minzeblätter mit Eis in einen Shaker geben und kräftig schütteln.
2 Den Drink in ein gekühltes Collinsglas abseihen, mit Ginger Ale auffüllen und langsam umrühren.
3 Mit der Minze dekorieren.

771. Salty Puppy: Etwas Zucker und Salz zu gleichen Teilen auf einer Untertasse mischen. Den Rand eines kleines Tumblers mit einem Limettenachtel einreiben und in die Zucker-Salz-Mischung tauchen. Fest werden lassen. Das Glas mit gestoßenen Eiswürfeln füllen und 1 cl Limettensaft darüber gießen.Mit Grapefruitsaft auffüllen. **Für 1 Person**

772. Baby Bellini: 4 cl Pfirsichsaft und 2 cl Zitronensaft in eine gekühlte Champagnerflöte gießen; gut umrühren. Mit Apfelsprudel auffüllen und nochmals umrühren. **Für 1 Person**

773. Cool Collins: 6 frische Minzeblätter in einen großen gekühlten Tumbler geben und 1 TL Zucker und 4 cl Zitronensaft hinzufügen. Die Blätter mit einem Löffel zerdrücken, bis sich der Zucker auflöst. Das Glas mit gestoßenen Eiswürfeln füllen und Mineralwasser zugießen. Langsam umrühren und mit einem Minzezweig und einer Zitronenscheibe dekorieren. **Für 1 Person**

774. Sunrise: Gestoßene Eiswürfel in einen gekühlten Tumbler geben. 4 cl Orangensaft, 2 cl Zitronensaft und 2 cl Grenadine darüber gießen. Gut umrühren und mit Soda- oder Mineralwasser aufgießen. **Für 1 Person**

775

Little Prince

Apfelschorle ist eine wunderbare Zutat für alkoholfreie Cocktails, weil sie nicht nur Farbe und Geschmack mitbringt, sondern auch sehr erfrischend ist. Sie können Apfelschorle sogar als Champagner-Ersatz für die alkoholfreien Varianten von Champagner-Cocktails wie Buck's Fizz (S. 19) verwenden.

Für 1 Person
gestoßene Eiswürfel
2 cl Aprikosensaft
2 cl Zitronensaft
4 cl Apfelschorle
1 Zitronenschalenstreifen

1 Gestoßene Eiswürfel in ein Rührglas füllen.
2 Aprikosensaft, Zitronensaft und Apfelsaft darüber gießen und gut umrühren .
3 In ein gekühltes Highballglas abseihen und mit dem Zitronenstreifen dekorieren.

776. Apple Frazzle: 8 cl Apfelsaft, 1 TL Zuckersirup und 1/2 TL Zitronensaft mit Eis in einem Shaker kräftig schütteln. In einen gekühlten Tumbler abseihen und mit Mineralwasser auffüllen. **Für 1 Person**

777. Bite of the Apple: Gestoßene Eiswürfel mit 10 cl Apfelsaft, 2 cl Limettensaft, 1/2 TL Mandelsirup und 1 EL Apfelsauce oder Apfelmus in einem Mixer glatt mixen. In einen gekühlten Tumbler gießen und mit Zimt bestreuen. **Für 1 Person**

778. Red Apple Sunset: 4 cl Apfelsaft, 4 cl Grapefruitsaft und 1 Spritzer Grenadine mit Eis in einem Shaker kräftig schütteln. In ein gekühltes Cocktailglas abseihen. **Für 1 Person**

779. Prohibition Punch: 900 ml Apfelsaft, 350 ml Zitronensaft und [illegible] ml Zuckersirup in einen großen Krug gießen. Gestoßene Eiswürfel und 2,25 Liter Ginger Ale dazugeben. Langsam umrühren und in gekühlte Tumbler mit Orangenscheiben und Trinkhalmen gießen. **Für 25 Personen**

780

Lemon Fizz

Ein erfrischender Sommer-Fizz, der im Nu zubereitet ist. Halten Sie die Zutaten im Kühlschrank bereit, und füllen Sie sie kurz vor dem Servieren mit Limonade auf.

Für 1 Person
2 Zitronen
fein gestoßenes Eis
Schale von 1/2 Zitrone
1 EL Zucker
Zitronenlimonade, geeist

1 Die Zitronen auspressen und den Saft in ein gekühltes Highballglas mit gestoßenem Eis gießen.
2 Nach Geschmack ein Stück Zitronenschale und Zucker hinzufügen, kurz umrühren und nach Geschmack mit Limonade auffüllen.

(781)

Raspberry Cooler

Mit viel Eis ist dieser Apfel-Himbeer-Cocktail genau das Richtige für heiße Sommertage. Auch andere Fruchtsirupe wie Maracuja- und Aprikosensirup harmonieren damit ausgezeichnet.

Für 2 Personen
8 fein gestoßene Eiswürfel
2 TL Himbeersirup
500 ml gekühlter Apfelsaft
frische Himbeeren und Apfelscheiben

1 Das gestoßene Eis auf zwei Gläser aufteilen und den Himbeersirup darüber löffeln.
2 Jedes Glas mit gekühltem Apfelsaft auffüllen und gut umrühren.
3 Mit Himbeeren und Apfelscheiben auf einem Cocktailspießchen dekorieren.

(782)

Sparkling Peach Melba

Die einfache, aber perfekte Kombination aus Pfirsich und Himbeere ergibt einen wunderbaren Cocktail. Erfunden wurde er vom berühmten Küchenchef des Savoy Hotels, Georges-Auguste Escoffier, der zu Ehren der australischen Opernsängerin Dame Nellie Melba das Dessert Pfirsich Melba kreierte.

Für 1 Person
60 g Himbeeren, püriert
8 cl Pfirsichsaft
fein gestoßenes Eis
Soda- oder Mineralwasser

1 Himbeerpüree und Pfirsichsaft mit Eis in einem Shaker kräftig schütteln.
2 In einen großen gekühlten Tumbler abseihen und mit Mineralwasser auffüllen.
3 Langsam umrühren.

783. Peachy Melba: 6 cl Pfirsichsaft, 2 cl Zitronensaft, 2 cl Limettensaft und 2 cl Grenadine mit Eis in einem Shaker kräftig schütteln. In einen kleinen gekühlten Tumbler abseihen und mit einer Pfirsichscheibe dekorieren. **Für 1 Person**

784. Under the Boardwalk: Gestoßene Eiswürfel mit 4 cl Zitronensaft, 1/2 TL Zuckersirup und 1/2 geschälten, entsteinten und gewürfelten Pfirsich in einem Mixer grob pürieren. In einen gekühlten Tumbler abgießen. Mit Soda- oder Mineralwasser auffüllen und langsam umrühren. Mit Himbeeren garnieren . **Für 1 Person**

785. Peachy Cream: 4 cl gekühlten Pfirsichsaft und 4 cl Sahne mit Eis in einem Shaker kräftig schütteln. Einen kleinen gekühlten Tumbler zur Hälfte mit gestoßenen Eiswürfeln füllen und den Cocktail darüber abseihen. **Für 1 Person**

786 Tropical Cooler

Dieser fruchtige und belebende Cooler weckt die Sehnsucht nach heißer Tropensonne.

Für 1 Person
4 cl Maracujasirup
4 cl Guavensaft
4 cl Orangensaft
2 cl Kokosmilch
1–2 TL Ingwersirup
Eis
1 Sternfruchtscheibe
1 Physalis (Kapstachelbeere)

1 Die Fruchtsäfte mit Kokosmilch, Ingwersirup und Eis in einem Shaker kräftig schütteln.
2 In ein gekühltes Highballglas oder ein großes Weinglas abseihen. Den Rand des Glases mit der Sternfruchtscheibe und der Physalis dekorieren.

787 Lemon Soda

Den intensivsten Zitronengeschmack erhalten Sie, wenn Sie frisch gepressten Zitronensaft nehmen. Gut verschlossen hält er sich im Kühlschrank mehrere Tage.

Für 6 Personen
abgeriebene Schale und Saft von 7 großen unbehandelten Zitronen
1 Zitrone, in dünnen Scheiben
200 g Zucker (nach Geschmack etwas mehr)
200 ml kochendes Wasser
Eis
Sodawasser

1 Zitronenschale und -saft in eine große hitzebeständige Schüssel gießen. Zucker und Wasser verrühren, mit dem Zitronensaft mischen, abkühlen lassen, kalt stellen.
2 Vor dem Servieren in einen Krug mit Eis abseihen und nach Geschmack mit Sodawasser verdünnen.
3 Nach Belieben mehr Zucker hinzufügen.
4 Mit den Zitronenscheiben garnieren und in gekühlten Gläsern servieren.

788 Strawberry Crush

Schmeckt fast wie eine Schüssel Erdbeeren – Sie können auch Sahne hinzufügen.

Für 1 Person
1 Eiweiß
Zucker
100 g reife Erdbeeren
Saft von 1/2 Zitrone
150 ml gekühlte Zitronenlimonade
fein gestoßenes Eis
Zucker (nach Geschmack)
1 Minzezweig

1 Den Rand eines Glases mit etwas Eiweiß bestreichen und in Zucker tauchen.
2 Die Erdbeeren entstielen und mit Zitronensaft, Limonade, gestoßenem Eis und Zucker in einem Mixer 2–3 Minuten glatt und schaumig mixen.
3 Den Crush in das vorbereitete Glas gießen und mit der Minze dekorieren.

789

Cinders

Ein eleganter alkoholfreier Drink. Wenn Sie ihn mit etwas Hochprozentigem „aufpeppen“, muss das ja niemand erfahren ...

Für 1 Person
Saft von 1/2 Orange
Saft von 1 Limette
150 ml Ananassaft
einige Tropfen Angostura (nach Belieben)
Eis
Sodawasser oder Dry Ginger Ale
je 1 Orangen- und Ananasscheibe

1 Die ersten vier Zutaten mit Eis in einem Shaker mischen und kräftig schütteln.
2 In ein gekühltes Glas abseihen und nach Geschmack mit Sodawasser auffüllen.
3 Erneut einige Tropfen Angostura darüber spritzen und den Cocktail mit der Orangen- und der Ananasscheibe garnieren.

790

Babylove

Die pürierte Avocado ist so üppig und reichhaltig, dass Sie für den Genuss dieses Cocktails schon fast einen Löffel benötigen.

Für 2 Personen
300 ml kalte Milch
12–14 Erdbeeren, gewaschen und entstielt
1/2 reife Avocado
2 cl Zitronensaft

1 Alle Zutaten bis auf zwei Erdbeeren in einem Mixer 15–20 Sekunden glatt pürieren.
2 In geeiste Collinsgläser gießen und jedes Glas mit einer Erdbeere dekorieren.

791

Carrot Cream

Der süße Saft und das Fruchtfleisch von Karotten eignen sich wunderbar zum Mischen köstlicher Cocktails. Rohe Karotten sind zudem reich an Vitamin A und Mineralstoffen – und somit auch noch sehr gesund.

Für 1 Person
4 cl Karottensaft
5 cl Sahne
2 cl Orangensaft
1 Eigelb
gestoßene Eiswürfel
1 Orangenscheibe

1 Karottensaft, Sahne und Orangensaft mit dem Eigelb und Eis in einem Shaker mischen und kräftig schütteln.
3 In ein gekühltes Glas abseihen und mit der Orangenscheibe dekorieren.

792

Apple Sour

Der Zitronen- und der Limettensaft verleihen dem Cocktail eine leicht säuerliche Note, die aber durch den süßen Honig und das Apfelaroma veredelt werden.

Für 1 Person
8 cl Apfelsaft
Saft von 1 Zitrone und 1 Limette
2 cl klarer Honig oder Zuckersirup
1 kleines Eiweiß
fein gestoßenes Eis
4–5 Himbeeren
1 langer Apfelschalenstreifen

1 Alle Zutaten bis auf die Himbeeren und die Apfelschale in einem Mixer gründlich vermengen, bis der Cocktail sehr schaumig und halbgefroren ist.
2 Drei Himbeeren in ein geeistes Collinsglas geben, mit einem Holzlöffel zerdrücken und den Cocktail darüber gießen.
3 Mit dem Apfelschalenstreifen und den übrigen Himbeeren garnieren.

793

Angelina

Wenn Sie für diesen köstlichen Fruchtcocktail Ananas aus der Dose nehmen, werden Sie der Versuchung kaum widerstehen können und mit den übrigen Ananasstücken weitere Drinks für die ganze Familie zubereiten.

Für 1 Person
4 cl Orangensaft
10 Ananaswürfel
einige Eiswürfel
2 Spritzer Himbeer- oder Erdbeersirup

1 Die ersten drei Zutaten in einem Mixer etwa 10 Sekunden schaumig mixen.
2 Einen guten Spritzer Sirup in ein gekühltes Longdrinkglas geben und den Cocktail langsam dazugießen.
3 Etwas Sirup darüber spritzen und mit einem Trinkhalm servieren.

794

Summer Citrus Slush

Für diese leckere Erfrischung unterbrechen Ihre Kinder gern das Spielen mit ihren Freunden im Garten!

Für 2 Personen
4 EL Orangensaft
1 EL Limettensaft
100 ml Mineralwasser
350 g gefrorene Beeren (wie Heidelbeeren, Himbeeren, Brombeeren und Erdbeeren)
4 Eiswürfel
einige frische Beeren

1 Orangensaft, Limettensaft und Mineralwasser in einem Mixer kurz mixen.
2 Die Beeren und Eiswürfel hinzufügen und grob mixen.
3 Den Beerencocktail in gekühlte Gläser gießen. Die frischen Beeren auf ein Cocktailspießchen stecken und den Drink damit dekorieren.

795

Sweet Dreamer

Dieser wunderbar cremige Fruchtcocktail ist ideal als Muntermacher am Morgen, aber auch als Powerdrink am Abend vor dem Ausgehen.

Für 2 Personen
2 cl Orangensaft
4 cl Maracujasaft
1 kleine Banane
1/4 reife Mango oder Papaya
2 Tropfen Vanillearoma
fein gestoßenes Eis

1 Alle Zutaten in einem Mixer glatt mixen, dabei jedoch nicht zu fein pürieren.
2 In große Cocktailgläser oder Gläser gießen.

796

Island Cooler

An einem heißen Sommertag ist nichts köstlicher als ein eisgekühlter Drink aus verschiedenen exotischen Fruchtsäften. Versetzen Sie sich in Partystimmung – dekorieren Sie den Drink farbenfroh mit exotischen Früchten.

Für 1 Person

4 cl Orangensaft
2 cl Zitronensaft
2 cl Ananassaft
2 cl Papayasaft
1/2 TL Grenadine
gestoßene Eiswürfel
Soda- oder Mineralwasser
1 Ananasstück und 2 Maraschinokirschen

1 Orangensaft, Zitronensaft, Ananassaft, Papayasaft und Grenadine mit Eis in einem Shaker kräftig schütteln.

2 Ein gekühltes Collinsglas zur Hälfte mit gestoßenen Eiswürfeln füllen und den Cocktail darüber gießen.

3 Mit Soda- oder Mineralwasser auffüllen und langsam umrühren.

4 Mit dem Ananasstück und den Maraschinokirschen dekorieren.

797

Pineapple Tang

Frieren Sie die Pfirsich- und Ananasstücke für diesen Cocktail rechtzeitig ein!

Für 2 Personen

100 ml Ananassaft
Saft von 1 Zitrone
125 ml Wasser
3 EL brauner Zucker
150 g Naturjoghurt
1 Pfirsich, in Stücken eingefroren
200 g Ananasstücke, eingefroren
2 frische Ananasstücke

1 Ananassaft, Zitronensaft und Wasser in einem Mixer mixen.

2 Zucker und Joghurt hinzufügen und glatt mixen.

3 Die gefrorenen Pfirsich- und Ananasstücke hinzufügen und glatt mixen.

4 Den Cocktail auf zwei Gläser verteilen und die Glasränder mit frischen Ananasstücken dekorieren.

798

Cranberry and Orange Crush

Ein erfrischender Longdrink, der aber auch etwas säuerlich ausfallen kann. Also: erst probieren und dann, falls nötig, nachsüßen.

Für 1 Person
Saft von 2 Blutorangen
150 ml Cranberrysaft
2 EL Himbeer- oder Früchtesirup
Zucker (nach Geschmack)
fein gestoßenes Eis
einige Himbeeren

1 Die ersten vier Zutaten mit Eis in einem Shaker mischen und sehr schaumig schütteln.
2 Direkt in ein gekühltes großes Glas gießen.
3 Mit den Himbeeren auf einem Cocktailspießchen dekorieren.

799

Muddy Puddle

Beim Mischen von Cocktails kann jede Menge daneben gehen, besonders wenn die Kinder mithelfen. Auch dieser Cocktail, der zwar nicht durch sein Aussehen glänzt, aber sehr erfrischend schmeckt, verdankt seine Existenz solch vereinter Kreativität ...

Für 1 Person
Saft von $^1/_2$ Zitrone
Saft von $^1/_2$ Orange
fein gestoßenes Eis
Cola
1 Orangenscheibe

1 Den Fruchtsaft über gestoßenes Eis in ein gekühltes Longdrinkglas gießen und mit eiskalter Cola auffüllen.
2 Mit der Orangenscheibe dekorieren und mit einem Trinkhalm servieren.

800

Cranberry Punch

Ein raffinierter alkoholfreier Drink, den man im Winter als heißen Punsch, besonders zum Chill-out oder Après-Ski nach einem herrlichen langen Tag auf der Skipiste, und im Sommer als kalte, erfrischende Bowle servieren kann.

Für 10 Personen

600 ml Cranberrysaft
600 ml Orangensaft
150 ml Wasser
1/2 TL gemahlener Ingwer
1/4 TL Zimt
1/4 TL frisch geriebene Muskatnuss
gestoßene Eiswürfel oder Eisblock, wenn kalt serviert

Für die Dekoration der kalten Bowle:

frische Cranberries
1 Eiweiß
Zucker
1 frischer Minzezweig

Für die Dekoration des heißen Punschs:

Zitronenscheiben
Orangenscheiben

Zubereitung:

1 Cranberrysaft, Orangensaft, Wasser, Ingwer, Zimt und Muskat zum Kochen bringen.
2 Die Hitze reduzieren und den Punsch 5 Minuten köcheln lassen.
3 Den Topf vom Herd nehmen.

Heiß serviert:

1 In vorgewärmte Punschgläser oder eine vorgewärme Punschschüssel schöpfen.
2 Mit Zitronen- und Orangenscheiben servieren.

Kalt serviert:

1 Auskühlen lassen, in einen Krug gießen und mit Frischhaltefolie zugedeckt mindestens 2 Stunden kalt stellen.
2 Gestoßenes Eis oder einen Eisblock in ein gekühltes Bowlengefäß geben und die Bowle hineingießen; oder gekühlte Tumbler mit gestoßenem Eis füllen und die Bowle darüber gießen.
3 Mit gefrorenen Cranberries und Minzeblättern servieren.

Dekoration für eine Party im Voraus zubereiten:

1 Die Cranberries nacheinander in Eiweiß tauchen, abtropfen lassen, dann in Zucker wenden und durch leichtes Schütteln überschüssigen Zucker entfernen.
2 Auf Backpapier fest werden lassen.
3 Die Minze mit Eiweiß bestreichen und in Zucker wenden; überschüssigen Zucker entfernen.
4 Auf Backpapier fest werden lassen.

801

Forest Fruit Smoothie

Dieser Beeren-Shake besitzt nicht nur eine wunderbare Farbe, er schmeckt auch ausgesprochen fruchtig.

Für 2 Personen
225 ml Orangensaft
1 Banane, in Scheiben eingefroren
450 g gefrorene Beeren (wie Heidelbeeren, Brombeeren und Himbeeren)
2 halbe Erdbeeren

1 Orangensaft, Bananenscheiben und die Hälfte der Beeren in einen Mixer füllen.
2 Glatt mixen, die übrigen Beeren hinzufügen und glatt mixen.
3 Den Shake in gekühlte Gläser gießen und die Glasränder mit je einer halben Erdbeere dekorieren. Mit Trinkhalmen servieren.

802

Melon Medley

Für diesen herrlich erfrischenden Cocktail sollten Sie eine vollreife, süße Melone wie die Cantaloupmelone verwenden. Genießen Sie den Drink am besten an einem warmen Sommerabend.

Für 1 Person
fein gestoßene Eiswürfel
60 g gewürfeltes Melonenfruchtfleisch
8 cl Orangensaft
1 cl Zitronensaft

1 Gestoßenes Eis mit dem Melonenfruchtfleisch, Orangensaft und Zitronensaft in einem Mixer grob mixen.
2 In ein gekühltes Collinsglas gießen.

803

Summer Smoothie

Ganz gleich, welches Wetter gerade herrscht, oder in welcher Jahreszeit Sie sich befinden – dieser erfrischende Shake wird die Sonne in Ihr Herz bringen!

Für 2 Personen
175 ml Milch
225 g Pfirsich aus der Dose, abgetropft
2 frische Aprikosen, gewürfelt
400 g frische Erdbeeren, entstielt und in Scheiben
2 Bananen, in Scheiben eingefroren
2 halbe Erdbeeren

1 Die Milch in einen Mixer gießen.
2 Die übrigen Zutaten bis auf die Erdbeerhälften hinzufügen und auf niedriger Stufe glatt mixen.
3 In gekühlte Gläser gießen und die Glasränder mit den Erdbeerhälften dekorieren.

804

Fruit Rapture

Ein wunderbar cremiger Früchtemix, der zu jeder Tageszeit ein großer Genuss ist.

Für 2 Personen

100 ml Milch
125 g Pfirsichjoghurt
100 ml Orangensaft
225 g Pfirsichscheiben aus der Dose, abgetropft
6 Eiswürfel
einige dünne Orangenschalenstreifen

1 Milch, Joghurt und Orangensaft in einen Mixer gießen und auf niedriger Stufe kurz mixen.
2 Die Pfirsichscheiben und Eiswürfel hinzufügen und glatt mixen.
3 Den Cocktail in zwei Gläser gießen.
4 Mit den Orangenschalenstreifen dekorieren und mit Trinkhalmen servieren.

805

Junior Dancer

Ein cremiger, süßer und gesunder Powerdrink – genau das Richtige nach einer durchtanzten Nacht.

Für 1 Person

1/2 Banane
2 große Erdbeeren
2 EL Sahne oder Naturjoghurt
1 EL Zuckersirup
1 Spritzer Grenadine
fein gestoßenes Eis
Tonic Water oder Zitronenlimonade

1 Die ersten fünf Zutaten mit Eis im Mixer zu einem glatten, halbgefrorenen Drink verarbeiten.
2 In ein Collinsglas gießen und mit Tonic Water aufgießen.

806

Raspberry Crusher

Damit lassen sich Ihre Kinder sicher ohne große Diskussion davon überzeugen, mehr Milch und Obst zu sich zu nehmen …

Für 1 Person
8 cl kalte Milch
2 cl Grenadine
12 Himbeeren
1 reife Banane
3–4 Eiswürfel
1 TL Himbeersirup

1 Alle Zutaten bis auf den Himbeersirup in einem Mixer 5–10 Sekunden mixen.
2 In ein gekühltes Collinsglas gießen und den Himbeersirup darüber löffeln.

807

Nectarine Melt

Dieser goldgelbe Shake steckt voll Frucht und Vitaminen und wird eiskalt getrunken.

Für 2 Personen
250 ml Milch
350 g Zitronensorbet
1 reife Mango, geschält, entkernt und in Würfeln
2 reife Nektarinen, geschält und gewürfelt

1 Die Milch mit der Hälfte des Zitronensorbets in einem Mixer kurz vermischen.
2 Das übrige Sorbet zugeben und glatt mixen.
3 Die Mango und die Nektarinen hinzufügen und glatt pürieren.
4 Den Shake in gekühlte Gläser gießen und mit Trinkhalmen servieren.

808

Banana Coffee Break

Wegen des Kaffees schmeckt dieser cremige Cocktail wohl vor allem Erwachsenen. Verwenden Sie für Kinder einfach Caro-Kaffee! An warmen Tagen ist der Drink ein ausgezeichneter Muntermacher.

Für 2 Personen
300 ml Milch
4 EL Instant-Kaffeepulver
150 g Vanilleeis
2 Bananen, in Scheiben eingefroren
brauner Zucker
6 Bananenscheiben

1 Die Milch in einen Mixer gießen, das Kaffeepulver hinzufügen und mixen.
2 Die Hälfte des Vanilleeises zugeben und auf niedriger Stufe vermengen; das übrige Eis zugeben und glatt mixen.
3 Die Bananen und nach Geschmack Zucker hinzufügen und glatt pürieren.
4 Den Cocktail in Gläser gießen und mit den Bananenscheiben auf einem Cocktailspießchen dekorieren.

Besondere Cocktails

809

My Fair Lady

Ein sehr locker-leichter Cocktail – perfekt für einen langen Abend mit amüsanter, heiterer Unterhaltung.

Für 1 Person
2 cl Gin
1 cl Zitronensaft
1 cl Orangensaft
1 cl Fraise
1 Eiweiß
Eis

1 Alle Zutaten mit Eis in einen Shaker geben und kräftig schütteln.
2 In ein Cocktailglas abgießen und servieren.

810

Snowball Cocktail

Fast so weiß wie Schnee, allerdings nicht so rein ...

Für 1 Person
2 cl Gin
1 cl Anisette
1 cl Crème de Violette
1 cl weißer Crème de Menthe
1 cl Sahne, leicht gesüßt
Eis
1 Cocktailkirsche

1 Mit Eis in ein Rührglas geben und gut verrühren.
2 In ein Cocktailglas abseihen, mit der Cocktailkirsche dekorieren und servieren.

811

Freedom Fighter

Crème Yvette ist ein amerikanischer Likör aus wilden Veilchen. Seinen ausgeprägten Geschmack mag man oder nicht, jedenfalls eignet er sich vortrefflich für farbintensive Cocktails. Eine gute Alternative sind Crème de Violette oder Parfait Amour.

Für 1 Person
6 cl Sloe Gin
2 cl Crème Yvette
2 cl Zitronensaft
1 Eiweiß
gestoßene Eiswürfel

1 Gin, Crème Yvette, Zitronensaft und das Eiweiß mit Eis in einem Shaker mischen und kräftig schütteln.
2 In ein gekühltes Weinglas abseihen.

Lemon Sherbet

Eine schaumig-cremige Köstlichkeit, für die Sie möglicherweise einen Löffel benötigen werden.

Für 1 Person
4 cl Gin
2 cl Zitronensaft
2 cl Sahne
1 cl Orange Curaçao
1 TL Zucker
1 Spritzer Orangenblütenwasser
etwas fein gestoßenes Eis

1 Alle Zutaten in einem Mixer 10–15 Sekunden mixen.
2 In einen gekühlten kleinen Tumbler gießen. Mit einem Trinkhalm servieren.

White Charger

Ein köstlicher Sommercocktail, der sich besonders für eine Grillparty eignet. Das Vanilleeis können Sie auch durch andere Eissorten oder Sorbets ersetzen.

Für 1 Person
1/2 Kugel Vanilleeis
2 cl Gin
4 cl gekühlter Weißwein oder Sodawasser

1 Vanilleeis und Gin in einem Shaker mischen und kräftig schütteln.
2 In ein mittelgroßes gekühltes Glas gießen und den Cocktail nach Geschmack mit Wein oder Wasser auffüllen.

814

Tony Bennett

Der alte Schnulzensänger trank diesen Cocktail vor jeder Show, besonders wenn es draußen kalt und regnerisch war.

Für 1 Person
2 cl Gin
2 cl Crème de Cassis
2 cl Triple Sec
1 cl Zitronensaft
gestoßenes Eis
Sodawasser

1 Alle Zutaten bis auf das Sodawasser mit Eis gut verrühren.
2 In ein langes Glas mit Eis abseihen und nach Geschmack mit etwas Sodawasser auffüllen.

815

CLASSIC

Bullshot

Schmeckt ein bisschen wie abgekühlte Rinderbrühe, aber mit Pfiff. Unbedingt sehr kalt servieren!

Für 1 Person
2 cl Wodka
4 cl Rinderbrühe
1 Spritzer frisch gepresster Zitronensaft
2 Spritzer Worcestersauce
Eis
Selleriesalz
1 Zitronenschalenstreifen

1 Alle Zutaten außer Selleriesalz und Zitronenschale mit dem Eis im Shaker gut schütteln. In ein Cocktailglas mit Eiswürfeln abseihen.
2 Etwas Selleriesalz darüber streuen; mit dem Zitronenschalenstreifen dekorieren.

(816) Grimace and Grin

Cocktails mit Süßigkeiten sind derzeit in Mode. Möglicherweise ist dies ein Hinweis darauf, wie sehr sich die junge Generation für ungewöhnliche Drinks begeistert.

Für 15 Personen
90 g saure Jellybeans (z. B. Sauerkirsche, Zitrone, Apfel) oder saure Fruchtgummis
3/4 Flasche Wodka

1 30 g der Jellybeans beiseite legen. Die übrigen Jellybeans in eine mikrowellengeeignete oder hitzebeständige Schüssel geben und 4 EL des Wodkas dazugießen. Im Mikrowellenwerd erhitzen, bis die Jellybeans geschmolzen sind, oder die Schüssel auf einen Topf mit köchelndem Wasser setzen und die Jellybeans auf diese Weise auflösen.
2 Die Mischung mit Hilfe eines Trichters in eine Flasche gießen. Die übrigen Jellybeans und den übrigen Wodka hinzufügen.
3 Vor dem Servieren die Flasche kräftig schütteln und den Cocktail in gekühlte Cocktailgläser gießen.

817. Gumdrop Martini: Den Rand eines gekühlten Cocktailsglases zuerst mit einem Zitronenachtel einreiben, dann in Zucker tauchen. Den Zuckerrand fest werden lassen. 4 cl Lemon Rum, 2 cl Wodka, 1 cl Southern Comfort, 1 cl Zitronensaft und 1/2 TL Vermouth Dry mit Eis in einem Shaker kräftig schütteln. In das vorbereitete Glas abseihen und mit Jellybeans, Fruchtgummis oder Gummibärchen garnieren.
Für 1 Person

(818) Sputnik

Wenn Sie eine größere Menge von diesem Drink mischen möchten, können Sie sie auch im Voraus zubereiten. Für die Sputnik-Dekoration verwenden Sie am besten verschiedenfarbige Kirschen.

Für 1 Person
2 cl Wodka
2 cl Sahne
1 TL Maraschino
Eis
1 Maraschinokirsche

1 Alle Zutaten mit Eis in einem Shaker kräftig schütteln, abseihen und in ein schmales hohes Cocktailglas abseihen.
2 Zwei Cocktailspießchen über Kreuz durch die Maraschinokirsche stechen und auf den Glasrand des Drinks legen.

819

Berry Blush

Ist kein Himbeerlikör erhältlich, nehmen Sie für diesen wunderbar cremigen Beeren-cocktail einfach Erdbeerlikör oder Cassis.

Für 1 Person
4 cl Wodka
2 cl Himbeerlikör
1 Kugel Vanilleeis
1 cl Erdbeersirup
2–3 Erdbeeren, entstielt
1 Erdbeere

1 Alle Zutaten bis auf die Erdbeeren in einem Mixer schaumig und glatt mixen.

2 Den Cocktail in ein mittelgroßes Cocktailglas gießen, 2–3 Erdbeeren hineingeben und den Glasrand mit der übrigen Erdbeere dekorieren.

820

Russian Double

Das ist ein gehaltvolles Doppel – seien Sie vorsichtig mit den Mengen!

Für 1 Person
2 cl klarer Wodka, geeist
(z. B. Smirnoff Red Vodka)
Zitronen- oder Orangenschalenstreifen
2 cl Zitronenwodka, geeist

1 Den klaren Wodka in ein gekühltes Shotglas gießen.
2 Den Zitrusschalenstreifen dazugeben; den Zitronenwodka behutsam darauf gießen.

821

Iced Lemon Cream

Ein sehr mächtiger Alkoholmix, der an einem heißen Sommertag besonders schmeckt.

Für 1 Person
3 cl Zitronenwodka
1,5 cl Galliano
1,5 cl Sahne
1 kleine Kugel Zitronensorbet
1 Minzezweig

1 Alle Zutaten bis auf die Minze in einem Mixer glatt mixen.
2 Den Cocktail in eine gekühlte Cocktailschale gießen; mit der Minze dekorieren.
3 Mit einem Trinkhalm servieren.

Tipp: Um Zitronenwodka selbst herzustellen, 1–2 Zitronenschalenstreifen in eine gute Flasche Wodka geben und 24 Stunden geeist durchziehen lassen. Anschließend die Zitronenschale entfernen.

822

Rompope

Dies ist die mexikanische Version des bekannteren holländischen Eierlikörs, ein dickflüssiger gelber Cocktail für Liebhaber süßer Drinks.

Für 7–8 Personen
400 g Kondensmilch
300 ml gekühlte Milch
4 Eigelb
1 Tropfen Vanillearoma
150 ml Wodka
1/4 TL Zimt
1 Zimtstange

1 Alle Zutaten bis auf den Zimt im Mixer auf hoher Stufe 45 Sekunden zu einem glatten Drink verarbeiten.
2 Abseihen und kalt stellen.
3 In Gläser gießen und mit Zimt bestäuben.
4 Mit der Zimtstange als Stirrer dekoriert servieren.

(823)

Vodga

Klassische Wodka-Cocktails sollten früher vor allem den Kick eines alkoholischen Getränks vermitteln, ohne eine verräterische Alkoholfahne zu verursachen. Meist handelte es sich um recht einfache Mixturen aus Wodka, Fruchtsäften und anderen alkoholfreien Getränken. Moderne Wodka-Cocktails beinhalten dagegen oft Brände und Liköre, denen der Wodka zusätzliche Stärke verleiht.

Für 1 Person
4 cl Wodka
2 cl Strega
1 cl Orangensaft
gestoßene Eiswürfel

1 Wodka, Strega und Orangensaft mit Eis in einem Shaker mischen und kräftig schütteln.
2 In ein gekühltes Cocktailglas abseihen.

824. Golden Frog: 4–6 Eiswürfel mit 2 cl Wodka, 2 cl Strega, 2 cl Galliano und 2 cl Zitronensaft in einem Mixer grob mixen. In ein gekühltes Cocktailglas abseihen. **Für 1 Person**

825. Genoese: 2 cl Wodka, 2 cl Grappa, 1 cl Sambuca und 1 cl Vermouth Dry mit Eis in einem Shaker kräftig schütteln. In ein gekühltes Cocktailglas abseihen. **Für 1 Person**

826. White Spider: 4–6 gestoßene Eiswürfel in ein Rührglas gießen. 2 cl Wodka und 2 cl weißen Crème de Menthe darüber gießen und gut verrühren. In ein gekühltes Cocktailglas abseihen. **Für 1 Person**

827. Tailgate: 4–6 gestoßene Eiswürfel in ein Rührglas gießen. Orangenbitter darüber spritzen und 4 cl Wodka, 2 cl grünen Chartreuse und 2 cl Vermouth Sweet darüber gießen. Gut umrühren und in ein gekühltes Cocktailglas abseihen. **Für 1 Person**

(828)

Serenade

Cocktails, in denen Wodka mit Nussigem und Fruchtigem gemischt wird, sollten in jedem Fall gut geeist serviert werden. Dieser hier schmeckt köstlich.

Für 1 Person
2 cl Wodka
2 cl Amaretto
0,5 cl Kokoscreme
2 cl Ananassaft
fein gestoßenes Eis

1 Alle Zutaten in einem Mixer 5–10 Sekunden grob mixen, bis die Zutaten zum Teil gefroren sind.
2 In ein gekühltes Cocktailglas gießen und mit einem Trinkhalm servieren.

829

Cream Dream

Ein sahnig-cremiger Cocktail, dessen besondere Note durch das feine Aroma des Orangenlikörs entsteht.

Für 1 Person
2 cl Grand Marnier
2 cl Wodka
Eis
2 cl geschlagene Sahne
1 Orangenschalenstreifen

1 Die ersten beiden Zutaten mit Eis in einem Shaker kräftig schütteln.
2 In ein geeistes Martiniglas abseihen und die geschlagene Sahne darüber löffeln.
3 Mit dem Orangenschalenstreifen dekorieren.

830

Golden Flip

Dieser Flip enthält neben Sherry und Mandellikör auch einen guten Schuss Wodka.

Für 1 Person
2 cl Wodka
2 cl süßer Sherry
2 cl Amaretto
1 Eigelb
1 EL Zucker
Eis
geriebene Muskatnuss

1 Alle Zutaten bis auf die Muskatnuss mit Eis in einem Shaker kräftig schütteln.
2 In ein gekühltes kleines Weinglas abseihen und mit der frisch geriebenen Muskatnuss bestäuben.

831

Chilly Willy

Ein Cocktail für besonders Hartgesottene. Seine Schärfe hängt nicht nur von der verwendeten Chilisorte und -menge ab, sondern auch davon, ob die Kerne der Chilischote vor dem Mixen entfernt wurden. Wenn Ihnen der Drink immer noch nicht heftig genug ist, nehmen Sie statt einfachem Wodka Chili-Wodka.

Für 1 Person
4 cl Wodka
1 TL frisch gehackte Chili
gestoßene Eiswürfel

1 Den Wodka mit Eis und Chili in einem Shaker kräftig schütteln.
2 In einen gekühlten kleinen Tumbler abgießen.

832. Hot und Dirty Martini: 6 cl Chili-Wodka, 1 cl Vermouth Dry und 1 TL Olivenlake mit Eis in einem Shaker kräftig schütteln. In ein gekühltes Cocktailglas abseihen und mit einer gefüllten Olive garnieren.
Für 1 Person

833. Fuzzy Martini: 4 cl Vanille-Wodka, 1 cl Kaffee-Wodka und 1 TL Pfirsichbrand mit Eis in einem Shaker kräftig schütteln und in ein gekühltes Cocktailglas abseihen. Mit einer Pfirsichscheibe dekorieren. **Für 1 Person**

834. Stockholm: Einen Zuckerwürfel mit 4 cl Zitronenwodka und 2 cl Zitronensaft in einen großen Tumbler geben. Umrühren, bis sich der Zucker auflöst. Mit gekühltem Schaumwein auffüllen.
Für 1 Person

835

Apple Toddy

Ein Grog wird traditionell heiß getrunken. Dieser hier schmeckt im Sommer und an warmen Herbsttagen auch kalt ausgezeichnet.

Für 1 Person
2 cl Whisky, Rum oder Brandy
6 cl Cidre oder Apfelsaft
1 Zitronenscheibe

1 Whisky und Cidre oder Apfelsaft mischen. Langsam erhitzen.
2 In einen mittelgroßen Tumbler gießen und mit der Zitronenscheibe garnieren.

836

Jagertee

CLASSIC

Füllen Sie diesen Drink in einen Flachmann, nehmen Sie ihn mit in die Berge, und Sie werden niemals allein sein.

Für 2–3 Personen
250 ml schwarzer Tee
1–2 TL Zucker
250 ml Rotwein
1/2 Zimtstange
2 Nelken
je 2 cl Rum und Obstler
2–3 Zitronenscheiben

1 Tee mit Zucker süßen und in einen Topf geben; Rotwein, Zimt und Nelken hinzufügen. Langsam erhitzen, aber nicht kochen.
2 Vom Herd nehmen; Gewürze entfernen.
3 Rum und Obstler dazugeben. In hitzebeständige Gläser gießen, mit Zitronenscheiben garnieren und sofort servieren.

837

Irish Coffee

Dieses köstliche Getränk wurde angeblich in den 1940er-Jahren von Joe Sheridan erfunden, der damals oberster Chefkoch des Shannon Airport in Irland war.

Für 1 Person
4 cl Irish Whiskey
Zucker
frisch gebrühter starker Kaffee
4 cl Sahne

1 Den Whiskey in ein vorgewärmtes hitzebeständiges Glas gießen und nach Geschmack Zucker hinzufügen.
2 Den Kaffee dazugießen und umrühren.
3 Anschließend die Sahne sehr langsam über den Rücken eines Löffels hineinlaufen lassen; der Löffel sollte den Kaffee und die Glaswand knapp berühren.
4 Langsam weitergießen, bis sich die gesamte Sahne an der Oberfläche abgesetzt hat.
5 Nicht umrühren, sondern den Kaffee durch die Sahne trinken.

838. Hungarian Coffee: Den Whiskey durch Brandy ersetzen, 1 EL geriebene Schokolade hinzufügen und mit geschlagener Sahne auffüllen. Mit einer Zimtstange servieren. **Für 1 Person**

839. Mexican Coffee: Den Whiskey durch Kahlúa ersetzen. Mit geschlagener Sahne und geriebener Schokolade auffüllen. **Für 1 Person**

840. Espresso Galliano: Den Whiskey durch Galliano ersetzen, Zitronen- oder Orangensaft hinzufügen und nach Geschmack mit Zucker süßen. Ohne Sahne schmeckt er am besten. **Für 1 Person**

841

Bourbon Fog

Wenn Sie Eiskaffee mögen, werden Sie diesen Drink lieben. Servieren Sie ihn bei einer Sommerparty oder auf einem Grillfest; bereiten Sie alles so weit vor, dass Sie kurz vor dem Servieren nur noch das Vanilleeis hinzuzufügen brauchen.

Für 20 Personen
1 Liter starker schwarzer Kaffee, eisgekühlt
1 Liter Vanilleeis
1 Liter Bourbon

1 Alle Zutaten in einem großen Bowlengefäß gut verrühren.
2 Den glatt gerührten, eiskalten Cocktail in kleinen Bechern oder gekühlten Gläsern servieren.

842

After Nine

Nach dem Genuss dieses reichhaltigen Cocktails ist ein Schokoladendessert sicher nicht mehr nötig.

Für 1 Person
2 cl Whisky
2 cl Schokoladen-Minze-Likör
2 cl Sahne
Eis
geriebene Schokolade

1 Alle Zutaten bis auf die Schokolade mit etwas Eis kurz verrühren.
2 In ein Cocktailglas abseihen und mit der geriebenen Schokolade bestreuen.

843

A Scotch Cocktail

Genau der richtige Drink nach einem langen Spaziergang in der schottischen Heide.

Für 1 Person
4 cl Scotch Whisky
2 cl Sahne
2 cl Honig

1 Alle Zutaten in einem vorgewärmten Glas verrühren und abkühlen lassen.
2 Mit einem Löffel oder Stirrer zum Kaltrühren servieren.

844

Hair of the Dog

„Hair of the dog" bedeutet zu deutsch „ein Schluck Alkohol gegen den Kater" – nach dem Prinzip, dass man anfangen soll, womit man abends aufgehört hat. In Schottland ist dies ein beliebter Drink am Morgen danach ...

Für 1 Person
2 cl Scotch Whisky
3 cl Sahne
1 cl klarer Honig
Eis

1 Whisky, Sahne und Honig langsam verrühren.
2 Über Eis in ein Cocktailglas gießen und mit einem Trinkhalm servieren.

(845) The Green Man

Die Farbe dieses Drinks ist sehr ungewöhnlich und lässt gar nicht vermuten, dass er Whiskey enthält. Trotzdem, ein großartiger Drink.

Für 1 Person
2 cl Irish Whiskey
1 cl Blue Curaçao
2 cl frisch gepresster Zitronensaft
1 Spritzer Eiweiß
Eiswürfel

1 Alle Zutaten mit etwas Eis in einem Shaker kräftig schütteln.
2 In einen mittelgroßen Tumbler oder Glas abseihen und mit Eis auffüllen.

(846) Boilermaker

CLASSIC

„Boilermaker" nannte man früher in Amerika ein Trinkritual, bei dem auf ein Glas Rye Whiskey ein Bier zum Nachspülen folgte. Diese Variante ist noch etwas raffinierter, aber nicht weniger gefährlich.

Für 1 Person
250 ml englisches helles Ale
3 cl Bourbon oder Rye Whiskey

1 Das Bier in ein gekühltes Bierglas oder einen gekühlten Krug gießen.
2 Den Bourbon oder Rye Whiskey in ein gekühltes Shotglas gießen.
3 Das gefüllte Shotglas langsam in das Bier sinken lassen.

847. Depth Charge: 4 cl Schnaps – nehmen Sie Ihre Lieblingssorte – in ein gekühltes Bierglas oder einen gekühlten Krug gießen und 500 ml englisches helles Ale dazugießen. **Für 1 Person**

848. Submarino: 250 ml mexikanisches Bier in ein gekühltes Bierglas oder einen Bierkrug gießen. 4 cl weißen Tequila in ein gekühltes Shotglas geben; das gefüllte Glas komplett im Bier versenken. **Für 1 Person**

849. Yorsh: 250 ml englisches helles Ale in ein gekühltes Bierglas oder einen gekühlten Krug gießen und 4 cl Wodka darüber geben. **Für 1 Person**

850. Ginger Beer: 250 ml halbdunkles, obergäriges Bier in ein gekühltes Bierglas oder einen gekühlten Krug gießen; 4 cl Ginger Brandy darüber geben. **Für 1 Person**

851. Dog's Nose: 250 ml englisches helles Ale in ein gekühltes Bierglas oder einen gekühlten Bierkrug gießen; 2 cl Gin darüber geben. **Für 1 Person**

852 Scottish Nightcap

Nach einem oder zwei Gläschen dieses köstlichen Drinks können Sie bestimmt ausgezeichnet schlafen.

Für 2 Personen
300 ml helles Ale
1 TL Kakaopulver
4 EL Scotch Whisky
2 kleine Eigelb
2 TL Zucker
2 Kandissticks

1 Das helle Ale mit dem Kakaopulver und dem Scotch erhitzen.
2 Eigelb mit dem Zucker verquirlen; das heiße Ale nach und nach in den Eischaum schlagen.
3 In hitzebeständige Gläser gießen und mit den Kandissticks servieren.

853 Gold Coffee

Dieser Cocktail ist noch reichhaltiger als Eiskaffee mit Sahne. Er wird mit Vanilleeis und frischem Maracujafruchtfleisch garniert – fantastisch!

Für 1 Person
2 cl brauner Rum
2 cl Curaçao
6 cl kalter starker schwarzer Kaffee
Eiswürfel
1 Kugel Vanilleeis
2 TL Maracujafruchtfleisch, durchs Sieb passiert

1 Die ersten drei Zutaten mit einigen Eiswürfeln in einem Mixer grob mixen.
2 In ein gekühltes Glas gießen, die Kugel Vanilleeis darüber geben und das Maracujafruchtfleisch darüber löffeln.

854 Mysterious

Brauner Rum, Orange Curaçao und Kaffeelikör bilden die Grundlage für diesen geheimnisvollen Cocktail. Er schmeckt süß, nach Orange und kommt besonders gut an, wenn man ihn nach dem Essen serviert.

Für 1 Person
2 cl brauner Rum
2 cl Orange Curaçao
1 cl Kaffeelikör
1 cl frisch gepresster Orangensaft
Eis
1 EL flüssige oder geschlagene Sahne

1 Alle Zutaten bis auf die Sahne mit Eis in einem Shaker kräftig schütteln.
2 In ein gekühltes Cocktailglas abseihen und mit der flüssigen oder geschlagenen Sahne garnieren.

855

Gretna Green

Dieser leichte, schaumige und eisgekühlte Drink schmeckt nicht nur heimlichen Liebespärchen. Er ist genau das Richtige für einen warmen Sommernachmittag.

Für 1 Person
2 cl leichter Rum
1 cl Crème de Menthe
2 cl Ananassaft
2 cl Kokoseis oder -sorbet
2 Minze-Schokoladenstäbchen

1 Alle Zutaten bis auf die Schokoladenstäbchen in einem Mixer 10–20 Sekunden mixen, bis die Zutaten zum Teil gefroren sind.
2 In ein gekühltes Cocktailglas gießen und mit den Minze-Schokoladenstäbchen garnieren.

856

Wedding Bowl

Optimal für eine Hochzeitsfeier im Sommer – bestimmt möchte jeder Gast wissen, woraus diese raffinierte Bowle besteht! Sie lässt sich auch gut im Voraus zubereiten.

Für 24 Personen
450 g Ananasstücke aus der Dose
225 ml Ananassaft
225 ml frisch gepresster Zitronensaft
4 cl Zuckersirup
frisch geriebene Muskatnuss
1 Flasche leichter Rum
450 g Erdbeeren, in Scheiben (24 Scheiben für die Dekoration beiseite legen)
2–3 Flaschen Sodawasser

1 Die ersten fünf Zutaten und die Hälfte des Rums im Mixer auf niedriger Stufe etwa 10 Sekunden dick und schaumig pürieren.
2 Über Nacht kalt stellen.
3 Vor dem Servieren den Ansatz mit dem übrigen Rum, den geschnittenen Erdbeeren und dem Sodawasser in ein Bowlengefäß mit Eis geben.
4 Jedes Glas mit einer Erdbeerscheibe dekorieren.

857

Sensations

Dieser Cocktail spricht alle Sinne an – er bietet viel Geschmack, eine üppige cremige Konsistenz, das säuerliche Aroma von Limetten, und er wird eiskalt getrunken.

Für 1 Person
2 cl Sambuca
2 cl leichter Rum
2 cl Limettensaft
2 cl Sahne
fein gestoßenes Eis
2–3 Rosenblütenblätter

1 Alle Zutaten in einem Mixer auf niedriger Stufe etwa 10 Sekunden zu einem cremigen, halbgefrorenen Drink verarbeiten.
2 In ein gekühltes Glas gießen und mit den Rosenblütenblättern dekorieren.

858

Mango Freeze

Diesen Cocktail kann man wunderbar im Voraus zubereiten. In ausgehöhlten Orangen oder einer Ananas serviert, wirkt er besonders attraktiv.

Für 4 Personen

12 cl goldener Rum
8 cl Mango- oder Ananassaft
8 cl frisch gepresster Orangensaft
2 cl Zuckersirup
1 kräftiger Spritzer Zitronensaft
1 Eiweiß
Eis
Zitronenlimonade

1 Die ersten sechs Zutaten mit Eis in einem Mixer schaumig mixen, bis die Zutaten zum Teil gefroren sind.
2 In eisgekühlte Gläser gießen und nach Geschmack mit Limonade auffüllen.

859

Polar Bear

Zwar können Sie den Maracujasaft für diesen „Eisbär“ auch kaufen, doch durchs Sieb passiert und mit den schwarzen Kernen schmeckt er einfach besser!

Für 1 Person

4 cl leichter Rum
4 cl Eierlikör
Saft von 1 Maracuja (Passionsfrucht), durchs Sieb passiert
fein gestoßenes Eis
Limonade
1 Maracuja

1 Alle Zutaten bis auf die Limonade und die Maracuja in einem Mixer etwa 10 Sekunden schaumig mixen.
2 In ein Glas mit Eis gießen und nach Geschmack mit Limonade auffüllen.
3 Die Maracuja auslöffeln und das Fruchtfleisch mitsamt den Kernen über das Eis geben.

860

Hayden's Milk Float

Rum, Kirsche, Schokolade und Sahne – dieser Cocktail besitzt alle Aromen für einen schier unwiderstehlichen Drink.

Für 1 Person
4 cl weißer Rum
2 cl Kirschwasser
2 cl weißer Crème de Cacao
2 cl Sahne
gestoßene Eiswürfel
fein geraspelte Schokolade
1 Cocktailkirsche

1 Rum, Kirschwasser, Crème de Cacao und Sahne mit Eis in einen Shaker geben und kräftig schütteln.
2 In ein gekühltes Highballglass abseihen.
3 Mit der Schokolade bestreuen und mit der Cocktailkirsche dekorieren.

861. Bourbon Milk Punch: 4 cl Bourbon, 6 cl Milch, 1 TL flüssigen Honig und 1 Tropfen Vanillearoma mit Eis in einem Shaker kräftig schütteln. In einen gekühlten Tumbler abseihen und mit frisch geriebener Muskatnuss bestreuen. **Für 1 Person**

862. Irish Cow: 250 ml Milch bis zum Siedepunkt erhitzen. Vom Herd nehmen und in ein vorgewärmtes Punschglas oder einen Becher gießen. 4 cl Irish Whiskey und 1 TL Zucker dazugießen. Umrühren, bis sich der Zucker auflöst. **Für 1 Person**

863. Brown Cow: 2 cl Kahlúa und 6 cl gekühlte Milch mit Eis in einem Shaker kräftig schütteln. Einen gekühlten kleinen Tumbler zur Hälfte mit gestoßenen Eiswürfeln füllen und den Cocktail darüber abseihen. **Für 1 Person**

864

Chocolate Orange Toddy

Diese Variante eines Grogs ist genau das Richtige, um den Stress des Tages abzubauen.

Für 4 Personen
75 g dunkle Orangenschokolade
600 ml Milch
3 EL Rum
2 EL Sahne
geriebene Muskatnuss

1 Die Schokolade in Stücke brechen und mit der Milch in einen kleinen Topf geben.
2 Langsam unter ständigem Rühren bis zum Siedepunkt erhitzen.
3 Den Topf vom Herd nehmen und den Rum unterrühren.
4 Schokoladenmix in Tassen gießen. Sahne langsam über den Rücken eines Löffels darüber gießen oder auf der Schokolade zu einem dekorativen Muster verrühren.
5 Mit Muskatnuss bestreut servieren.

865

Chocolate Egg Nog

Der perfekte Muntermacher an einem kalten Winterabend: ein köstlicher Schokoladencocktail mit braunem Rum.

Für 8 Personen

8 Eigelb
200 g Zucker
1 Liter Milch
225 g Zartbitterschokolade, geraspelt
150 ml brauner Rum

1 Eigelb mit dem Zucker schaumig schlagen.
2 Die Milch mit der geraspelten Schokolade in einem Topf zum Sieden bringen.
3 Vom Herd nehmen und die Eigelbmischung langsam in die Milch schlagen.
4 Den Rum unterrühren und den Cocktail in hitzebeständigen Gläsern servieren.

866

Chocolate Cream Fizz

Ein besonders reichhaltiger Fizz mit Schokoladen-Minze-Eis – sicher nicht für eine Diät geeignet!

Für 1 Person

2 cl weißer Rum
1 cl Schokoladen-Minze-Likör
1 großer Spritzer Crème de Menthe
1 Spritzer Zitronensaft
1 Kugel Schokoladen-Minze-Eis
Sodawasser
Eis
etwas grob geraspelte Schokolade

1 Rum, beide Liköre, Zitronensaft und Schokoladen-Minze-Eis in einen Mixer geben und auf niedriger Stufe glatt mixen.
2 In ein Glas mit Eis gießen, mit Sodawasser auffüllen und mit den Schokoraspeln dekoriert servieren.

867

Rum Noggin

„Noggin“ ist ein altes amerikanisches Wort für Becher, bedeutet aber auch „zusammen einen Drink genießen“. Dieser Noggin ist jedenfalls eine schöne Art, Gäste in die Nacht zu verabschieden.

Für 8 Personen
6 Eier
4–5 TL Zucker
frisch geriebene Muskatnuss
500 ml brauner Rum
1,2 Liter warme Milch

1 Die Eier mit Zucker und etwas Muskat in einem Bowlengefäß gut verquirlen.
2 Den Rum hineinschlagen und die Milch nach und nach unterrühren.
3 Nach Belieben unter Schlagen leicht erhitzen, in hitzebeständige Becher geben und mit etwas Muskat bestreut servieren.

868

The Real Thing

Ein wunderbares Rezept für selbst gemachten Sahnelikör. Mit einem besonders starken Rum bleibt er im Kühlschrank einige Zeit haltbar.

Für 4 Personen
300 ml süße Kondensmilch
150 ml Rum
3 Eier
2 Tropfen Vanillearoma
einige Tropfen Limettensaft
einige Tropfen Angostura
fein gestoßenes Eis

1 Alle Zutaten bis auf den Angostura und das Eis in einem Mixer glatt und cremig mixen.
2 Etwas Angostura über gestoßenes Eis in gekühlte Gläser träufeln, den Cocktail darüber gießen und servieren.

869

Tom and Jerry

Für diesen Cocktail wäre ein Tom-und-Jerry-Becher ideal, aber auch in einem schönen Glas kommt er wunderbar zur Geltung.

Für 1 Person
2 cl Jamaica Rum
2 cl Brandy
1 Ei, mit 100 ml Milch verquirlt
Zucker (nach Geschmack)

1 Die Milch mit den übrigen Zutaten leicht erhitzen, aber nicht zum Kochen bringen, da sonst das Ei gerinnt.
2 Sofort servieren.

870

Rum Toddy

Dieser heiße Cocktail erinnert an Grog, duftet aber zart nach Orangen.

Für 1 Person

2 cl Rum oder Brandy
Wasser und Zucker (nach Geschmack)
1 lange Orangenschalenspirale

1 Den Rum je nach Gusto mit etwa der gleichen Menge Wasser erhitzen; nach Geschmack mit Zucker süßen.

2 Die Orangenschale hinzufügen und in einem hitzebeständigen Becher oder Glas servieren.

871

Eye-Opener

Ein köstlicher Cocktail mit einem kräftigen Schuss Alkohol. Wer ihn – bei ganz besonderen Anlässen – zum Frühstück genießt, dem wird er buchstäblich die Augen öffnen!

Für 1 Person

2 cl Rum
2 Spritzer Crème de Noyaux
2 Spritzer Absinth
2 Spritzer Curaçao
1 Eigelb
1 TL Zucker
Eis

1 Alle Zutaten mit Eis in einen Shaker geben und kräftig schütteln.

2 In ein Cocktailglas abseihen und servieren.

872

Orange Rum Shrub

Wenn Sie im Besitz einiger guter Flaschen extrastarken Rums sind, dann sollten Sie diesen köstlichen Drink gleich zubereiten und mehrere Wochen reifen lassen!

Für 24 Personen
500 ml frisch gepresster Orangensaft
225 g Zucker
2,5 Liter brauner Rum
Eis
Sodawasser

1 Alle Zutaten bis auf das Eis und das Sodawasser miteinander verrühren.
2 In Flaschen oder ein großes verschließbares Gefäß abfüllen und für etwa 6 Wochen an einen kühlen Ort stellen.
3 Vor dem Servieren in gekühlte, mit Eis gefüllte Longdrinkgläser abseihen und nach Geschmack mit Sodawasser auffüllen.

873

Haiti

Ein klasse Partycocktail, der mit Trinkhalmen in einer ausgehöhlten Melone serviert oder – für eine größere Gruppe – aus der Melone in kleine Gläser geschöpft wird.

Für 4 Personen
1 große reife Honigmelone
Eiswürfel
4 cl Rum
4 cl Cream Sherry
4 cl Galliano
Dry Ginger Ale oder Bitter Lemon
einige Minzezweige (nach Belieben)

1 Melone rundum aufschneiden, Fruchtfleisch herauslöffeln, Kerne entfernen. Einige Scheiben für die Dekoration aufheben, den Rest anderweitig verwenden.
2 Alle Zutaten bis auf das Ginger Ale mit Eis in einem Shaker kräftig schütteln und über etwas Eis in die Melone gießen.
3 Nach Geschmack mit Dry Ginger Ale auffüllen, mit Melonenscheiben oder Minze dekorieren und mit Trinkhalmen servieren.

874

Parisian Blonde

Erstaunlich viele Cocktails werden mit Sahne zubereitet. Dieser cremige Drink ist ebenso traumhaft und faszinierend wie eine echte Pariser Blondine.

Für 1 Person
2 cl brauner Rum
2 cl Curaçao
2 cl Sahne
Eis
1 langer Orangenschalenstreifen

1 Alle Zutaten mit Eis in einem Shaker kräftig schütteln und in ein gekühltes Cocktailglas abseihen.
2 Mit dem langen Orangenschalenstreifen dekorieren.

875

Egg Nog

Der ideale Drink zur Stärkung und ein großartiger Frischmacher, wenn Sie wieder mal unter dem schlechten Wetter leiden.

Für 1 Person

1 Ei
1 EL Zucker
4 cl Brandy oder eine andere Spirituose
Milch, nach Geschmack warm oder kalt
geriebene Muskatnuss

1 Die ersten drei Zutaten gut miteinander verquirlen und in ein großes Glas mit Milch abseihen.

2 Mit frisch geriebener Muskatnuss bestreuen.

876

Banana Smooth

Ein ausgezeichneter Cocktail nach dem Essen. Zum intensiven Aroma des Crème de Banane schafft der Cognac einen perfekten Ausgleich.

Für 1 Person

2,5 cl Cognac
2,5 cl Crème de Banane
1–2 EL Sahne, gekühlt
1 Minzezweig

1 Die ersten beiden Zutaten mit Eis in einem Rührglas verrühren.

2 In ein gekühltes Cocktailglas abseihen. Die Sahne vorsichtig über den Rücken eines Löffels laufen lassen, sodass sie sich als eigene Schicht auf dem Drink absetzt.

3 Mit der Minze dekorieren.

(877)

Glacier

Eine dunkle und reichhaltige Kombination aus Brandy und Likören wie dieser „Gletscher“ muss vor dem Servieren gut geeist werden.

Für 1 Person
4 cl Brandy
2 cl Crème de Cacao
1 cl Framboise
grob gestoßenes Eis
geschlagene Sahne

1 Die ersten drei Zutaten mit Eis in einem Rührglas gut verrühren.
2 In ein gekühltes Cocktailglas gießen und mit etwas Schlagsahne garnieren.

878

Archipelago

Eine farbenfrohe Auswahl an Aromen und Früchten steckt in diesem Cocktail. Mit dem Sahnehäubchen erinnert er beinahe an eine Schüssel Obstsalat ...

Für 1 Person
2,5 cl Cognac
1,5 cl Kiwisaft oder -sirup
0,5 cl Mandarinenlikör
0,5 cl Schokoladenlikör
Eis
1 EL Sahne
1 Kiwischeibe oder 1 Minzezweig

1 Alle Zutaten bis auf die Sahne und die Kiwi oder Minze in einem gekühlten Rührglas gut verrühren und in ein Cocktailglas abseihen.
2 Die Sahne vorsichtig in einer Schicht darüber gießen. Den Rand des Glases mit der Kiwischeibe oder dem Minzezweig dekorieren.

879

The Reviver

Es gibt viele Cocktails, die als Muntermacher nach einer durchzechten Nacht getrunken werden. Dieser wiederbelebende Drink hilft angeblich besonders gut ...

Für 1 Person
1 cl Brandy
1 cl Fernet Branca
1 cl Crème de Menthe
Eis

1 Die Zutaten mit Eis in einem Shaker kräftig schütteln.
2 In ein Cocktailglas abseihen und so schnell wie möglich austrinken.

880

Yankee Invigorator

Diese üppige Variante von Eiskaffee passt gut zu einem Sonntagsbrunch und stärkt nicht nur Yankees. Eiskalt schmeckt dieser Cocktail am besten.

Für 1 Person
1 Ei
300 ml starker schwarzer Kaffee, eiskalt
4 cl Brandy
2 cl Portwein
Zucker
Eis

1 Das Ei in einem Cocktailshaker zu einer glatten Masse verquirlen.
2 Kaffee, Brandy, Portwein und nach Geschmack Zucker hinzufügen.
3 Mit etwas Eis schaumig schütteln und in ein großes Glas oder ein Weinglas abseihen. Nach Geschmack mehr Eis zugeben.

881

La Bamba

Eine wunderbare Kombination, die gut geeist serviert werden sollte, da sie sehr reichhaltig ist.

Für 1 Person
2,5 cl Cognac
2 cl Kaffeelikör
1 cl Malibu
Eis

1 Alle Zutaten mit einigen Eiswürfeln in einem Rührglas gut umrühren.
2 In ein kleines gekühltes Likörglas abseihen.

882

Black Magic

Schwarze Magie? Dieser Cognac mit einem Hauch von Schokolade und Mandarine schmeckt fast so, als würde man Likörpralinen direkt aus dem Glas genießen!

Für 1 Person
2,5 cl Cognac
1 cl Schokoladenlikör
1,5 cl Mandarinenlikör
1 EL Sahne
etwas grob geraspelte Schokolade

1 Alle Zutaten bis auf die Sahne und die Schokolade mit Eis in einem Rührglas gut verrühren.
2 In ein gekühltes Cocktailglas abseihen und die Sahne langsam in einer Schicht darüber gießen.
3 Mit etwas geraspelter Schokolade dekorieren.

883

Coffee di Saronno

Vorsicht – nach einem ausgiebigen Essen kann dieser Cocktail wie ein Schlaftrunk wirken. Machen Sie deshalb den Kaffee schön stark.

Für 1 Person
2 cl Brandy
1 cl Amaretto
1 Tasse Espresso
Zucker
1 EL geschlagene Sahne (nach Belieben)

1 Brandy und Amaretto in einer kleinen Tasse erwärmen; diese dann in einen Topf mit etwas heißem Wasser stellen.
2 In ein gewärmtes Brandyglas gießen und mit frisch gebrühtem Kaffee aufgießen.
3 Leicht zuckern.
4 Nach Geschmack die Schlagsahne darüber geben. Nicht umrühren!

884
Dark Secrets

Das dunkle Geheimnis an diesem Drink sind die üppigen Liköre und der Cognac, der in flüssiger Sahne versteckt wird.

Für 1 Person
2,5 cl Cognac
1,5 cl Amaretto
1,5 cl Kaffeelikör
1–2 EL Sahne
Eis
einige geröstete Mandelblättchen

1 Alle Zutaten bis auf die Mandelblättchen in einem Rührglas mit Eis rasch verrühren.
2 In ein geeistes Likörglas abseihen und mit den gerösteten Mandeln dekorieren.

885
Midnight Cowboy

Man muss schon ein echter Cola-Fan sein, wenn man seinen Brandy damit verlängert! Aber nach Mitternacht ist wahrscheinlich alles möglich ...

Für 1 Person
2 cl Brandy
1 cl Kaffeelikör
1 cl Sahne, gekühlt
fein gestoßenes Eis
Cola

1 Alle Zutaten bis auf die Cola in einem Mixer auf niedriger Stufe zu einem schaumigen Drink verarbeiten.
2 In ein gekühltes Longdrinkglas gießen.
3 Mit der Cola auffüllen.

(886)

Orange Dawn

Nicht unbedingt ein Cocktail zum Frühstück, aber bestimmt eine Versuchung am „Morgen danach".

Für 1 Person
1 cl Galliano
1 cl Brandy
1 cl Orangensaft
1/2 Eiweiß
fein gestoßenes Eis
1 kandierter Orangenschalenstreifen

1 Alle Zutaten bis auf die Orangenschale in einem Mixer kurz mixen, bis alle Zutaten eiskalt sind.
2 In ein gekühltes Cocktailglas gießen und mit dem kandierten Orangenschalenstreifen dekorieren.

(887)

Stinger

CLASSIC

Dies ist ein erfrischender klarer Drink, der die Geschmacksnerven zu kitzeln versteht. Denken Sie aber auch daran, dass er es in sich hat und dass Sie, falls Sie zu viel davon trinken, wahrscheinlich nicht mehr gerade sitzen können.

Für 1 Person
4 cl Brandy
2 cl weißer Crème de Menthe
gestoßene Eiswürfel

1 Brandy und Crème de Menthe mit Eis in einem Shaker kräftig schütteln.
2 Den Drink in ein gekühltes Highballglas abseihen.

888. Amaretto Stinger: 4 cl Amaretto und 2 cl weißen Crème de Menthe mit Eis in einen Shaker geben, kräftig schütteln und in ein gekühltes Cocktailglas abseihen. **Für 1 Person**

889. Chocolate Stinger: 2 cl braunen Crème de Cacao und 2 cl weißen Crème de Menthe mit Eis in einen Shaker geben, kräftig schütteln und in ein gekühltes Cocktailglas abseihen. **Für 1 Person**

890. Irish Stinger: 2 cl Baileys Irish Cream und 2 cl weißen Crème de Menthe mit Eis in einen Shaker geben, kräftig schütteln und in ein gekühltes Shotglas abseihen. **Für 1 Person**

891 Swiss Silk

Ein seidig-weicher Sommerdrink, bei dem der Brandy durch den ungewöhnlichen Schoko-Kirsch-Likör eine süße Note erhält. Am besten eiskalt servieren!

Für 2 Personen
2 cl Chéri-Suisse (oder Kirschlikör)
2 cl Brandy
1 Kugel Vanilleeis
fein gestoßenes Eis
2 Maraschinokirschen

1 Alle Zutaten bis auf die Kirschen in einem Mixer glatt mixen und in große Cocktailgläser gießen.
2 Mit den Maraschinokirschen garnieren.

892 Under Milkwood

Hell wie Milch, dunkel wie Holz – dieser cremig-weiße Schokoladencocktail mit dem kräftigen Schuss Alkohol eignet sich besonders als After-Dinner-Drink.

Für 1 Person
1,5 cl Cognac
1,5 cl weißer Crème de Cacao
1 cl Sahne
2 cl Grand Marnier
Eis
1 Prise Kakaopulver oder fein geraspelte Schokolade

1 Alle Zutaten bis auf das Kakaopulver mit Eis in einem Rührglas gut verrühren.
2 In ein gekühltes Cocktailglas abseihen und mit dem Kakaopulver bestreuen.

893 Hot Brandy Chocolate

Brandy und Schokolade harmonieren vortrefflich – dieser Drink ist der beste Beweis!

Für 4 Personen
1 Liter Milch
100 g Zartbitterschokolade, in Stücken
2 EL Zucker
5 EL Brandy
6 EL geschlagene Sahne
geriebene Muskatnuss oder Kakaopulver

1 Milch in einem Topf zum Kochen bringen.
2 Vom Herd nehmen; Schokolade und Zucker hinzufügen und bei niedriger Hitze rühren, bis sich die Schokolade auflöst.
3 In vier hitzebeständige Gläser gießen, dann den Brandy über den Rücken eines Löffels in jeden Cocktail laufen lassen.
4 Die geschlagene Sahne darüber geben und mit Muskat oder Kakao bestreuen.

894 Napoleon's Nightcap

Statt einer heißen Schokolade bevorzugte Napoleon vor dem Schlafengehen einen Cognac mit einem Hauch von Kakao und Banane. Sehr kühn und extravagant!

Für 1 Person
2,5 cl Cognac
2 cl brauner Crème de Cacao
0,5 cl Crème de Banane
Eis
1 EL Sahne

1 Die ersten drei Zutaten mit Eis in einem Rührglas gut umrühren.
2 In ein gekühltes Cocktailglas abseihen und die Sahne mit einem Löffel vorsichtig darüber geben.

895 Thunderbolt

Dieser Donnerdrink mit Cognac, Orangensaft und Angostura macht nicht nur munter, er sorgt auch für gute Laune!

Für 1 Person
1 cl Cognac
1 Eigelb
1 cl frisch gepresster Orangensaft
Eis
1–2 Tropfen Angostura

1 Cognac und Eigelb verquirlen und den Orangensaft hinzufügen.
2 In ein kleines Cocktailglas mit Eis abseihen und den Angostura darüber spritzen.

896

Nocturne

Auf diesen köstlichen, ungewöhnlichen Drink müssen Sie nicht unbedingt warten, bis die Nacht anbricht.

Für 1 Person
2,5 cl Cognac
1 Prise Zimt
etwas Zucker
1,5 cl Crème de Noyaux
0,5 cl Crème de Cacao
Eis
3 Kaffeebohnen

1 Für einen Zuckerrand den Rand eines Cocktailglases mit etwas Cognac einreiben.
2 Zimt und Zucker mischen und den Glasrand hineintauchen. Fest werden lassen.
3 Die flüssigen Zutaten mit Eis in einem Rührglas verrühren und in das vorbereitete Glas gießen.
4 Mit den Kaffeebohnen garnieren.

897

Baltimore Egg Nog

Die meisten Eierflips trinkt man heiß oder warm. Dieser hier wird zwar kalt serviert, schmeckt aber trotzdem fantastisch.

Für 1 Person
1 Ei
1 TL Zucker
6 cl Madeira
1 cl Brandy
1 cl brauner Rum
etwas Milch
Eis
geriebene Muskatnuss

1 Die ersten fünf Zutaten mit Eis und Milch in einem Shaker kräftig schütteln.
2 In einen großen Tumbler abseihen und mit geriebener Muskatnuss bestreuen.
3 Mit einem Trinkhalm servieren.

898

Albertine

Dieser Drink, der ursprünglich ein After-Dinner-Cocktail war, eignet sich auch für viele andere Gelegenheiten. In jedem Fall ist er wohltuend und beruhigend.

Für 1 Person
1 cl Kirschwasser
1 cl Cointreau
1 cl Chartreuse
einige Tropfen Maraschino
Eis
1 Maraschinokirsche

1 Alle Zutaten bis auf die Maraschinokirsche in einen Shaker geben, kräftig schütteln und in ein gekühltes kleines Cocktailglas gießen.
2 Mit der Maraschinokirsche garnieren.

(899)

Nuclear Fallout

Dieser Drink ähnelt einem Pousse-Café, bei dem die Zutaten in Schichten übereinander gegossen werden. Allerdings kommt hier der schwerste und kälteste Likör ganz am Schluss dazu, und man kann zusehen, wie er langsam bis zum Boden sinkt.

Für 1 Person

1 TL Himbeersirup
0,5 cl Maraschino
0,5 cl gelber Chartreuse
0,5 cl Cointreau
1 cl Blue Curaçao, gut geeist

1 Alle Zutaten samt einem Shot-, Pousse-Café- oder Schnapsglas kühl stellen; den Blue Curaçao ins Gefrierfach legen.
2 Alle Liköre bis auf den Blue Curaçao nacheinander über den Rücken eines Löffels vorsichtig in das Glas laufen lassen, sodass sich Schichten bilden.
3 Zum Schluss den Blue Curaçao langsam dazugießen und auf die Folgen warten ...

(900)

Aurora Borealis

Dieser spektakuläre Drink wird wie ein Pousse-Café weder gemischt noch gerührt. Lassen Sie ihn einfach stehen und sehen Sie zu, wie die Farben langsam verfließen. Ein faszinierendes Schauspiel – wie das nördliche Polarlicht, nach dem er benannt ist.

Für 1 Person

2 cl Grappa oder Wodka, geeist
2 cl grüner Chartreuse, geeist
1 cl Orange Curaçao, geeist
einige Tropfen Cassis, geeist

1 Den Grappa am Rand eines geeisten Shotglases hineinlaufen lassen.
2 Den Chartreuse auf der anderen Seite des Glases herunterlaufen lassen.
3 Den Curaçao langsam in die Mitte gießen; kurz vor dem Servieren einige Tropfen Cassis dazugeben. Nicht mischen; langsam trinken!

901

Pousse-Café 81

Ein Pousse-Café ist ein Cocktail, der aus mehreren Schichten verschiedenfarbiger Liköre besteht. Vorher müssen unbedingt alle Zutaten gut geeist werden.

Für 1 Person
0,5 cl Grenadine
0,5 cl Crème de Menthe
0,5 cl Galliano
0,5 cl Kümmellikör
0,5 cl Brandy

1 Alle Spirituosen samt einem Schnaps- oder Pousse-Café-Glas eiskalt stellen.
2 Die Spirituosen langsam über einen Löffel in Schichten übereinander gießen.
3 Einige Minuten stehen lassen, dann servieren.

902

Capucine

Gut geeiste Liköre werden häufig als Frappé über fein gestoßenem Eis serviert. Diese Variante besteht aus zwei intensiv blauen Schichten und hat eine wirklich umwerfende Wirkung ...

Für 1 Person
fein gestoßenes Eis
2 cl Blue Curaçao, geeist
2 cl Parfait Amour, geeist

1 Ein kleines Cocktailglas oder ein Shotglas mit gestoßenem Eis füllen.
2 Zuerst den Curaçao langsam hineingießen und dann vorsichtig den Parfait Amour darüber laufen lassen.

903

Stars und Swirls

Für diesen Drink benötigen Sie eine ruhige Hand – oder, noch besser, zwei!

Für 1 Person
2 cl Malibu
1 großer Eiswürfel
1 cl Erdbeer- oder Himbeerlikör
1 TL Blue Curaçao

1 Ein kleines Shotglas im Gefrierfach kühlen.
2 Den Malibu hineingießen und den Eiswürfel hinzufügen.
3 Die beiden anderen Liköre möglichst gleichzeitig an den sich gegenüber liegenden Innenseiten des Glases ganz vorsichtig dazugießen, sodass sie sich langsam umherbewegen.

(904)

Mint Frappé

Der klassische, originale Frappé. Gießen Sie Ihren Lieblingslikör – wie in diesem Fall grünen Crème de Menthe – über fein gestoßenes Eis, und genießen Sie ihn zügig!

Für 1 Person
fein gestoßenes Eis
4 cl Crème de Menthe

1 Ein kleines Cocktailglas mit gestoßenem Eis füllen und den Crème de Menthe darüber gießen.
2 Mit Trinkhalm servieren und sofort genießen!

905. Traffic Lights:
Nacheinander je 1–2 cl Minzlikör, Orangenlikör und Cherry Brandy in ein mit gestoßenem Eis gefülltes, geradwandiges Cocktailglas gießen. **Für 1 Person**

(906)

White Diamond Frappé

Dieser Frappé ist eine verrückte Kombination aus verschiedenen Likören, die aber dank des Zitronensaftes wunderbar harmonieren. Das Eis bringt die unterschiedlichen Aromen zur Geltung.

Für 1 Person
0,5 cl Pfefferminzlikör
0,5 cl weißer Crème de Cacao
0,5 cl Anislikör
0,5 cl Zitronensaft
Eis

1 Alle Zutaten mit Eis in einem Shaker kräftig schütteln.
2 In ein gekühltes Cocktailglas abseihen und einen Esslöffel gestoßenes Eis hinzufügen.

(907) Angel's Delight

Eine moderne Version des klassischen Pousse-Cafés. Für den schönen Farbeffekt benötigt man eine sehr ruhige Hand. Trinken Sie ihn als Slammer oder nippen Sie ihn.

Für 1 Person
1 cl Grenadine, gekühlt
1 cl Triple Sec, gekühlt
1 cl Sloe Gin, gekühlt
1 cl Sahne, gekühlt

1 Grenadine in ein gekühltes Pousse-Café-Glas oder eine Champagnerflöte geben; mit ruhiger Hand den Triple Sec langsam darüber gießen, sodass sich eine zweite Schicht bildet.
2 Den Gin auf die gleiche Weise darüber gießen. Zuletzt mit Sahne abschließen.

(908) Grasshopper

CLASSIC

Über das Originalrezept sind sich Fachleute uneinig, es scheint mindestens drei Versionen mit demselben Namen sowie zahlreiche Varianten davon zu geben. Dieses Rezept hier ist auch als Grasshopper Surprise bekannt.

Für 1 Person
4 cl grüner Crème de Menthe
4 cl weißer Crème de Cacao
4 cl Sahne
gestoßene Eiswürfel

1 Crème de Menthe, Crème de Cacao und Sahne mit Eis in einem Shaker kräftig schütteln.
2 In ein gekühltes Glas abseihen.

(909) Chocolate-Covered Cherry

Mit „Cherry" ist sehr wahrscheinlich die rote Grenadinebasis dieses geschichteten Drinks gemeint. In die Mitte kommt Schokoladenlikör und darüber Baileys.

Für 1 Person
2 cl Grenadine
2 cl Crème de Cacao
2 cl Baileys Irish Cream

1 Die Grenadine in ein Shotglas gießen.
2 Den Crème de Cacao über den Rücken eines Löffels hineinlaufen lassen, sodass er sich als eigene Schicht absetzt.
3 Den Baileys ebenfalls über den Rücken eines Löffels auf den Crème de Cacao gießen, sodass sich eine dritte Schicht bildet. Langsam trinken.

910

Springbok Coffee

Ein fruchtiger, eher üppiger Kaffeecocktail, der heiß oder kalt serviert wird.

Für 1 Person

1 Tasse starker schwarzer Kaffee
2 cl Apricot Brandy
2 cl Amarula
geschlagene Sahne
einige geröstete Mandelblätter

1 Den Kaffee in ein großes hitzebeständiges Glas oder eine Tasse gießen.

2 Zuerst den Brandy und dann den Amarula-Sahnelikör dazugießen.

3 Etwas geschlagene Sahne darüber geben und die Mandelblätter darüber streuen.

911

Café Brûlot

Trinken Sie diesen heißen Kaffeecocktail nach einem ausgedehnten Brunch, wenn Sie wirklich Zeit zum Genießen haben. Flambieren Sie ihn effektvoll am Tisch, und verwenden Sie dazu die Schale von einer ganzen Orange.

Für 2 Personen

1/2 Zimtstange
mehrere Nelken
Schale von 1 Orange, in einem Streifen
Schale von 1 Zitrone, in mehreren Streifen
3 Zuckerwürfel
150 ml Brandy
1–2 EL Curaçao, erhitzt
475 ml heißer frischer Kaffee

1 Gewürze, Schalen, Zucker und Brandy im Topf erhitzen, bis sich der Zucker auflöst.

2 Den Curaçao in den Topf gießen und flambieren.

3 Den heißen Kaffee vorsichtig dazugießen und umrühren, bis die Flammen vollständig erloschen sind. Die Schalen mit einer Zange herausnehmen, den Drink in hitzebeständigen Bechern servieren.

912

Strong, Black and Sweet

In Frankreich genießt man morgens zum Espresso gerne einen Cognac. Wenn Sie diese starke, schwarze und süße Kombination aus Brandy und Espresso probieren, werden Sie verstehen, warum

Für 1 Person

2 cl Mandarine Napoléon
1 cl Brandy
1 Espresso
1 Kandisstick

1 Die ersten beiden Zutaten in eine kleine Kaffeetasse gießen.

2 Den Espresso hinzufügen und mit dem Kandisstick umrühren.

913

Jealousy

Ein echter After-Dinner-Cocktail. Zur Abwechslung können Sie die Schlagsahne auch einmal mit einem anderen Likör aromatisieren ...

Für 1 Person
1 TL Crème de Menthe
1–2 EL Crème double
4 cl Kaffee- oder Schokoladenlikör
fein gestoßenes Eis
einige Schokoladenstäbchen

1 Den Crème de Menthe mit der Crème double mischen und steif schlagen.
2 Den Kaffeelikör in ein sehr kleines geeistes Cocktailglas gießen und die Minze-Schlagsahne behutsam darüber löffeln.
3 Mit den Schokoladenstäbchen servieren.

914

Amaretto Coffee

Eine leckere Variante des Irish Coffee. Amaretto ist ein köstlicher italienischer Likör aus süßen und bitteren Mandeln, Aprikosenkernen, Vanille und anderen Gewürzen. Pur schmeckt er ausgezeichnet, aber auch für zahlreiche Cocktails ist er unverzichtbar.

Für 1 Person

2 EL Amaretto

1 Tasse heißer schwarzer Kaffee

1–2 EL Sahne

1 Den Amaretto in den heißen Kaffee rühren.

2 Die Sahne langsam über den Rücken eines Löffels darüber gießen, sodass sich eine Schicht bildet.

915

Passion

Mandel- und Kakaogeschmack vertragen sich ausgesprochen gut mit dem fruchtigen afrikanischen Amarula. Dieser Drink ist zwar sehr sahnig, aber nicht zu üppig.

Für 1 Person

2 cl Amaretto

2 cl Crème de Cacao

2 cl Amarula

2 cl Sahne

Eis

mit Schokolade überzogene Kaffeebohnen

1 Die ersten vier Zutaten mit Eis in einem Shaker kräftig schütteln und in ein gekühltes kleines Cocktailglas abseihen.

2 Nach dem Essen servieren. Die Kaffeebohnen mit Schokoladeüberzug dazureichen.

916

Café Crème with Attitude

Ein köstlicher Abschluss für ein leichtes Mahl – denn dieser Drink ist ziemlich üppig.

Für 1 Person
4 cl Tia Maria
4 cl Kahlúa
Eis
2 cl Baileys Irish Cream
1 cl Sahne
einige mit Schokolade überzogene Kaffeebohnen

1 Tia Maria und Kahlúa mit Eis in einem Rührglas verrühren.
2 In ein kleines Cocktailglas oder Shotglas abseihen.
3 Den Baileys über den Rücken eines Löffels langsam hineinlaufen lassen. Die Sahne auf die gleiche Weise über die Baileys-Schicht gießen.
4 Mit den Schokoladen-Kaffeebohnen garnieren und sofort servieren.

917

Coffee Time

Ein edler Kaffeecocktail nach einem guten Essen. Bereiten Sie gleich mehrere davon zu, denn er schmeckt äußerst delikat.

Für 1 Person
2 cl Kokoslikör
2 cl Kaffeelikör
2 cl Brandy
frisch gebrühter schwarzer Kaffee
1 EL geschlagene süße Sahne

1 Die Liköre und den Brandy in ein hitzebeständiges Glas oder einen hitzebeständigen Becher gießen.
2 Den frischen Kaffee dazugießen und die süße Schlagsahne darüber geben.

918

Snowboat

Eine äußerst gelungene Kombination aus sehr verschiedenen Zutaten, die sich ideal für Anlässe wie Weihnachten eignet und auch als Sauce zu Eiscreme oder einem sahnigen Dessert nicht zu verachten ist.

Für 2 Personen

2 cl Schokoladen-Minze-Likör, geeist
2 cl Milch, geeist
1 cl Malibu, geeist
1 kleine Kugel Kokoseis
fein gestoßenes Eis
grob geraspelte Kokosnuss oder Schokolade

1 Die ersten vier Zutaten mit Eis im Mixer zu einem schaumigen und halbgefrorenen Drink verarbeiten.
2 Den Cocktail in geeiste Cocktailgläser gießen und mit geraspelter Kokosnuss oder Schokolade garnieren.

919

The Chocolate Diva

Schokoladenliebhaber werden dieser raffinierten Kombination aus Schokolade und Alkohol kaum widerstehen können.

Für 1 Person

4 Stücke gute Milchschokolade, geschmolzen
2 cl Grand Marnier
2 cl Crème de Cacao
2 cl Wodka
1 EL frisch gepresster Orangensaft
frische essbare Blüten, z. B. Stiefmütterchen, Rosenblütenblätter, Kapuzinerkresse

1 Die geschmolzene Schokolade vorsichtig mit den Likören, dem Wodka und dem Orangensaft zu einem glatten Drink vermischen.
2 In ein gekühltes Cocktailglas gießen und mit essbaren Blüten garnieren.

920

Chocorange Chiller

Kakaorand und Schokoraspel sind nur zwei von vielen Möglichkeiten, wie Sie diesen köstlichen Cocktail dekorieren können.

Für 2 Personen
1/2 TL Kakaopulver
1/2 TL Zucker
6 cl Drambuie
Saft von einer Orange
150 ml Mineralwasser
einige Eiswürfel
einige Tropfen Angostura
etwas geraspelte Schokolade

1 Kakao und Zucker vermischen.
2 Den Rand eines Glases mit etwas Drambuie einreiben und in den Zucker tauchen. Fest werden lassen.
3 Orangensaft, Drambuie und Mineralwasser verrühren.
4 2–3 Eiswürfel und einige Tropfen Angostura in jedes Glas geben, den Orangen-Fizz darüber gießen und mit den Schokoraspeln garnieren.

921

The Babysitter

Eigentlich sollte der Babysitter nur die Eiscreme bekommen und die Liköre denjenigen überlassen, die weniger Verantwortung tragen ...

Für 1 Person
4 cl Kokoslikör
2 cl Crème de Cacao
1/2 Kugel Vanilleeis
Cola
geraspelte Schokolade oder Schokoladenstücke

1 Die drei ersten Zutaten in einem Mixer etwa 5 Sekunden dick und schaumig mixen.
2 Ein ein gekühltes großes Glas gießen und nach Geschmack mit Cola aufgießen.
3 Mit geraspelter Schokolade oder Schokoladenstücken garnieren.

922

Mermaid

Durch Eiweiß erhalten geschüttelte Cocktails eine attraktive Schaumkrone. Bei dieser „Meerjungfrau" sieht das nicht nur hübsch, sondern auch sehr professionell aus.

Für 1 Person

2 cl Aquavit
1 cl Cherry Brandy
1 cl Vermouth Dry
1 Spritzer Limettensirup
1 Spritzer Eiweiß
Eis
1 Kirsche

1 Alle Zutaten mit Eis in einem Shaker kräftig schütteln.
2 In ein gekühltes Cocktailglas gießen und mit der Kirsche garnieren.

923

Yankee Doodle

Dieser Cocktail aus Banane, Cognac und Schokolade – mit einer Andeutung von Minze – ist an einem warmen Sommerabend ein besonderer Genuss!

Für 1 Person

2 cl Crème de Banane
2 cl Cognac
2 cl Royal Mint Chocolate Liqueur
Eis

1 Die ersten drei Zutaten mit Eis in einem Shaker kräftig schütteln und in ein kleines Cocktailglas abseihen.

924

Tornado

Wenn diese beiden Spirituosen gut geeist sind, werden Sie beim Mixen einen Tornado im Glas verursachen – genießen Sie einfach das Schauspiel!

Für 1 Person

2 cl Pfirsichbrand oder ein anderer Obstbrand, eisgekühlt
2 cl schwarzer Sambuca, eisgekühlt

1 Den Pfirsichbrand in ein geeistes Shotglas gießen.
2 Den Sambuca langsam über den Rücken eines Löffels ins Glas laufen lassen.
3 Einige Minuten stehen lassen, damit sich die Spirituosen trennen, dann den Drink hinunterstürzen.

(925)

Banana Bomber

Dieser Cocktail ist so verblüffend wie köstlich und besitzt echtes Suchtpotenzial. Probieren Sie ihn auch mit weißem Crème de Cacao und einer Schicht Sahne aus – eine ebenso unwiderstehliche Kombination!

Für 1 Person
2 cl Bananenlikör
2 cl Brandy

1 Den Bananenlikör langsam in ein Shotglas gießen.
2 Den Brandy langsam über den Rücken eines Löffels dazulaufen lassen. Dabei darauf achten, dass sich beide Schichten nicht vermischen.

(926)

Smart Alec

Wenn die Liköre wirklich eiskalt sind, lassen sie sich in Schichten übereinander gießen. Bei diesem Cocktail merkt man das allerdings erst, wenn man ihn trinkt, weil alle Bestandteile fast die gleiche Farbe besitzen.

Für 1 Person
1,5 cl Crème de Cacao, gekühlt
1 cl Orange Curaçao
1 cl gekühlte Sahne
Kakaopulver

1 Den Crème de Cacao langsam in ein gekühltes Schnaps- oder Likörglas gießen und mit dem Curaçao auffüllen.
2 Schließlich die Sahne langsam in einer Schicht darüber gießen.
3 Etwas Kakaopulver darüber streuen.

(927)

Toffee Split

Zu diesem Cocktail brauchen Sie nicht unbedingt ein Dessert; Sie können den Drink aber genauso gut als Sauce über Eiscreme gießen.

Für 1 Person
fein gestoßenes Eis
4 cl Drambuie
2 cl Toffee Liqueur, geeist

1 Ein kleines Cocktailglas oder ein Shotglas mit gestoßenem Eis füllen.
2 Zuerst den Drambuie darüber gießen, dann den Toffeelikör langsam an der Seite des Glases hineinlaufen lassen, sodass er sich oben absetzt.
3 Sofort trinken.

928

Fifth Avenue

After-Dinner Cocktails enthalten fast immer Sahne. Dieser hier schmeckt außerdem nach Aprikose und Kakao – einfach luxuriös.

Für 1 Person
2 cl brauner Crème de Cacao, geeist
2 cl Apricot Brandy, geeist
2 cl Sahne

1 Die Zutaten nacheinander in ein gekühltes großes Cocktailglas gießen. Dabei die Spirituosen langsam über den Rücken eines Löffels in Schichten gegen den Rand des Glases gießen, ohne dass sie sich dabei vermischen.

929

Fancy Free

Der Trick bei diesem Drink besteht darin, die Zutaten und das Glas zuvor eiskalt zu stellen. Wenn sich die Schichten dann doch noch vermischen, lassen Sie den Drink etwas stehen, damit sie sich wieder voneinander absetzen können.

Für 1 Person
1 cl Cherry Brandy, geeist
1 cl Cointreau, geeist
1 cl Aprikosenlikör, geeist

1 Die drei Spirituosen nacheinander über den Rücken eines Löffels langsam in ein großes Shotglas oder ein Likörglas gießen, sodass sich drei Schichten bilden.

930

Five Fifteen

Lassen Sie sich nicht durch die Sahne irritieren – dies ist ein recht starker Drink für die Tea Time um Viertel nach fünf.

Für 1 Person
1 cl Curaçao
1 cl Vermouth Dry
1 cl gesüßte Sahne
Eis

1 Alle Zutaten mit Eis in einen Shaker geben und kräftig schütteln.
2 In ein kleines Glas gießen und servieren.

931

Toasted Almonds

Ein unschlagbarer After-Dinner-Cocktail. Servieren Sie ihn auch einmal mit gezuckerten Mandeln.

Für 1 Person
2 Eiswürfel
4 cl Amaretto
2 cl Brandy
2–4 cl Sahne
geröstete Mandelblättchen

1 Die beiden Eiswürfel in ein gekühltes Cocktailglas geben.
2 Amaretto und Brandy hineingießen und gut umrühren.
3 Die Sahne über den Rücken eines Löffels langsam darüber gießen und den Cocktail mit den gerösteten Mandelblättchen garnieren.

932

Avalanche

Diesen Cocktail mit Amaretto, dem köstlichen Mandellikör, kann man gut als After-Dinner-Drink anstelle eines Desserts servieren!

Für 1 Person
2 cl Amaretto
1 cl Apricot Brandy
2 cl Aprikosen- oder Mangosaft
1 Kugel Vanilleeis

1 Alle Zutaten in einem Mixer zu einem schaumigen Drink verarbeiten.
2 In ein geeistes Cocktailglas gießen und mit einem Trinkhalm servieren.

933

Melon Freeze

Ein sehr erfrischender kalter Cocktail für warme Sommertage. Bereiten Sie nicht zu viel auf einmal davon zu, denn man sollte ihn wirklich kalt trinken.

Für 1 Person
4 cl Melonenlikör, geeist
2 cl frisch gepresster Zitronensaft
1 kleine Kugel Vanilleeis
etwas fein gestoßenes Eis
etwas geeister Melonenlikör extra
1 grüne Melonenscheibe oder -würfel

1 Die ersten drei Zutaten mit Eis in einem Mixer zu einem glatten, halbgefrorenen Drink verarbeiten und in ein gekühltes Cocktailglas gießen.
2 Mit dem Löffel einige Tropfen eiskalten Melonenlikör darüber geben und den Drink mit der Melonenscheibe dekorieren.

934

Down Under

Ein Fruchtsalatmix – allerdings aus verschiedenen Liköraromen. Zusammen ergeben sie einen delikaten Cocktail.

Für 1 Person
2 cl Crème de Banane
2 cl Erdbeerlikör
2 cl Orange Curaçao
2 cl Orangensaft
1 kleine Kugel Vanilleeis
1 frische Erdbeere

1 Alle Zutaten bis auf die Erdbeere in einem Mixer etwa 10 Sekunden zu einem glatten, gut durchgekühlten Drink verarbeiten.
2 In ein gekühltes Cocktailglas gießen und mit der Erdbeere dekorieren.

935

Mexican Dawn

Ein cremiger, üppiger und ungewöhnlicher Cocktail – viva México!

Für 1 Person
2 cl Kokoslikör
2 cl Tequila
1 Kugel Erdbeereis
1 Spritzer Erdbeerlikör
1 Spritzer Tamarindensirup
etwas frisch geraspelte Kokosnuss oder
1 Kokosnussstück

1 Alle Zutaten bis auf die Kokosnuss in einem Mixer auf niedriger Stufe etwa 10 Sekunden pürieren.
2 In ein gekühltes Cocktailglas gießen, mit der frisch geraspelten Kokosnuss garnieren und mit einem Stirrer servieren.

936

Silver Slipper

Das intensive Aroma des Kümmels sticht in dieser sahnigen Kombination kräftig hervor. Verwenden Sie in jedem Fall gutes Vanilleeis.

Für 1 Person
2 cl Kümmellikör
2 cl Wodka
1 Kugel Vanilleeis

1 Alle Zutaten in einem Mixer auf niedriger Stufe zu einem cremigen Drink verarbeiten.
2 In ein gekühltes Cocktailglas gießen.

937

Vintage Cadillac

Luxus und Stil zeichnen diesen edlen Cocktail aus.

Für 1 Person
2 cl Galliano
2 cl Crème de Cacao
2 cl Sahne
Eis

1 Alle Zutaten mit Eis in einem Shaker kräftig schütteln und in ein gekühltes Cocktailglas abseihen.

938

Snowy Ridge

Cocktails mit Sahneschicht sind köstliche After-Dinner-Drinks. Für diesen hier können Sie auch Ihren Lieblingslikör nehmen – Hauptsache, er ist gut gekühlt.

Für 1 Person
2 cl Crème de Cacao, gekühlt
1 cl Sahne

1 Crème de Cacao in ein eisgekühltes Shotglas oder Cocktailglas geben.
2 Die Sahne langsam über den Rücken eines Löffels zum Likör gießen, sodass sich eine weiße Schicht bildet.
3 Den Cocktail langsam durch die Sahneschicht nippen.

939

Cold Comfort

Eiskalte Drinks sind ein wohltuender Genuss, wenn es sehr heiß ist – besonders solche, die mit Kräuterlikören wie Kümmel gemischt werden.

Für 1 Person
2 cl kalte Sahne
1 cl Kümmellikör
1 cl Kirschwasser
einige Tropfen Orangenblütenwasser
2–4 cl Ananassaft
Eis
1 Ananasscheibe und 1 Kirsche

1 Alle Zutaten bis auf die Ananasscheibe und die Kirsche mit Eis in einem Shaker kräftig schütteln.
2 In ein großes Cocktailglas oder ein Weinglas abseihen. Mit der Ananasscheibe und der Kirsche dekorieren.

940

Jack Frost

Ein extravaganter, köstlicher und eiskalt getrunkener Cocktail, der genug Alkohol enthält, um Sie trotz der blauen Farbe kräftig aufzuwärmen.

Für 1 Person
1,5 cl Blue Curaçao, geeist
Zucker
2 cl Tequila, kalt
4 cl Sahne, kalt
1 kleine Schaufel fein gestoßenes Eis

1 Den Rand eines mittelgroßen Cocktailglases in den Curaçao tauchen, überschüssige Flüssigkeit ablaufen lassen und den Rand sofort in Zucker tauchen.
2 Den Zuckerrand an einem kühlen Ort fest werden lassen.
3 Die übrigen Zutaten und den Curaçao mit Eis in einem Shaker kräftig schütteln und langsam in das Glas gießen.

941

Louisa

Blaue Cocktails sehen besonders effektvoll aus. Verstärken Sie diese Wirkung, und servieren Sie den Drink mit farbigen Eiswürfeln!

Für 1 Person
1,5 cl Blue Curaçao
1 cl Wodka
0,5 cl Zitronenwasser (Barley Water)
1 Spritzer Zitronensaft
Eis
Sodawasser
einige blaue Eiswürfel

1 Die ersten vier Zutaten in einem mit Eis gefüllten Longdrinkglas verrühren.
2 Nach Geschmack mit Sodawasser auffüllen.
3 Blaue Eiswürfel hinzufügen.

942

Minty Cappuccino

Wer möchte, kann diesen Cocktail auch wie einen echten Cappuccino mit reichlich Kakaopulver bestäuben.

Für 1 Person
2 cl weißer Crème de Menthe
2 cl Schokoladen-Sahnelikör
2 cl Kaffeelikör
1 EL Sahne
fein gestoßenes Eis
Sodawasser (nach Geschmack)

1 Alle Zutaten mit Eis in einem Rührglas gut umrühren und in ein gekühltes Cocktailglas gießen.
2 Nach Geschmack mit Sodawasser auffüllen.
3 Den Drink mit einem Trinkhalm servieren.

943

Minted Diamonds

Bereiten Sie die faszinierenden grünen Eiswürfel im Voraus zu. Nehmen Sie sie erst kurz vor dem Servieren aus dem Gefrierfach, da sie sehr schnell schmelzen.

Für 1 Person
1 TL grüner Crème de Menthe
1 EL Eiswasser
2 cl weißer Crème de Menthe
4 cl Apfel- oder Birnenbrand
Eis

1 Den grünen Crème de Menthe mit dem Wasser vermischen und zu 1–2 Eiswürfeln gefrieren.
2 Die übrigen Zutaten mit Eis in einem Rührglas gut verrühren.
3 In ein gekühltes Cocktailglas abseihen und die Minze-Eiswürfel direkt vor dem Servieren hinzufügen.
4 Erst trinken, wenn die Eiswürfel zu schmelzen beginnen!

944

Green Daze

Beim Anblick dieses Drinks meint man, er müsste nach frisch gemähtem Gras im Frühsommer duften. Nun, zumindest können Sie den ganzen Winter davon träumen.

Für 1 Person
2 cl Melonenlikör, gekühlt
2 cl grüner Chartreuse, gekühlt
1 cl kalte Sahne
1 cl Limettensaft
gestoßenes Eis
1 Sternfruchtscheibe

1 Alle Zutaten bis auf die Sternfruchtscheibe mit Eis in einem Rührglas gut umrühren.
2 In ein gekühltes Cocktailglas abseihen und mit der Sternfrucht dekorieren.

945 Around the World

Aromen aus aller Herren Länder vereinen sich in diesem großartigen Cocktail. Servieren Sie ihn zu einem kosmopolitischen Anlass.

Für 1 Person
2 cl Mandarine Napoléon
2 cl polnischer Wodka
1 cl Campari
1 cl Crème de Banane
1 cl Kokoslikör
Eis
Zitronenlimonade
1 Orangenscheibe
1 Bananenstück

1 Alle Zutaten bis auf die Limonade mit Eis in einem Shaker kräftig schütteln.
2 In ein Glas mit Eis geben, mit Zitronenlimonade auffüllen und mit der Orange und der Banane dekorieren.

946 Nightcap Flip

Ein Flip enthält immer auch Ei; dieser hier ist ein wohltuender Schlaftrunk, auch wenn er eine etwas eigenartige Farbe besitzt.

Für 1 Person
1 cl Brandy
1 cl Anisette
1 cl Blue Curaçao
1 Eigelb
Eis
1 Maraschinokirsche

1 Die ersten vier Zutaten mit Eis in einem Shaker kräftig schütteln und in ein Cocktailglas abseihen.
2 Mit der Kirsche dekorieren.

947 Angel's Wings

Trinken Sie diesen Cocktail langsam mit dem Trinkhalm. Genießen Sie sein herrliches Minzearoma und die raffinierte Vanillehaube.

Für 3 Personen
1 Eiweiß
8 cl Eierlikör
2 cl Cointreau
Eis
2 cl Crème de Menthe

1 Eiweiß, Eierlikör und Cointreau mit Eis in einem Shaker kräftig schütteln, bis alle Zutaten schaumig und sehr kalt sind.
2 Je einen Eiswürfel in drei gekühlte Gläser geben, zuerst den Crème de Menthe und dann die Eimischung dazugießen.
3 Sofort servieren.

948

El Diablo

Ein oder zwei Diablos, und Sie werden den Teufel in sich spüren – doch ein oder zwei zu viel, und Sie werden sich wie der Leibhaftige selbst fühlen ...

Für 1 Person
gestoßene Eiswürfel
2–3 Streifen Limettenschale
2 cl Limettensaft
6 cl weißer Tequila
2 cl Cassis

1 Ein kleines gekühltes Glas mit Eis füllen, die Limettenschalenstreifen, den Limettensaft, den Tequila und den Cassis hinzufügen.
2 Gut umrühren und servieren.

949

Mulled Marsala

Servieren Sie diesen heißen Punsch an einem bitterkalten Sonntag vor dem Mittagessen oder an jedem anderen Wintertag, wenn niemand mehr Auto fahren muss.

Für 8 Personen
1 Flasche Marsala
600 ml Wasser
6 Nelken
8 cl Amaretto
Zucker

1 Alle Zutaten bis auf den Zucker langsam bis knapp zum Siedepunkt erhitzen.
2 Vom Herd nehmen, nach Geschmack Zucker hinzufügen und umrühren, bis sich der Zucker auflöst. In sehr kleinen hitzebeständigen Gläsern servieren.

950

John Wood

Vermouth ist für Cocktails vielseitig einsetzbar, da er über 50 Kräuter und Gewürze enthält und ausgezeichnet mit anderen Spirituosen harmoniert. In den letzten zehn Jahren hat er an Bedeutung eingebüßt, doch zurzeit erlebt er ein Comeback.

Für 1 Person
4 cl Vermouth Sweet
1 cl Kümmellikör
1 cl Irish Whiskey
2 cl Zitronensaft
gestoßene Eiswürfel
1 Spritzer Angostura

1 Vermouth, Kümmellikör, Whiskey und Zitronensaft mit Eis und dem Angostura in einem Shaker kräftig schütteln.
2 In ein gekühltes Weinglas abseihen.

951

Dr. Johnson's Mull

Ein Glühwein mit Heilkräften? Jedenfalls ist er viel stärker, als die meisten von uns gewohnt sind. Trinken Sie ihn am besten in kleinen Mengen.

Für 16 Personen

1 Liter roter Bordeaux

1 Orange, in Scheiben

12 Stück Würfelzucker

6 Nelken

600 ml Wasser

200 ml Brandy

geriebene Muskatnuss

1 Den Wein zusammen mit den Orangenscheiben, Zucker und Nelken in einen mittelgroßen Topf geben.

2 Erhitzen, aber nicht kochen.

3 Das Wasser zum Kochen bringen und zu den ersten vier Zutaten gießen.

4 Brandy und Muskat zugeben. Den Punsch in vorgewärmte Tassen oder Gläser gießen.

952

Port and Lemon Mull

Die mit Nelken gespickte Zitrone ist ein altbewährtes Mittel, um einem Glühwein oder heißem Portwein Geschmack zu verleihen.

Für 10 Personen

2 Zitronen

einige Nelken

1 Flasche Portwein

500 ml Wasser

Lebkuchengewürz

50 g Würfelzucker

1 Eine Zitrone mit den Nelken spicken und 15 Minuten im Ofen erhitzen.

2 Portwein bis knapp zum Siedepunkt erhitzen, beiseite stellen. Wasser aufkochen, Lebkuchengewürz hinzufügen. Schale der zweiten Zitrone mit Zucker abreiben, eine Hälfte auspressen.

3 Alles zum Portwein in den Topf geben. Erhitzen, bis sich der Zucker auflöst.

4 Die Zitrone vor dem Servieren entfernen. Kochend heiß in hitzebeständigen Bechern oder Gläsern servieren.

953

The Archbishop

Sie können diesen Drink vor dem Servieren auch flambieren, sollten die Gläser danach jedoch etwas abkühlen lassen.

Für 4 Personen
1 kleine Orange
einige Nelken
600 ml Portwein
25 g heller brauner Zucker

1 Die Orange mit einigen Nelken spicken und mit dem Portwein und dem braunen Zucker in einen kleinen Topf geben.
2 Langsam erhitzen und heiß in vorgewärmten Bechern oder Gläsern servieren.

954

Glühwein

Skifahrer lieben diesen Drink zum Aufwärmen nach einem schönen, langen Tag auf der Piste; aber auch ohne Schnee schmeckt er im Winter einfach köstlich!

Für 8 Personen
3 Flaschen Rotwein
einige Stücke Zitronen- und Orangenschale
je 1 kräftige Prise Ingwer, Zimt und Nelken (oder ganze Gewürzstücke verwenden und vor dem Servieren herausnehmen)
50 g Zucker
8 Zimtstangen

1 Den Wein mit den Schalenstücken, den Gewürzen und dem Zucker in einem Edelstahltopf erhitzen.
2 Wenn sich der Zucker aufgelöst hat und der Wein heiß ist – nicht zum Kochen bringen! –, den Wein 5–10 Minuten ziehen lassen.
3 Nach Geschmack etwas mit Wasser verdünnen.
4 Mit Zimtstangen als Stirrer servieren.

955

Cider-Berry-Punch

Dieser köstliche und wohltuende Punsch kann kräftig gewürzt und nach Geschmack mit braunem Zucker oder lieblichem Cidre gesüßt werden. Ideal an Heiligabend ...

Für 10 Personen
1,2 Liter Cidre
1 Zimtstange
1 Prise geriebene Muskatnuss
100 g Cranberries (oder nach Geschmack mehr)
500 ml Rotwein
Zucker
10 Kandissticks

1 Cidre, Gewürze und Cranberries erhitzen, bis die Beeren aufplatzen.
2 Den Wein dazugießen und bis knapp zum Siedepunkt erhitzen.
3 Nach Geschmack zuckern und den Punsch in eine Punschschüssel gießen.
4 Mit Kandissticks servieren.

956

Glogg

Ein heißer Punsch, der jede Party in Schwung bringt ...

Für 20 Personen
1 Flasche Rotwein
1 Flasche Medium Sherry
3–4 EL Zucker
1/2 Flasche Brandy
1 Spritzer Angostura
einige Rosinen
einige Mandelkerne

1 Alle Zutaten außer Rosinen und Mandeln erhitzen, bis sich der Zucker aufgelöst hat und der Punsch kochend heiß ist.
2 In hitzebeständige Tassen oder Becher gießen und mit Rosinen und Mandeln garnieren.

957

Negus

Dieser Punsch ist nach Colonel Francis Negus benannt, der ihn im 18. Jahrhundert erfand. Damals waren Sherry und Wein leichter erhältlich als die meisten anderen Getränke und Spirituosen.

Für 18 Personen
1 Flasche Cream Sherry
1 Zitrone, halbiert und in Scheiben
1,2 Liter kochendes Wasser
frisch geriebene Muskatnuss
Zucker
2–4 cl Brandy

1 Den Sherry langsam in einem mittelgroßen Topf erhitzen.
2 Zitronenscheiben, kochendes Wasser, Muskat, nach Geschmack Zucker und Brandy hinzufügen.
3 Erhitzen und in kleinen hitzebeständigen Gläsern servieren.

958

Stirrup Cup

Dieser Punsch kann eine ganze Mannschaft an einem kalten Wintermorgen auf Trab bringen. Heiß getrunken ist er ziemlich stark. Servieren Sie ihn in kleinen Tassen.

Für 24 Personen
1 Flasche Rotwein
14–16 cl brauner Rum
3 Spritzer Angostura
1 TL gemahlener Zimt
einige Nelken
16 cl frisch gepresster Orangensaft
100 g Zucker
1 Flasche Cidre

1 Alle Zutaten bis auf den Cidre in einem großen Topf bis zum Siedepunkt erhitzen, jedoch nicht zum Kochen bringen.
2 Den Cidre kurz vor dem Servieren hinzufügen. Den Punsch in kleinen hitzebeständigen Bechern oder Tassen servieren.

959

Twelfth Night

Je länger Sie den Ansatz durchziehen lassen, desto besser das Ergebnis. Süßen Sie den Punsch nach Geschmack nach.

Für 8 Personen
1 Apfel
einige Nelken
1 Flasche Rotwein
heißes Wasser

1 Den Apfel mit den Nelken spicken und in eine große Schüssel oder einen Topf legen. Den Rotwein erhitzen, aber nicht zum Kochen bringen; nach Geschmack kochendes Wasser dazugießen.
2 5–15 Minuten durchziehen lassen.
3 In hitzebeständige Gläser geben, mit Apfelspalten garnieren (Nelken vorher entfernen).

960

Mistletoe Mull

Für Glühwein und Punsch gibt es zahlreiche Rezepte, aber dieses hier ist bei weitem das einfachste. Wenn er noch stärker sein soll, können Sie auch mehr Wein hinzufügen.

Für 8 Personen
450 ml Wasser
Zucker (nach Geschmack)
1 Zimtstange
4 Nelken
2 Zitronen, in Scheiben
1 Flasche roter Burgunder

1 Das Wasser mit Zucker, Zimt und Nelken 3–5 Minuten kochen.
2 Die Zitronenscheiben zugeben und die Mischung 10 Minuten ziehen lassen.
3 Den Wein dazugießen und langsam erhitzen, ohne den Glühwein zum Kochen zu bringen.
4 Kochend heiß servieren.

961

Santa's Sip

Dieser Punsch aus Rotwein, Gewürzen und Rum wird nicht gesüßt. Wenn er Ihnen erhitzt zu trocken ist, geben Sie einen Würfel braunen Zucker in jedes Glas.

Für 20 Personen
4 Flaschen Rotwein
1 Liter Wasser (oder nach Geschmack)
175 ml brauner Rum
1 Zitrone
einige Nelken
$^1/_2$ TL Zimt
geriebene Muskatnuss

1 Wein, nach Geschmack Wasser (zunächst sparsam zugeben) und Rum erhitzen.
2 Die Zitrone mit den Nelken spicken und mit dem Zimt in den Topf geben.
3 Bis knapp zum Siedepunkt erhitzen und den Punsch 5–10 Minuten ziehen lassen.
4 Mit Muskatnuss bestreuen und in hitzebeständigen Bechern oder Tassen servieren.

962

Het Pint

Ein traditioneller schottischer Drink, der an kalten Wintertagen, und ganz besonders am schottischen Neujahrstag, Hogmanay, sehr willkommen ist.

Für 6 Personen

1 Liter helles Ale
2 Eiweiß
4 Eigelb
4 EL heller brauner Zucker
geriebene Muskatnuss

1 Das Ale in einem großen Topf erhitzen.
2 Eiweiß zu Schnee schlagen. Eigelb mit Zucker und Muskat schaumig schlagen.
3 Eiweiß unter die Eigelbmischung heben und langsam unter das heiße Ale mischen.
4 Den Drink mehrfach von einem Krug in einen anderen gießen, bis alle Zutaten gut miteinander vermischt und schaumig sind.

963

Redcurrant Shrub

Dieser „Johannisbeerstrauch" eignet sich besonders, wenn Sie größere Mengen rote Johannisbeeren verbrauchen müssen. Der Sirup ist einige Zeit haltbar.

Für 20 Personen

1,3 kg rote Johannisbeeren
1,3 kg Zucker
Brandy oder Rum
Sodawasser oder Zitronenlimonade
frische Johannisbeeren, zum Dekorieren

1 Die Johannisbeeren gründlich zerdrücken und den Saft durch ein Musselintuch passieren.
2 Saft und Zucker verrühren, bis sich der Zucker auflöst. Erhitzen und 8–10 Minuten köcheln lassen. Den Schaum abschöpfen.
3 Abkühlen lassen und pro 600 ml Sirup 80–90 ml Brandy oder Rum hinzufügen.
4 In Flaschen abfüllen und den Sirup 5–6 Wochen reifen lassen.
5 Vor dem Servieren Sirup in Gläser gießen, nach Geschmack mit Sodawasser auffüllen und mit frischen Beeren dekorieren.

964

Tamagozake

Dieser für uns eher ungewöhnliche Drink ist ein beliebtes japanisches Getränk an kalten Wintertagen. Puristen trinken das Ei (tamago) und den Reiswein (Sake) ganz ohne Zucker.

Für 1 Person

1 Ei
12 cl Sake
1 TL Zucker (nach Belieben)

1 Das Ei in ein Glas geben und verquirlen.
2 Den Reiswein erhitzen, aber nicht zum Kochen bringen. Über das Ei gießen.
3 Umrühren und nach Belieben Zucker zugeben.

965

The Navigator

Für diesen prickelnden Cocktail wird Kokoslikör mit Blue Curaçao gemischt. Das Ergebnis ist ein ansprechender grüner Farbton.

Für 1 Person
2 cl Kokoslikör
1 Spritzer Blue Curaçao
Eis
Champagner oder weißer Schaumwein

1 Die Liköre mit Eis in ein Weinglas geben und verrühren.
2 Nach Geschmack mit Champagner auffüllen und servieren.

966

Manhattan Cooler

Dieser Cocktail hat nichts mit dem klassischen Manhattan (S. 191) gemein, eher noch mit einer Rotweinbowle oder Sangría (S. 13[illegible])

Für 1 Person
4 cl roter Bordeaux oder guter Rotwein
3 Spritzer brauner Rum
Saft von 1/2 Zitrone
2 TL Zucker
Eis
1 Zitronenscheibe

1 Alle Zutaten bis auf die Zitronenscheibe mit Eis in einem Rührglas gut verrühren.
2 In ein gekühltes Weinglas abseihen und mit der Zitronenscheibe dekorieren.

967

Avocado Chill

Da Avocados reich an Vitaminen sind, können Sie diesen Cocktail durchaus als gesund betrachten und in Ihren Speiseplan aufnehmen.

Für 1 Person
1/4 reife Avocado
Saft von 1/2 Limette
1 TL Zucker
1 cl Vermouth Dry
2 cl Gin (nach Belieben)
Eis
Tonic Water
1 Limetten-Eiswürfel

1 Avocado, Limettensaft und Zucker in einem Mixer glatt pürieren.
2 Die Mischung mit Vermouth, Gin und Eis in einen Shaker geben und kräftig schütteln.
3 In ein gekühltes Longdrinkglas abseihen und mit Tonic Water auffüllen.
4 Mit Limetten-Eiswürfel garnieren.

Tipp: Für Limetten-Eiswürfel Limettenschale in die Eiswürfelformen geben, mit Wasser aufgießen und einfrieren.

968

American Apple Pie

Dieser Cocktail ist so köstlich, dass Sie sicher gleich noch einen davon trinken möchten. Probieren Sie ihn zur Abwechslung auch mit Calvados.

Für 1 Person
2 cl Vermouth Sweet
6 cl Apfelsaft
1 kleine Kugel Vanilleeis
fein gestoßenes Eis
Sodawasser
Zimt und Zucker, vermischt
1 Apfelscheibe

1 Vermouth, Apfelsaft und Vanilleeis mit gestoßenem Eis in einen Mixer geben und 10–15 Sekunden schaumig pürieren.
2 In ein gekühltes Longdrinkglas gießen und mit Sodawasser auffüllen.
3 Mit Zimtzucker bestreuen und mit der Apfelscheibe dekorieren.

969

Shepherd's Fizz

Dieser Drink ist wie eine ganz besondere Mahlzeit im Glas und macht Sie fit für einen Tag draußen in der Kälte.

Für 4 Personen
3 Eier
die gleiche Menge Sahne
8 cl Obstbrand
8 cl frisch gepresster Zitronensaft, mit
3 EL Zucker verrührt, oder 8 cl Limettensirup
200 ml fein gestoßenes Eis

1 Eier, Sahne und Schnaps mit dem gesüßten Zitronensaft oder Limettensirup sowie Eis im Mixer zu einem halbgefrorenen Drink verarbeiten.
2 Den Cocktail mit einem Löffel servieren; er ist hilfreich, solange der Drink noch halbgefroren ist.

970

Cucumber Whizz

Perfekt nach dem letzten Saunagang, nach dem Schwimmen oder nach der Arbeit, denn dieser Drink verleiht innere Stärke!

Für 1 Person
1/4 Salatgurke, geschält
Saft von 1 Limette
2 cl Wodka
fein gestoßenes Eis
Sodawasser
1 Gurkenscheibe
1 Minzezweig

1 Gurke, Limettensaft, Wodka und Eis in einem Mixer pürieren.
2 Den Drink in ein Cocktailglas mit Eis gießen, mit Sodawasser auffüllen und mit der Gurkenscheibe und der Minze dekorieren.

971

Mint and Cucumber Refresher

Setzen Sie diesen Drink bei Ihrer nächsten Diät ganz oben auf die Liste – er ist eine echte Energiebombe!

Für 1 Person
einige Minzezweige
1 TL Zucker
Saft von 1 Limette
2-cm-Stück Gurke, in dünnen Scheiben
Ihr Lieblingsmineralwasser, gekühlt
Eiswürfel

1 Einige Minzeblätter hacken und mit dem Zucker vermengen.
2 Den Rand eines Glases mit etwas Limettensaft einreiben und in den Minzezucker tauchen.
3 Den übrigen Limettensaft, Gurke, gehackte und ganze Minze in einem Krug verrühren und kalt stellen.
4 Vor dem Servieren Eis ins Glas geben, den Ansatz hineingießen und nach Geschmack mit Mineralwasser auffüllen.

972

Hazelnut Coffee Sparkle

Ein eisgekühltes und erfrischendes Glas mit schäumendem schwarzen Kaffee, der mit Haselnusssirup aromatisiert wird.

Für 1 Person
250 ml starker schwarzer Kaffee, gekühlt
1 EL Haselnusssirup
2 EL brauner Zucker
6 Eiswürfel
125 ml Mineralwasser
je 1 Zitronen- und Limettenscheibe

1 Alle Zutaten bis auf das Mineralwasser und die Fruchtscheiben mit dem Eis in einem Mixer glatt und schaumig mixen.
2 In ein gekühltes großes Glas gießen und mit geeistem Mineralwasser auffüllen.
3 Mit der Zitronen- und der Limettenscheibe dekorieren.

973

Zimttee

Wenn Sie Kräuter- oder Früchtetee mögen, wird Ihnen dieser würzige, leicht säuerliche Tee besonders zusagen. Auch kalt schmeckt er ausgezeichnet.

Für 2 Personen
400 ml Wasser
4 Nelken
1 kleines Stück Zimtstange
2 Teebeutel
3–4 EL Zitronensaft
1–2 EL brauner Zucker
2 frische Orangenscheiben

1 Wasser, Nelken und Zimt zum Kochen bringen. Vom Herd nehmen und die Teebeutel hineingeben. 5 Minuten ziehen lassen.
2 Zitronensaft, Zucker und kochend heißes Wasser nach Geschmack hinzufügen.
3 Erneut erhitzen und in Gläser abseihen.
4 Mit den Orangenscheiben garnieren und servieren. Nach Geschmack kalt servieren.

974

Orangen-Limetten-Eistee

Eistee ist stets erfrischend, und diese Variante schmeckt besonders leicht und fruchtig. Wenn Sie ihn nicht gleich verbrauchen, können Sie den Rest im Kühlschrank aufbewahren.

Für 2 Personen
100 ml Orangensaft
4 EL Limettensaft
1–2 EL brauner Zucker
300 ml frisch gebrühter Tee, abgekühlt
1 Limettenachtel
Zucker
8 Eiswürfel
Orangen-, Zitronen- oder Limettenscheiben

1 Orangensaft und Limettensaft und nach Geschmack Zucker mit dem Tee vermischen.
2 Den Glasrand von zwei Gläsern mit einem Limettenachtel einreiben und in den Zucker tauchen.
3 Die Gläser mit Eiswürfeln füllen und den Tee darüber gießen.
4 Mit den Zitrusscheiben dekorieren.

975

Ananas-Soda

In einer ausgehöhlten Ananashälfte serviert sieht dieser Drink besonders hübsch aus. Aber auch ohne Deko wird er Sie in Urlaubsstimmung versetzen.

Für 2 Personen
175 ml Ananassaft
9 cl Kokosmilch
200 g Vanilleeis
140 g gefrorene Ananasstücke
2 ausgehöhlte Ananashälften (nach Belieben)
175 ml Mineralwasser

1 Ananassaft, Kokosmilch, Vanilleeis und Ananasstücke in einem Mixer zu einem glatten Drink verarbeiten.
2 Die Ananashälften oder große Gläser zu zwei Dritteln mit der Mischung füllen.
3 Mit Mineralwasser aufgießen und mit Trinkhalmen servieren.

976

Citrus Slush

Häufig mögen Kinder nichts Grünes in ihren Getränken. Nehmen Sie dann statt der gemixten Minzeblätter einfach etwas Minzesirup, oder gießen Sie den Cocktail vor dem Servieren durch ein Sieb.

Für 1 Person
1 Grapefruit oder 1 Orange
1 Zitrone
8 cl kalte Milch
1 Kugel Vanilleeis
1 Schaufel fein gestoßenes Eis
6 Minzeblätter (nach Belieben)

1 Die Früchte schälen; dabei möglichst viel weiße Haut und die Kerne entfernen.
2 Fruchtfleisch und die übrigen Zutaten in einem Mixer 15–20 Sekunden grob mixen.
3 In eine gekühlte Cocktailschale gießen und mit einem Minzezweig und einem Löffel servieren.

977

Almondine

Ein weicher, samtiger Cocktail, der sehr wohltuend ist. Genießen Sie ihn sofort. Sie können natürlich nach Geschmack auch mehr Fruchtsaft hinzufügen!

Für 1 Person
4 cl Pfirsich- oder Mangosaft
8 cl kalte Milch
1 Tropfen Mandelaroma
1–2 EL Kleehonig
1 kleines Ei
Eiswürfel
1 kleiner Mandelkeks

1 Die ersten fünf Zutaten mit Eis in einem Shaker mischen und kräftig schütteln.
2 In ein großes Cocktailglas oder ein Weinglas gießen, den Keks zerbröckeln und darüber streuen.

978

Rose Sunset

Ein wunderbar aromatischer und zart duftender Cocktail, der mit Rosenwasser parfümiert wird – ungewöhnlich und köstlich.

Für 4 Personen
100 g Naturjoghurt
500 ml Milch
1 EL Rosenwasser
3 EL Honig
1 Mango, geschält, entsteint, in Würfeln
6 Eiswürfel
einige Rosenblütenblätter (nach Belieben)

1 Joghurt und Milch in einem Mixer auf niedriger Stufe vermengen.
2 Rosenwasser und Honig zugeben, kurz mixen, Mango und Eiswürfel hinzufügen und glatt mixen.
3 In Cocktailgläser gießen, mit den essbaren Rosenblütenblättern dekorieren und servieren.

979

Mini Colada

Kinder lieben den Geschmack von Kokosnuss und Milch – dies ist ein echter Junior-Cocktail.

Für 2 Personen
12 cl kalte Milch
8 cl Ananasnektar
6 cl Kokoscreme
1/2 Schaufel fein gestoßenes Eis
2 Ananaswürfel
1 Cocktailkirsche

1 Alle Zutaten bis auf die Ananaswürfel und die Kirsche mit Eis in einem Shaker kräftig schütteln.
2 In große Gläser mit Eiswürfeln gießen. Die Ananaswürfel und die Kirsche auf ein Cocktailspießchen stecken. Den Drink damit dekorieren und mit Trinkhalmen servieren.

980

Kiwi Dream

Ein dickflüssiger, köstlicher und fein säuerlicher Shake mit Vanilleeis, Kiwi und Limette. Genießen Sie ihn sofort, wenn er fertig ist.

Für 2 Personen
150 ml Milch
Saft von 2 Limetten
2 Kiwis, geschält und gewürfelt
1 EL Zucker
400 g Vanilleeis
4 Kiwischeiben
2 Limettenschalenstreifen

1 Milch und Limettensaft in einem Mixer auf niedriger Stufe vermengen.
2 Kiwi, Zucker und Vanilleeis hinzufügen und glatt mixen.
3 Den Cocktail auf zwei geeiste Gläser verteilen; mit den Kiwischeiben und den Limettenschalenstreifen dekorieren und sofort servieren.

981

Fuzzypeg

Dieser köstliche Shake mit der seltsamen Farbe hat das Zeug zum Lieblingscocktail Ihrer Kinder! Je nach Laune können Sie ihn auch mit anderen Softdrinks zubereiten.

Für 1 Person
2 Kugeln Vanilleeis
2 cl Limettensirup
Cola
Eis

1 Eis und Limettensaftsirup mit etwas Cola 5–10 Sekunden mixen.
2 In ein mit Eis gefülltes Collinsglas gießen und nach Geschmack mit Cola auffüllen.
3 Mit Trinkhalmen servieren.

982

Peppermint on Ice

Dieser üppige, köstliche Shake sieht je nach verwendeter Eiscreme unterschiedlich aus. Wenn Sie weißes Minzeis mit Schokoladenstücken verwenden, wird er sehr hell. Für eine intensivere Farbe können Sie auch einige Tropfen Lebensmittelfarbe hinzufügen.

Für 4 Personen
150 ml Milch
2 EL Pfefferminzsirup
400 g Pfefferminzeis
frische Minzezweige

1 Milch und Pfefferminzsirup im Mixer auf niedriger Stufe vermengen.
2 Das Minzeis hinzufügen und glatt mixen.
3 Den Shake in geeiste Gläser gießen und mit Minzezweigen dekorieren.
4 Mit Trinkhalmen servieren.

(983) Hot Chocolate

Eine köstliche heiße Schokolade, die Sie zu besonderen Anlässen servieren können – z. B. an Heiligabend oder nach dem Schneemannbauen ...

Für 4 Personen
850 ml Milch
200 g herbe Zartbitterschokolade (mindestens 70 % Kakaoanteil), zerbröckelt
2 TL Zucker
1 TL Lebkuchengewürz
4 Zimtstangen
2 EL geschlagene Sahne

1 Milch, Schokolade, Zucker und Lebkuchengewürz langsam erhitzen.
2 Umrühren, bis die Schokolade geschmolzen ist; die Flüssigkeit darf nicht kochen.
3 Vom Herd nehmen, in hitzebeständige Gläser oder Becher gießen und mit Zimtstangen und der Schlagsahne garnieren.

(984) Chocolate à la Mexicana

Auch auf mexikanische Art ist heiße Schokolade lecker. Geschmack und Konsistenz sind allerdings ganz anders als im Rezept oben.

Für 6 Personen
700 ml Wasser
55 g Maismehl oder Maizena (mit 3 TL Wasser angerührt)
5-cm-Stück Zimtstange
750 ml Milch
85 g Zartbitterschokolade, gerieben
Zucker
geraspelte Schokolade, zum Dekorieren

1 Das Wasser in einen großen Topf gießen; Maismehl und Zimtstange hinzufügen.
2 Unter ständigem Rühren 5–10 Minuten erhitzen, bis das Wasser eindickt.
3 Die Milch nach und nach unterrühren, die Schokolade hineingeben und rühren, bis sie sich vollständig aufgelöst hat.
4 Vom Herd nehmen, Zimtstange entfernen. Nach Geschmack süßen, in hitzebeständige Gläser geben, mit Schokolade garnieren.

(985) Banana Energizer

Ein ausgesprochen leckerer und nährstoffreicher Cocktail mit Banane, Joghurt und Honig, der am besten gut gekühlt schmeckt.

Für 1 Person
1 kleine Banane
50 g griechischer Naturjoghurt
1 Ei
1–2 EL heller brauner Zucker oder Honig
Eis
1 Minzezweig

1 Banane, Joghurt, Ei und Zucker mit 1–2 Eiswürfeln in einen Mixer geben und etwa 2 Minuten mixen.
2 In ein Collinsglas gießen und mit dem Minzezweig dekorieren.

986

Melon Cocktail

Wenn Sie nicht drei verschiedene Melonen bekommen können, tun es auch zwei; eine davon sollte aber unbedingt eine Wassermelone sein.

Für 4 Personen
250 g Naturjoghurt
100 g Galiamelone, in Stücken
100 g Cantaloupmelone, in Stücken
100 g Wassermelone, in Stücken
6 Eiswürfel
4 Kirschen

1 Den Joghurt und die Galiamelonenstücke in einen Mixer geben und glatt pürieren.
2 Die Cantaloup- und Wassermelonenstücke mit den Eiswürfeln zugeben und glatt mixen.
3 Den Melonencocktail auf vier Gläser verteilen und mit den Kirschen garnieren.

987

Pinomint Splash

Ein absolut alkoholfreier Cocktail, wenn Sie statt des Crème de Menthe grüne Lebensmittelfarbe verwenden.

Für 1 Person
8 cl kalte Milch
0,5 cl Pfefferminzsirup
2 cl Kokoscreme
4 cl Ananassaft
Eis
1 Spritzer Crème de Menthe, geeist

1 Alle Zutaten bis auf den Crème de Menthe mit Eis in einem Shaker kräftig schütteln.
2 Den Crème de Menthe an der Innenseite eines gekühlten dünnen Glases in einem dünnen Strahl herunterlaufen lassen.
3 Den Cocktail langsam dazugießen und nach Geschmack noch mehr Crème de Menthe hinzufügen.
4 Mit einem Trinkhalm servieren.

988

Tropical Delight

Ein weicher, samtiger, zart duftender Drink ohne Alkohol, den man zu jeder Tageszeit servieren kann. Besonders lecker schmeckt er zum Frühstück!

Für 4 Personen
2 große reife Mangos
1 EL Puderzucker
600 ml Kokosmilch
5 Eiswürfel
frisch geraspelte Kokosnuss

1 Die Mangos schälen, entsteinen und grob würfeln.
2 Das Fruchtfleisch mit dem Zucker in einem Mixer fein pürieren.
3 Kokosmilch und Eis hinzufügen und schaumig mixen.
4 In Collinsgläser gießen, mit geraspelter Kokosnuss bestreuen und servieren.

989 Lime and Lemon Cooler

Wer etwas Härteres servieren möchte, gibt einfach einen Schuss Gin oder Wodka dazu.

Für 3 Personen
1 Eiweiß
3–4 EL Zucker
2 Limetten, jede in Achtel geteilt
1 kleiner Zitronengrasstängel, gehackt
4 Eiswürfel
120 ml Wasser
4 Limettenscheiben
Sodawasser

1 Den Rand der Gläser mit Eiweiß bestreichen und in Zucker tauchen.
2 Limettenachtel und Zitronengras mit dem übrigen Zucker, Eiswürfeln und dem Wasser im Mixer einige Sekunden mixen.
3 Den Cocktail in die vorbereiteten Gläser abseihen, eine Limettenscheibe in jedes Glas geben und nach Geschmack mit Sodawasser auffüllen.

990 Ananas-Shake

Dieser Shake mit Ananas, Zitrone und Joghurt schmeckt köstlich und enthält keinen Alkohol. Probieren Sie ihn nach Geschmack mit anderen Früchten!

Für 2 Personen
125 ml Ananassaft
Saft von 1 Zitrone
100 ml Wasser
3 EL brauner Zucker
175 g Naturjoghurt
1 Pfirsich, in Stücken und eingefroren
100 g gefrorene Ananasstücke
2 frische Ananasstücke, zum Dekorieren

1 Alle Zutaten bis auf die frischen Ananasstücke in einem Mixer zu einem glatten Drink verarbeiten.
2 Den Shake auf zwei Gläser verteilen und mit den Ananasstücken dekorieren.

991 The Big Apple

Ein fruchtiger Cocktail, den man gut mit Kindern zubereiten kann. Mischen Sie mehrere auf einmal, und fügen Sie für die Erwachsenen Cognac oder Calvados hinzu.

Für 1 Person
1 knackiger saftiger Apfel
Saft von 1/2 Zitrone
Saft von 1 Orange
1 cl Grenadine
fein gestoßenes Eis

1 Den Apfel oben abschneiden und aushöhlen; dabei den Boden nicht verletzen.
2 Das Fruchtfleisch ohne Kerngehäuse mit den Säften, Grenadine und gestoßenem Eis im Mixer zu einem sorbetähnlichen Püree verarbeiten. In den hohlen Apfel löffeln.
3 Mit dem Trinkhalm trinken; zum Schluss den Apfel essen!

992 Würziger Bananen-Shake

Bananen lassen sich auch gefroren wunderbar pürieren und ergeben üppige, dickflüssige Drinks, die ausgezeichnet schmecken.

Für 2 Personen
300 ml Milch
1/2 TL Lebkuchengewürz
150 g Bananeneis
2 Bananen, in Scheiben eingefroren

1 Die Milch mit dem Lebkuchengewürz, dem Bananeneis und der Hälfte der gefrorenen Bananenscheiben in einem Mixer glatt pürieren.
2 Die übrigen Bananenscheiben nach und nach hinzufügen und glatt mixen.
3 In geeiste große Gläser gießen und mit Trinkhalmen servieren.

993 Fruit Cooler

Ein großartiger und gesunder Energiespender. Wenn Sie ihn zum Frühstück genießen, ist ein guter Start in den Tag gesichert.

Für 2 Personen
250 ml Orangensaft
125 g Naturjoghurt
2 Eier
2 Bananen, in Scheiben eingefroren
2 frische Bananenstücke

1 Orangensaft und Joghurt in einem Mixer auf niedriger Stufe vermengen.
2 Eier und gefrorene Bananenscheiben hinzufügen und glatt mixen.
3 Den Cocktail auf zwei Gläser verteilen, die Gläser mit den Bananenstücken dekorieren.
4 Mit Trinkhalmen servieren.

994 Paprika-Power

Der fruchtige, süßliche und aromatische Geschmack der Paprika kommt am besten zur Geltung, wenn sie fein püriert ist. Sie werden vom Ergebnis überrascht sein!

Für 2 Personen
250 ml Karottensaft
250 ml Tomatensaft
2 große rote Paprikas, entkernt und grob gehackt
1 EL Zitronensaft
frisch gemahlener schwarzer Pfeffer

1 Karottensaft und Tomatensaft in einem Mixer auf niedriger Stufe vermengen.
2 Paprikafruchtfleisch und Zitronensaft hinzufügen.
3 Mit reichlich frisch gemahlenem schwarzen Pfeffer würzen und glatt mixen.
4 Den Cocktail in hohe Gläser gießen und mit Trinkhalmen servieren.

995 Feigen-Haselnuss-Shake

Ein außergewöhnlicher Shake mit Haselnüssen und Feigen – für besondere Anlässe und wenn frische Feigen erhältlich sind.

Für 2 Personen

350 g Haselnussjoghurt
2 EL frisch gepresster Orangensaft
4 EL Ahornsirup
8 große reife Feigen, gewürfelt
6 Eiswürfel
geröstete, gehackte Haselnüsse

1 Joghurt, Orangensaft und Ahornsirup in einem Mixer auf niedriger Stufe gründlich vermengen.
2 Feigen und Eiswürfel hinzufügen und glatt mixen.
3 In Gläser gießen und mit den Haselnüssen bestreuen.

996 Ginger Crush

Ein würziger, leicht scharfer Crush mit Karotten, Tomaten und frischem Ingwer – ein erfrischender Muntermacher.

Für 2 Personen

250 ml Karottensaft
4 Tomaten, enthäutet, entkernt und grob gehackt
1 EL Zitronensaft
30 g frische Petersilie
1 EL frisch geriebener Ingwer
6 Eiswürfel
125 ml Wasser
frisch gehackte Petersilie

1 Karottensaft, Tomaten und Zitronensaft in einem Mixer auf niedriger Stufe vermengen.
2 Petersilie, Ingwer und Eiswürfel hinzufügen und weitermixen.
3 Dann das Wasser dazugießen und alles zu einem glatten Drink verarbeiten.
4 Den Cocktail auf zwei Collinsgläser verteilen und mit der frisch gehackten Petersilie garnieren.

997 Carrot Chill

Sehr junge rohe Karotten sind besonders süß und harmonieren großartig mit dem pfeffrigen Geschmack frischer Brunnenkresse.

Für 2 Personen

500 ml Karottensaft
30 g Brunnenkresse
1 EL Zitronensaft
frische Brunnenkressezweige

1 Den Karottensaft in einen Mixer geben.
2 Brunnenkresse und Zitronensaft hinzufügen und glatt mixen.
3 Den Gemüsecocktail in einen Krug gießen und mit Frischhaltefolie abgedeckt für mindestens 1 Stunde kalt stellen.
4 Den kalten Cocktail auf Gläser verteilen und mit der Brunnenkresse dekorieren.

998

Bananen-Heidelbeer-Shake

Wenn Sie die Bananenstücke und die Heidelbeeren vorher einfrieren, wird dieser köstliche Shake noch dickflüssiger und noch erfrischender.

Für 4 Personen
175 ml Apfelsaft
125 g Naturjoghurt
1 Banane, in Scheiben eingefroren
175 g gefrorene Heidelbeeren
frische Heidelbeeren

1 Apfelsaft und Joghurt in einen Mixer geben, Bananenscheiben und die Hälfte der Heidelbeeren hinzufügen und alles glatt pürieren.
2 Dann die übrigen Heidelbeeren zugeben und glatt mixen.
3 Den Shake in Collinsgläser gießen und mit den frischen Heidelbeeren garnieren.

999

Carrot Cocktail

Ananas und Karotte sind eine köstliche Kombination. Hier ergeben sie einen erfrischenden cremigen Cocktail voller Vitamine.

Für 1 Person
75 g rohe Karotten, geschält und grob gehackt
1 Scheibe Ananas, grob gewürfelt
1 TL Zitronensaft
1 EL flüssiger Honig
Eis
1 Minzezweig

1 Karotte, Ananas, Zitronensaft und Honig in einen Mixer geben und 1–2 Minuten glatt pürieren.
2 Den Shake mit Eis und dem Minzezweig servieren.

1000

Sunset Smoothie

Orange und Karotte passen hervorragend zusammen; der süßliche Geschmack der Karotten wird duch die fein säuerliche Note des Orangensafts veredelt.

Für 2 Personen
175 ml Karottensaft
175 ml Orangensaft
150 g Vanilleeis
6 Eiswürfel
2 Orangenscheiben
einige kleine Orangenschalenstreifen

1 Karottensaft und Orangensaft in einem Mixer auf niedriger Stufe gut vermengen.
2 Vanilleeis hinzufügen und und glatt pürieren. Die Eiswürfel zugeben und glatt mixen.
3 Auf gekühlte Gläser verteilen und mit Orangenscheiben und -schalen dekorieren.

1001

Prairie Oyster

Ein beliebtes Rezept gegen den Kater: Damit schaffen Sie es, nach einer durchzechten Nacht wieder in Schwung zu kommen.

Für 1 Person
1 Teil Worcestersauce
1 Teil Essig
1 Teil Tomatenketchup
1 Eigelb
Cayennepfeffer

1 Jeweils die gleiche Menge Worcestersauce, Essig und Tomatenketchup in einem gekühlten Glas mischen.
2 Das Eigelb vorsichtig hinzufügen, ohne dass es platzt.
3 Nicht umrühren, mit Cayennepfeffer bestreuen und hinunterstürzen!

Getränkeglossar

Absinth: Starker grüner Likör oder Branntwein aus Wermutkraut, der wegen des darin enthaltenen, in großen Mengen schädlichen Thujons lange verboten war; seit 1998 ist Absinth mit maximal 10 mg/kg bei über 25 Vol.-% Alkohol in der EU zugelassen
Amaretto: Mandellikör aus Italien
Amer Picon: Mit Orangen und Enzian aromatisierter französischer Aperitifbitter
Angostura: Starker Würzbitter auf Rumbasis aus Trinidad
Anisée: Oberbegriff für Anisbranntweine (z. B. Pastis, Ouzo, Raki) und -liköre (z. B. Anisette, Sambuca). Sie können mit Kräutern und Gewürzen aromatisiert sein
Anisette: Mit Anis, Koriander und weiteren Kräutern aromatisierter französischer Likör
Aperitif: Ein Getränk vor einer Mahlzeit als Appetitanreger
Applejack: Nordamerikanische Bezeichnung für Apfelbrand; siehe Obstbrand
Apricot Brandy: Aprikosenlikör; siehe Brandy
Aquavit: Skandinavische Spirituose aus Getreide oder Kartoffeln; enthält oft Kümmel
Armagnac: Französischer Weinbrand aus der Gascogne; in Cocktails eher selten

Bacardi: Führender Hersteller von weißem Rum; stammt ursprünglich aus Cuba, wird heute auf den Bermudas hergestellt
Baileys Irish Cream: Irischer Schokoladenlikör auf Whiskeybasis
Benedictine: Französischer Klosterlikör mit Kräutern, Gewürzen und Honig
Bitterliköre/Bitters: Unterschiedlich starke Spirituosen, die mit Wurzeln und Kräutern aromatisiert werden. Verleihen Cocktails eine würzige Note. Bekannt sind: Amer Picon, Angostura, Campari, Fernet Branca
Bourbon: Amerikanischer Whiskey, der aus einer Maische destilliert wird, die zu mindestens 51 % aus Getreide besteht
Brandy: Destillat aus fermentierten Trauben (Weinbrand). Vorsicht: Apricot, Cherry und Peach Brandy sind keine Obstbrände, sondern süße Liköre. „Brandy" heißen sie, weil sie im Gegensatz zu den meisten anderen Likören mit dem entsprechenden Obstbrand versetzt sind

Cachaça: Brasilianischer Zuckerrohrschnaps
Calvados: Französischer Apfelbrand aus der Normandie
Campari: Mit Chinin aromatisierter italienischer Bitterlikör
Cassis: Likör aus schwarzen Johannisbeeren, der meist aus Frankreich kommt
Champagner: Französischer Schaumwein, der unter streng kontrollierten Bedingungen nur in Champagner produzierenden Regionen hergestellt werden darf
Chartreuse: Nach geheimem Kräuterrezept hergestellter französischer Klosterlikör; grüner Chartreuse ist stärker als gelber
Cherry Brandy: Kirschlikör; siehe Brandy
Cobbler: Erfrischender Drink aus Amerika. Wird meist mit gestoßenem Eis, Zucker und Alkohol im Highballglas serviert und mit Früchten dekoriert
Cointreau: Meistverkaufter Orangenlikör, der mit süßen Mittelmeerorangen und karibischer Bitterorangenschale aromatisiert wird; siehe auch Triple Sec
Collins: Ein Cocktail auf Spirituosenbasis, wird mit Soda oder Ginger Ale aufgefüllt, mit Kirsche und Zitrone dekoriert
Cooler: Ein Longdrink aus Spirituosen, Zucker oder Sirup und Soda oder Ginger Ale über gestoßenem Eis, mit Frucht dekoriert
Crème de Banane: Bananenlikör
Crème de Cacao: Französischer Schokoladenlikör in verschiedenen Farben und alkoholischen Stärken
Crème de Menthe: Weißer oder grüner Minzelikör
Crème de Noyaux: Likör aus Aprikosen- und Pfirsichkernen
Crème de Violette: Veilchenlikör

Crème Yvette: Veilchenlikör aus Amerika
Curaçao: Triple-Sec-Orangenlikör, meist in Frankreich und den Niederlanden hergestellt, stammt aber aus der Karibik; erhältlich in verschiedenen Farben, darunter weiß (klar), orange, blau und grün

Daisy: Es gibt zahlreiche Varianten dieses Originals: Spirituose, Himbeersirup, Zitronensaft, gestoßenes Eis und Frucht
Drambuie: Likör auf Whiskybasis, mit Honig und Heidekraut aromatisiert
Dry Gin: Siehe Gin
Dubonnet: Weißer oder roter Aperitif auf Weinbasis, mit Chinin aromatisiert

Eau-de-vie: Französische Bezeichnung für Obstbrand; siehe auch dort
Egg nog oder **Noggin:** Ein Mix aus Brandy, Rum, Milch, Ei und Zucker, Muskat

Falernum: Mit Früchten und Gewürzen aromatisierter karibischer Sirup
Fernet Branca: Italienischer Bitterlikör aus über 40 Kräutern, Pflanzen und Gewürzen
Fix: Ein Mix aus alkoholischen Getränken, Zitrone, Zucker, Wasser und Fruchtsaft auf gestoßenem Eis in einem Highballglas
Fizzes: Fünf Teile gekühlter Schaumwein werden mit einem Teil Grenadine oder Fruchtsirup gemischt
Flip: Ein beliebter Drink der Seeleute, wurde ursprünglich mit Rum, Brandy oder Portwein, Ei und Zucker hergestellt, geschüttelt und mit Muskat oder Ingwer bestreut
Fraise: Erdbeerlikör
Framboise: Himbeerlikör
Frappé: Gut geeister Drink, meist Likör oder Schnaps, über fein gestoßenem Eis und mit Trinkhalm serviert

Galliano: Mit Honig und Vanille aromatisierter italienischer Likör
Gin: Farblose, auf Getreidebasis hergestellte Spirituose, die Wacholder und andere Kräuter enthält. London, Plymouth und Dry Gin sind die am häufigsten in Cocktails verwendeten Ginsorten
Grand Marnier: Französischer, mit Orangen aromatisierter Likör auf Cognacbasis
Grappa: Italienische Spirituose, aus Trester destilliert
Grenadine: Alkoholfreier Granatapfelsirup, wird zum Süßen und Färben von Cocktails verwendet

Highball: Spirituose, Likör oder Wein, in einem großen Whiskyglas mit Eis serviert und mit Soda oder Ginger Ale aufgefüllt; das Glas dazu hat seinen Namen von dem Drink. Der Name stammt angeblich aus St. Louis im späten 19. Jahrhundert: An vielen Bahnstrecken signalisierte ein Ball, der an einer Stange hochgezogen wurde, einem herankommenden Lokomotivführer zu beschleunigen. Entsprechend bezeichnet der Name einen rasch hergestellten Drink

Irish Whiskey: Reine Spirituose aus gemälzter oder ungemälzter Gerste und anderen Getreidesorten
Izarra: Baskischer Likör aus Blüten und Pflanzenteilen

Julep: Ein Longdrink aus Spirituose oder Likör, Zucker und Minze, in einem eisgekühlten Glas mit gestoßenem Eis serviert

Kahlúa: Beliebter Kaffeelikör aus Mexiko
Kirschwasser: Klarer Obstbrand aus Kirschen, kommt überwiegend aus dem Schwarzwald, Frankreich und der Schweiz

Lillet: Französischer Kräuterlikör auf der Basis von Wein und Armagnac
Likör: Destillierte Spirituose, die mit Früchten, Kräutern, Kaffee, Nüssen, Minze und Schokolade aromatisiert und oft mit Zucker gesüßt ist
London Gin: Der trockenste Gin; siehe dort

Madeira: Dessertwein von der Insel gleichen Namens
Malibu: Bekannter Kokoslikör auf Rumbasis
Mandarine Napoléon: Belgischer Likör auf Brandybasis, mit Mandarinen aromatisiert
Maraschino: Italienischer Kirschlikör; meist farblos, manchmal rot
Martini: Berühmte italienische Vermouthmarke; außerdem der Name eines Cocktailklassikers
Midori: Japanischer Melonenlikör

Noilly Prat: Führende französische Vermouthmarke, sehr trocken

Obstbrand: Trockene Spirituose, die durch alkoholische Gärung und Destillieren einer Frucht gewonnen wird, z. B. Slibowitz, Obstler oder Kirschwasser
Obstler: Obstbrand aus der Alpenregion
Orgeat oder **Orzata:** Mandelsirup

Pastis: Anisbranntwein aus Frankreich. Bekannte Marken sind Pernod und Ricard
Peach Brandy: Pfirsichlikör; siehe Brandy
Pernod: Siehe Pastis
Plymouth Gin: Weniger trocken als London Gin; siehe Gin
Portwein: Dessertwein aus Portugal. Er ist weiß, „ruby" (rubinrot) oder „tawny" (hell, lohfarben). Weißer und preisgünstiger roter eignen sich besonders für Cocktails
Pousse-Café: Ein in Schichten übereinander gegossener Drink, nach dem auch ein schmales, geradwandiges Stielglas benannt ist
Punsch: Stammt aus Indien im 18. Jahrhundert. Ursprünglich ein Mischgetränk auf Rumbasis mit fünf Grundzutaten; heute versteht man darunter ein alkoholisches Heißgetränk aus Rotwein, Rum, Orangen und Gewürzen, wie z. B. die Feuerzangenbowle. Es wird langsam erhitzt, aber nicht zum Kochen gebracht, damit das Aroma erhalten bleibt. Im Englischen bezeichnet „punch" auch die kalte Sommerbowle

Quinquina: Französischer Aperitif auf Weinbasis, wird mit Chinin aromatisiert

Ricard: Siehe Pastis
Rickey: Ein erfrischend-säuerlicher Longdrink aus Spirituose und Softdrink, serviert

über Eis, aromatisiert mit Limette oder Zitrone und dekoriert mit einer Zitrusspirale
Rum: Aus fermentiertem Zuckerrohrsaft oder Melasse destillierte Spirituose. Weißer, goldener und brauner Rum schmecken unterschiedlich und werden häufig für Cocktails oder Punsch verwendet
Rye Whiskey: Hauptsächlich amerikanischer oder kanadischer Whiskey, der aus einer Maische destilliert wird, die zu mindestens 51 % aus Roggen bestehen muss

Sake: Japanischer Reiswein
Sambuca: Italienischer Anislikör, dessen Hauptbestandteil jedoch Holunder ist. Pur wird er oft mit einer Kaffeebohne serviert
Schnaps: Ein stark alkoholhaltiges Getränk, das z. B. aus Obst, Getreide, Trester oder Wurzeln gebrannt wird
Scotch Whisky: Blends bestehen zu 40 % aus Malt- und zu 60 % aus Grainwhisky und eignen sich ausgezeichnet für Cocktails. Die edlen Single Malts trinkt man am besten pur oder mit Wasser verlängert
Shrub: Ein langsam reifender Drink: Früchte wie Johannisbeeren oder Zitrusfrüchte werden mit Zucker aufgekocht oder mariniert, durch ein Sieb passiert und mit Brandy oder Rum 6–8 Wochen gelagert
Slammer: Ein Cocktail, der durch Schlagen des Glases auf die Bar gemischt wird
Sling: Ein Longdrink aus Spirituose, Fruchtsaft oder Sirup, mit Sodawasser aufgefüllt
Slibowitz: Pflaumenbrand, der mindestens acht Jahre gelagert sein sollte; siehe auch Obstbrand
Sloe Gin: Likör aus in Gin eingeweichten Schlehen
Smash: Minzeblätter werden mit etwas Wasser und Würfelzucker zerstoßen, mit Rum, Brandy, Gin oder Whisky aromatisiert und in einem Old-Fashioned-Glas „on the rocks" mit einer Orangenscheibe und Zitronenschalenspirale serviert
Sodawasser: Sehr ähnlich wie Mineralwasser, hat aber manchmal einige Aromastoffe mehr. In Cocktails sind Soda- und Mineralwasser gegeneinander austauschbar
Sour: Spirituose, Zitronensaft, Zucker, Angostura und Eiweiß im Shaker geschüttelt
Southern Comfort: Amerikanischer Pfirsichlikör auf Whiskeybasis
Strega: Italienischer Kräuterlikör
Swedish Punch: Aromatischer Drink auf Rumbasis, enthält Wein und Sirup

Tequila: Mexikanischer Schnaps aus dem Fruchtfleisch fermentierter Agaven. Am häufigsten kommt weißer Tequila vor, auch „Silver" genannt. Brauner Tequila ist länger gereift und milder. Junger Tequila oder „Tequila Gold", die günstigste Form des braunen Tequila, ist knapp zwei Monate gereift und meist mit Aromastoffen oder Zucker versetzt
Tia Maria: Beliebter jamaikanischer Kaffeelikör auf Rumbasis
Toddy: Auch als Grog bekannt; ein Drink aus Spirituose, Zitrone, Zucker, Zimt und heißem oder kaltem Wasser
Triple Sec: Klarer Orangenlikör aus Bitterorangenschalen; „Triple Sec" steht für „dreimal destilliert". Edlere Varianten von Triple Sec sind Cointreau und Curaçao; siehe dort

Van der Hum: Orangenlikör aus Südafrika
Vermouth: Aperitif auf Weinbasis, enthält Extrakte von Wermut; sowohl Vermouth Sweet als auch Vermouth Dry werden in vielen Cocktails verwendet

Whisky: Destillat aus gemälztem oder ungemälztem Getreide. Die bekanntesten Sorten sind Bourbon, Rye, Irish und Scotch. „Whisky" ist die schottische Schreibweise, „Whiskey" die kanadische, amerikanische und irische. Der Sammelbegriff ist „Whisky"
Wodka: Aus Russland und Polen stammende farblose Spirituose auf Getreidebasis; mit Zitrone, Himbeere oder Chili aromatisierte Wodkas erfreuen sich zunehmender Beliebtheit und sind leicht erhältlich

Zuckersirup: Zum Süßen von Cocktails, kann im Handel erworben oder selbst hergestellt werden

Cocktailregister

alphabetisch

nach Zutaten